法の理論33

特集《日本国憲法のゆくえ》

竹下　賢
長谷川晃
酒匂一郎
河見　誠
編集

執筆者
井上達夫
大屋雄裕
鳥澤　円
山下裕樹
伊佐智子
川本隆史
品川哲彦
高橋隆雄
葛生栄二郎
野崎亜紀子
森村　進
長尾龍一
陶久利彦
高橋文彦

成文堂

「法の理論33」発行にあたって

『法の理論』も三三号を迎えることになった。

昨今は、日本の周囲でもまた遠く離れた国々でも、領海侵犯、テロや内戦、あるいは暴動・内乱、領土紛争や軍事的緊張などのニュースに事欠かなくなっている。加えて、エボラ出血熱などの感染症の国際的拡大、大きな自然災害、種々の環境汚染、異常気象などもまた、経済の浮沈や政治の変化と共にニュースに溢れている。これらの様々な変動と隣り合わせで、現代の憲法はある。法秩序や社会の安定がそれによって立つところの憲法は、国内外の社会の大きな変動に曝されつつも、「法の支配」による社会秩序の基本原則を成り立たせている。しかし、或る意味では当然とも言えるほどのこの法秩序の基底的条件の意義について、二一世紀に生きる我々は改めて反省を迫られている。

法は、人間社会に不可避とも言える暴力や強制を馴致し、人間の活動の安定と繁栄を保障するための枠組みであり、憲法はその要である。しかし、それは脆い地盤の上にも立っている。例えばホッブスが既に喝破していたように、暴力は法秩序を一挙に破壊する力を持ち、そこでは破壊に抗して法を維持することの可能性そのものが問われるのであって、法秩序の基底がまず何よりも憲法の安定にあることは論を俟たない。近現代の法秩序は、憲法を支えとして、特に国民国家とそこでの法治の形で平和と繁栄を求めて来たのであり、二〇世紀後半にはその動きが特にヒューマン・ライツの保障の拡大を介してさらに国際秩序にも拡大して来たはずであった。しかしながら、上にも触れたように、二一世紀に入ってからのこの一五年ほどの間に、これらの発展を経つつもまた新たな形で国内外の社会が揺るがされ、法秩序の意義が再考されなければならなくなっている。

このような問題関心の下で、今号の『法の理論』では、特集として「日本国憲法のゆくえ」に係る考察を組んだ。そこで考察されるべきテーマは、法秩序の基礎としての日本国憲法の意義であり、また現代の日本社会やそれを取り巻く世界の諸状況の下での「法の支配」の役割である。このような時こそ、法の意義、法の支配の真の機能を問い直しながら、憲法の重要性を確認することが、特に法の根源を問う理論に課せられる大きな課題であるだろう。

勿論、今号には特集論文ばかりではなく投稿論文や書評・リプライなども掲載されており、それらも、いつものとおり『法の理論』の重要な論争的内容を成している。『法の理論』の課題は広いこと、言うまでもない。

これらの貴重な論考をお寄せ下さった方々に、編集者一同、厚くお礼を申し上げたい。

二〇一五年一月

編集者一同

目次

前巻特集へのコメントとリプライ

反論と意見

特集《日本国憲法のゆくえ》

Ⅰ　九条問題再説

――「戦争の正義」と立憲民主主義の観点から

井上達夫

一　本稿の背景と目的

第二次安倍政権――以下、単に「安倍政権」と呼ぶ――は、集団的自衛権行使という政権目標の桎梏となる日本国憲法九条の改正を容易化するために、改正発議要件を緩和する憲法九六条改正を試みたが、護憲派のみならず改憲派の一部も含む世論の強い反発を受けてこれを断念した。しかしその後、集団的自衛権行使を違憲とみなす従来の内閣法制局見解を尊重してきた歴代政権の立場を変更して、集団的自衛権行使のための自衛隊出動を合憲とする憲法解釈変更を閣議決定した。このような安倍政権の姿勢は、変動する国際環境の中で強まる日本の安全保障体制再編動向と、日本国憲法の平和主義・戦争放棄の理念、さらに立憲民主主義の原理との緊張関係をめぐる論議を再燃させている。

私はこの問題に関し、これまで二つの観点から私見を提示してきた。一つは立憲民主主義のあり方を問う観点からの九条削除論である。これは憲法九条が護憲派・改憲派双方の欺瞞の隠れ蓑になっており、立憲主義を蝕む病巣になっているため、その削除を求める立場である。この見解はかなり以前から私の持論であったが、まとまった論考として最初に公表したのは、朝日新聞社の月刊総合雑誌『論座』（現在廃刊）の二〇〇五年六月号においてである（井上二〇〇五参照）。その翌年、私の議論を敷衍した後記をこれに付した拡充版が、憲法問題に関する『論座』寄稿諸論文を同誌編集部が選集して刊行した単行書に掲載された（井上二〇〇六a参照）。さらに、上記のような安倍政権による「解釈改憲」への戦略転換が明確になった二〇一三年秋、朝日新聞のほぼ一面を使ったオピニオン欄で、時局的状況とも絡めつつ、持論を凝縮して再提示した（井上二〇一三a参照）。

この問題に関する私のもう一つのアプローチは、日本国内の憲法論議を超えた「世界正義（global justice）」[1]の観点からの考察である。世界正義の諸問題は過去一〇年くらい私の研究活動の主たる焦点の一つをなし、近年、これまでの研究成果を単著『世界正義論』に集成して公刊した（井上二〇一二参照）。拙著では、世界正義論の課題として、①世界正義理念の存立可能性（メタ世界正義論問題）、②国家体制の正統性の国際的承認条件、③世界経済正義（世界貧困問題）、④戦争の正義（国際社会における武力行使の正当化可能性）、⑤世界統治構造という五つの問題群を挙げ、それらについて、包括的・複眼的に考察を加えた。日本国憲法の平和主義が国際協調主義を意味するなら、これら五つの問題群すべてが何らかの形で日本の政治実践のあり方に関わってくるが、憲法九条の問題と直結するのは、何よりも④の問題である。非武装中立論、専守防衛論、集団的自衛権行使論など、九条をめぐって対立する様々な立場の是非・功罪を原理的に検討するには、単に日本の国益の視点だけでなく、グローバルな秩序形成の規範的指針たる世界正義の視点から、国際社会における武力行使は、そもそも、いかにして、どこまで正当化可能かという戦争の正義の問題を考察せざるをえない。私はこの問題に関し、積極的正戦論と無差別戦争観を斥け、非武装中立論が依拠する絶対平和主義について広く見られる誤解を正して、その積極的意義と限界を再同定した上で、正当な戦争原因を自衛に限定する消極的正戦論を再構成してこれを擁護する立場に立つ（井上二〇一二・第五章参照）。

以上のような私の二つの見解、すなわち、九条削除論と、再編された消極的正戦論は、最初に活字として公表されたのは二〇〇五年頃だが、ともに二〇年来の私の持論であり、いまもそうである。両者は統合された形で私の思考の深部に根を下ろしている。しかし、この二つの見解は、日本における立憲民主主義のあり方を問う論議と、世界正義の視点から武力行使の正当性を問う論議という、別々の文脈で公表されたため、私の立場の「全貌」は一般には必ずしもよく理解されていないようである。特に、前者は世間の耳目を集めやすい護憲・改憲論議において、しかも月刊総合雑誌や新聞紙上で提唱されたため、「奇説・珍説」としてであれ、あるいは望むらくは「有力なる単独説」としてであれ、比較的によく知られていると思われるが、後者はボン大学ヨーロッパ統合研究所主催の共同研究参加者による国際共同論集に寄稿した英文論文（Inoue 2005 参照）で最初にまとまった形で公表され、その議論を日本語により拡充した論考が、最近、上記の拙著『世界正義論』の一章として公表されたため、まだあまり知られていないようである。

また、前者についても、護憲派・改憲派双方の政治的欺瞞に対する私の実践的批判は知られていても、その理論的基礎には、私の「法の支配」論や立憲民主主義論（井上二〇〇三・第二章、井上二〇〇六b、井上二〇〇七、井上二〇〇八a等参照）があることは、あまり理解されていないように思われる。さらに言えば、世界正義論の主題の一つである問題②に関する私見も、九条論議の基底にある安全保障体制問題と密接な関係がある。それは第一に、問題②と問題④との短絡を人道的介入論の誤った形態の要因として批判する立場に私は立つからであり、第二に、問題②の核心をなす国家体制の正統性問題は、立憲民主主義の意義の再同定に関わっているからである。世界正義に関する私見が九条問題に対してもつこの連関も未だほとんど理解されていないであろう。

私の立場に対し少なからざる誤解曲解が存在するようだが、その一因は九条削除論の政治的効果のみが注目され、その基底にある私の法哲学立場の全体像が理解されていないことにあると考える。本稿では、九条をめぐる問題群に関し、私がこれまで種々の論考で別々に提示してきた見解を集約統合することにより、自己の立場を改めて明確化する。本稿の目的は、新しい議論を提示することよりむしろ、問題に関する私の議論の全体構造を明確化することにあり、各論点に関する議論の詳細については旧稿の参照を請いたい。ただし、旧稿では説明が不足していた点を補う議論や、私見と対立する若干の護憲派論者の見解への批判的検討を、私の立場の明確化に資する限りで付加したい。このような「再説（restatement）」的性格をもつ本稿も、解釈改憲による集団的自衛権行使容認という安倍政権の姿勢により、九条問題をめぐる論議が再燃している現在、真の係争点を明確化し論議を生産的なものにするのに、少なからざる寄与をなしうるものと信じる。

二　戦争の正義論から見た九条の問題

1　憲法解釈論から戦争の正義論へ

日本国憲法第九条の解釈として、いま、非武装中立論、専守防衛論、集団的自衛権行使容認論という三つ巴の対立がある。日米安保などの軍事同盟を拒否しつつ、自衛のための武装は容認するスイスに倣った武装中立論という立場ももちろんありうるが、これは専守防衛論の一形態とみなせるだろう。後述するように、私は、あるべき安全保障体制に関する論議を憲法論議と直結させることに反対である。しかし、いま触れた九条問題に関する三つ巴の対立状況においては、二つの論議が密接不可分に癒着している。したがって、上記三つの立場の思想的・政治的位置を比較査定するためには、いずれが憲法論として正しいかを論じる前に、それと切り離して、国際社会における武力行使の正当化可能性に関わる「戦争の正義」の主張として、いずれが適切かという問題が考察されなければならない。これに関して、以下の三点、注記しておきたい。

第一に、三つの立場は、憲法解釈論として主張されていても、主張者たちは、「いい悪いは別にせよ、日本の安全保障に関し日本国憲法がXという立場をとっているから、日本の安全保障体制はXであるべきだ」と信じているのではなく、「安全保障のあり方としてXが正しいからこそ、憲法もXを採用していると解釈すべきだ」と信じているというのが実態である。解釈改憲による集団的自衛権行使容認という安倍政権の姿勢にそれは露骨に現れているが、非武装中立論に立つ「原理主義的」な護憲派や、専守防衛論を本音で容認している、または建前としてすら是認している「現実的」な護憲派においても、これは同様である。かかる護憲派もまさに「護憲」を唱道する限り、解釈改憲に対してだけでなく正規の憲法改正による集団的自衛権行使容認に対しても反対しているが、これは自己の立場が前実定憲法的ないし超実定憲法的正当性をもつとする信念が、「護られるべき憲法」の解釈の基底にあるからである。

たしかに、安倍政権が変更しようとしている従来の内閣法制局見解は、「現憲法の解釈としては、集団的自衛権行使は不可能で、もしこれを容認したいのなら、憲法改正すべきだ」という立場で、正しい安全保障体制が何かに関する価値判断から独立した憲法解釈論に立つかに見える。しかし、この内閣法制局見解も、「九条一項は自衛権を認めているが、九条二項で自衛のための戦力も放棄した」という建前をとりながら、自衛隊は二項が禁じる「戦力」ではないという詭弁を弄している。これは周知のように、一九四六年の衆議院帝国憲法改正委員会で、九条は自衛のための戦力も放棄したと明言した後、警察予備隊・保安隊を経て導入された自衛隊につき、「自衛隊は軍隊ではありません」と開き直った、当時の首相、吉田茂以来の詭弁である。さらに、集団的自衛権行使を違憲とするその立場も、安保体制下で米国の軍事力――「戦力」でないとはさすがに言えない巨大な軍事力――に依存することは、集団的自衛権行使に至らないなら、自衛のための戦力と交戦権も放棄するという二項の建前に反しないとするもので、これは要するに、米国の世界最強の戦力を自国の「戦力未満の武力」と結合させて自衛手段として利用しても、自衛のための交戦権の行使にはならない（!）というアクロバット的な解釈の芸当を演じるものである。これは本来なら、非武装中立論からは、解釈改憲と批判されるべきものである。しかし、実際には、非武装中立論の陣営からは、内閣法制局見解自体による解釈改憲に対する批判は、現在はあまり聞こえてこない。これは、安倍政権による解釈改憲への「防波堤」として従来の内閣法制局見解を利用するために、現時点では、それへの批判を戦略的に手控えているからであろう[2]。

さらに、従来の内閣法制局見解は、集団的自衛権行使容認論から、「解釈改憲を否定する振りをしながら、解釈改憲権能を独占しようとする法制局官僚の専横」と批判されても仕方のないような「解釈論」である。実際には、このような批判が集団的自衛権行使容認論者からなされているわけではない。彼らは、自己の立場が「解釈改憲」ではなく「正しい憲法解釈」であると標榜しているから、こういう批判を本音ではやりたくても、公然と表出することは政治戦略上できない。しかし、内閣法制局見解を盾にとった彼らへの解釈改憲批判に対して、もし彼らがかかる反論をしたとしても、「対人論証（*argumentum ad hominem*）」的には筋が通った反論と言えるだろう。集団的自衛権行使容認への解釈改憲に向けて、安倍政権が長官人事で内閣法制局に圧力を加える強硬姿勢を示したことが、「解釈改憲から憲法を守る防壁としての内閣法制局」というイメージを世間に広めたが、このイメージは歪んでいる。古い解釈改憲を新しい解釈改憲から守ってきたというのが内閣法制局の実態である。

以上見たように、三つの立場はいずれも、あるべき安全保障体制についてのそれぞれの政治的価値判断を、その憲法解釈論の根本動機にしている。日本の安全保障体制をいかに構築すべきかという政治的問題を、憲法九条という法文の「解釈」に託して論議する現状に対して、本稿第三節で示すように、私は深い危惧の念を有する。しかし、そのことの問題性は別として、三つの立場の政治的動機をなす安全保障体制観が、「戦争の正義」の観点から、いかに理解され、評価されるべきかを解明することは、日本の安全保障体制のあり方を原理的に考察するために、必要不可欠である。

第二に、三つの立場の対立は憲法解釈論争の次元にとどまりうるものではなく、いずれまた憲法改正論争に突き進むのは避けられないと思われる。実際、安倍政権はまず解釈改憲で国民を集団的自衛権行使容認への安全保障方針転換に「慣れさせて」おいて、後で機を見て正規の改正手続に従い九条改正を発議し、国民投票でこの方針転換とその強化推進を国民に追認させる企図をもっているという見方が、それを警戒する側からも支持する側からも囁かれている。安倍政権下でこれが実現するかどうかは別にして、そう遠くない将来に九条改正論争が再燃するのは必至だろう。九条改正論争においては、改正に賛成する者も反対する者も、憲法解釈の枠を超えて、安全保障体制のあるべき形態は何かという戦争の正義論の問題と真正面から取り組むことが不可欠かつ不可避である。

第三に、私の九条削除論は、安全保障体制のあり方を憲法によって特定すること自体に反対し、民主的立法過程で論議すべきだとする立場だが、私のような立場に立つ者——私以外にいないかもしれないが——も、九条削除後に民主的立法過程でいかなる安全保障体制が確立されるべきなのかについて、戦争の正義の観点から、自己の見解を提示し擁護する責任を当然負う。

以上の点を念頭に置きつつ、戦争の正義をめぐる論議において、九条はいかなる思想的位置を占め、いかなる美点と問題点を孕むか、それに代替するより適切な立場は何かについて、以下で私見の骨子を示したい。

2　戦争の正義論における九条の思想的位置

戦争の正義の問題に関して対立競合する諸見解は、二つの観点から識別同定されうる。すなわち、正しい戦争と不正な戦争とを、より正確に言えば、戦争原因の正・不正を差別化するか否かという観点と、戦争主体が追求する価値や利益の実現に有効な手段であるという理由で戦争に訴えることを許容するか否かという観点である。前者は差別化と無差別化の対抗軸、後者は手段化と非手段化の対抗軸を構成する。この二つの対抗軸を座標軸とする座標平面上の四つの象限に、戦争の正義論の四類型が位置づけられる。すなわち、差別化・手段化の象限に積極的正戦論、無差別化・手段化の象限に無差別戦争観、無差別化・非手段化の象限に絶対平和主義、差別化・非手段化の象限に消極的正戦論が位置する（戦争正義論の四類型のかかる位置づけ・性格付けと、それらに対する評価について、詳細は井上二〇一二・第五章参照）。

積極的正戦論は、戦争主体の価値観に基づいて世界を道徳的に改善することを正当な戦争原因とみなす「攻撃的な戦争への正義／権利（aggressive *jus ad bellum*）」の原理に立つ。その宗教的形態は「聖戦（holy war）」やジハードであり、イデオロギー的形態は「ファシズム対民主主義」の戦争とみなされた第二次大戦や「共産主義対資本主義」の冷戦に典型的に見られるが、ポスト冷戦期においても様々な形で顕現している。邪教や邪悪なイデオロギーを殲滅するための侵略を許容するこの立場は、その狂信性・独善性ゆえに、戦争遂行方法を人道的に規制する戦時国際法の基礎にある「戦争における正義（*jus in bello*）」を無視しやすい。

無差別戦争観は、戦争原因の正・不正を不問にし、国家が国益追求手段として戦争に訴えることを容認する。戦争は外交と同様、国家が使える政治的カードの一つである。「戦争は他の手段をもってする政治の継続である」というクラウゼヴィッツの思想とも繋がるが、積極的正戦論におけるような宗教的・イデオロギー的狂信に基づく好戦衝動とは距離があり、国益追求にとっての有効性という醒めた政治的打算によって戦争という手段の使用を制御する。また、国家間の「決闘」としての戦争観もその基底にあり、戦争遂行手段を制約する「戦争における正義（*jus in bello*）」を具現した戦時国際法規（非戦闘員に対する無差別攻撃の禁止、中立の第三国に対する攻撃の禁止、捕虜の人道的処遇など）を「決闘の作法」として受容する。

絶対平和主義は戦争の正・不正を区別しない無差別化の立場に立つが、それは、戦争原因の正・不正を不問化する無差別戦争観とは逆に、自衛戦争も含めあらゆる戦争を不正とみなすからである。まさに、そうであるがゆえに、それは、正義理念に深くコミットしており、「正義よりも平和」という視点から不正な侵略に対しても忍従を説く「諦観的平和主義」とは相容れず、不正な侵略に対しては断固たる抵抗を要請する。しかし、その抵抗は不正な侵略者と同じ武力行使に訴えるものではなく、敵の武力に対してデモ・ゼネスト・サボタージュなど平和的手段で闘う「非暴力抵抗（nonviolent resistance）」でなければならない。自分たちが殺されても殺し返さないという峻厳な自己犠牲を引き受ける覚悟を要する抵抗である。これはマハトマ・ガンディーや、マーティン・ルーサー・キング牧師の思想と実践に象徴される。

消極的正戦論は戦争原因の正・不正を区別する点では、積極的正戦論と同じであるが、後者とは異なり、「邪悪な体制の打倒」というような、戦争主体の価値観に基づく世界の道徳的改善のための手段として戦争に訴えることを排除し、正当な戦争原因を侵略に対する自衛に限定する。それは「消極的な戦争への正義／権利（passive *jus ad bellum*）」の立場であると言ってよい。この立場は、積極的正戦論に浸潤するような宗教的・イデオロギー的狂熱による「敵の殲滅」衝動や支配欲動とは無縁であり、自衛のための必要不可欠性に戦争の正当化根拠を限定するため、戦争遂行手段についても、「戦争における正義」を具現した戦時国際法規の遵守も要請する。紛争解決手段・国策遂行手段としての戦争を違法化したパリ不戦条約に由来する思想である。

戦争正義論の以上の四類型のうち、積極的正戦論は、それが好戦衝動を放縦化させ、世界平和を破壊する危険性が高いだけでなく、その淵源にある宗教的・イデオロギー的な狂信や独断偏狭性のゆえに、正義概念に内包される視点の反転可能性テスト（perspectival reversibility）の要請――自己の他者に対する行動・要求が自己の視点のみならず他者の視点からも（その他者も同じテストを自己に課すならば）拒絶できない理由によって正当化可能か否かを自己批判的に吟味せよという要請――（井上二〇〇八b・一二七－一四二頁、Inoue 2011参照）を蹂躙する危険性も高い。「人道的介入」を現代的大義にして積極的正戦論が実行される場合も、救済されるべき人々をかえって窮地に陥れる自壊性を持ちやすいだけでなく、介入主体の地政学的利害によって操作される可能性が高い。

また、無差別戦争観は、宗教改革後の宗教戦争（大陸の三十年戦争やピューリタン革命前後の英国の宗教的内乱）を終息させたウエストファリア体制の確立後、欧州地域秩序において定着したことが示すように、積極的正戦論の好戦衝動を馴化する戦争限定機能をもったことは歴史的事実である。しかし、欧州域内の権力均衡が崩れ、その内部抗争が植民地として非欧米世界を争奪しあう帝国主義対帝国主義の闘争へと激化し、さらに軍事技術が高度化して戦闘機爆撃・毒ガス等の化学兵器使用などが可能になり、軍事力が経済力とも結合して戦争が「総力戦」化すると、それは戦争を限定するどころか、再び放縦化させるに至り、戦争原因の正・不正を不問化するだけでなく、戦争遂行手段を制約する「戦争における正義」すら戦争主体をして蹂躙させるに至り、その破局は第一次世界大戦で凄惨な形で実証された。無差別戦争観の戦争限定機能は、一定の地政学的・軍事技術的・経済的条件の下でのみこの立場がもちうる偶然的な機能にすぎず、その論理に内在するものではないため、条件が変われば、それは戦争を放縦化させうるのである。また、「戦争における正義」の尊重を含意する「決闘としての戦争」のモデルも、国益追求手段としての有効性を重視するこの立場の政治的プラグマティズムと必ずしも予定調和の関係にはなく、後者は、貴族主義的な「決闘の美学」を国益追求に邪魔な場合はかなぐり捨てることを要請する。無差別戦争観は平和破壊の危険性においても正義の蹂躙という点においても、積極的正戦論と同様、斥けられるべき立場である。

「戦争の正義」の原理として積極的正戦論と無差別戦争観が不適格であることについては、ここではこれ以上立ち入らない。この二つの立場はいずれにせよ、戦争放棄の理念を掲げる日本国憲法九条が、戦争正義論の座標平面上どこに位置するかという問題の考察においては、ともに問題外であると言ってよい。戦争の正義論における九条の思想的位置を同定するために検討に値するのは、絶対平和主義と消極的正戦論である。自衛隊と安保を否定して非武装中立を九条の要請とする原理主義的な護憲派の立場は、その思想的根拠を突き詰めるなら、絶対平和主義に帰着する。近年では、専守防衛の枠内で自衛隊安保を容認する従来の内閣法制局の「古い解釈改憲」と同様な結論を、憲法解釈としても妥当とみなす修正主義的護憲派も登場してきているが、後者の立場は消極的正戦論に立つと言えよう（代表例として、長谷部二〇〇四参照）。

私は、「前項の目的を達するため、陸海空軍その他の戦力は、これを保持しない。国の交戦権は、これを認めない」と九条二項で明言した憲法の解釈としては、「自衛戦力も放棄した」とする一九四六年の吉田茂首相答弁を挙げるまでもなく、文理の制約上、原理主義的護憲派の見解が正しいことは、日本語を解する者なら否定できないと考える。たしかに、九条二項の冒頭に「前項の目的を達するため」という文言を挿入した芦田均が、これにより自衛のための軍備を合憲と解する可能性を留保しようとする「隠された意図」をもっていたという事実に依拠して、自衛戦力保持合憲論を説く立場もある。しかし、仮に憲法解釈方法論として制憲者意思説を採ったとしても、この「芦田修正」利用論が成り立ち得ないことは、「制憲議会で自説を開陳せず、批判者からの攻撃を回避した芦田の『意図』を制憲者意思に措定することはできない」と愛敬浩二が主張する通りである（愛敬二〇〇六・一五七頁）。そもそも、「陸海空軍その他の戦力は、これを保持しない。国の交戦権は、これを認めない」という留保なしの端的な言明が、単に「前項の目的を達するために」という語句を冒頭に挿入するだけで、自衛戦力の保持と行使を容認していることを意味することになるなどという主張は、日本国憲法の名宛人たる日本国民の通常の日本語感覚からして理解しがたいことであり、このような「密教的解釈」を芦田の「隠された意図」によって正当化することは、「秘密法の禁止」という、法の支配の一大原則に反するだろう。九条の規範的意味、その思想的位置は、絶対平和主義であると言わざるをえない。(3)

しかし、憲法解釈論ではなく、戦争正義論の観点からは、私は、消極的正戦論が妥当であり、絶対平和主義はそのままの形では支持できないと考える。そのままの形では支持できないというのは、その「非暴力抵抗」の精神は、自衛戦争の否定としては支持できないが、「良心的徴兵拒否」の権利の保障という形でなら、消極的正戦論の枠内に接合可能であるという意味である。私の立場は、戦争正義論において消極的正戦論をとる点では修正主義的護憲派と同様だが、九条二項の文理を捻じ曲げて、専守防衛のための自衛隊・安保の体制を合憲とする後者の立場は峻拒する。後者と同様な従来の内閣法制局見解の問題性については既に述べたが、このような解釈改憲に護憲派が便乗するなら、安倍政権による解釈改憲を批判する論理的・思想的資格を失うだろう。この問題には次節で戻るとして、ここでは、戦争正義論の観点から、絶対平和主義と消極的正戦論とを比較査定したい。

3　絶対平和主義の限界と消極的正戦論への批判的組み換え

九条の思想的位置は絶対平和主義に求められるべきだが、この立場は戦争正義論としては支持できないと言った。まず、戦争正義論としてのその不適格性の理由を正確に同定する必要がある。絶対平和主義は安全保障戦略ないし自衛戦略として非現実的で、「平和ボケ」だなどとしばしば嘲笑される。また、行為動機の倫理的純潔性に自己満足して、安全保障・自衛を確保する上での政治的実効性を無視する「心情倫理」に惑溺しているとするマックス・ヴェーバーの批判もある（Weber 1992 (1919), pp. 68-70 参照）。しかし、これらは必ずしも公正な批判とは言えない。たしかに、原理主義的護憲派の中には、非武装中立の立場をとった日本を攻撃してくる国はないだろうという楽観を抱く者もいるかもしれないが、絶対平和主義はかかる「楽観のまどろみ」を貪っているわけではない。その基底にある「非暴力抵抗」の思想は、ガンディーにおいても、キング牧師においても、征服者・抑圧者の非情残虐な暴力的支配にさらされる現実の下で提唱・実践されたのである。また、侵略者・征服者・抑圧者が軍事力において圧倒的に優位にある場合、武力抵抗で血の応酬をしたあげく「玉砕」するよりも、非暴力抵抗の方が、武力的加害主体の非道性と抵抗主体の対照的な人道性とを国際世論に広く訴えて加害主体に対する国際社会の圧力を高め、また侵略・抑圧主体が民主国家なら、その国内世論の良識ある部分にも強く訴えて政府に対する国内的な批判圧力を高めることにより、武力による侵略・抑圧を終焉させる効果を長期的にはより強くもつということも、十分考えられる。いずれにせよ、非暴力抵抗の実践は、成功するか失敗するかは別にして、単なる「心情倫理」ではなく、政治的実効性の考慮を踏まえた「責任倫理」の観点から遂行されうるものである。

絶対平和主義の問題点は、平和ボケとは反対に、「殺されても殺すな」という峻厳な責務、すなわち、侵略者によって同胞・家族が殺され自己も殺されそうな状況に置かれても、対抗的暴力行使によって敵を殺し返すことを禁じ、あくまで平和的手段で抵抗するという、苛烈な自己犠牲を伴う非暴力抵抗の責務を、国民全体に課すことにある。これは言わば、道徳的英雄（moral hero）に課される責務、すなわち、通常人にとっては、実行すれば賞賛に値するが、実行しなかったからといって不正とは非難されえない「義務以上の務め（supererogation）」の要請である。ある国民が、自己犠牲を厭わずこのような非暴力抵抗の原理を引き受けるなら、国際社会からの賞賛に値するだろうが、それを拒否して、侵略に対する自衛のための戦力を保有し行使したとしても、戦争正義論の観点からはそれを批判することはできない。絶対平和主義がかかる非暴力抵抗の責務を、世界正義の普遍的責務として、すべての諸国に課す限りで、その主張は斥けられなければならない。

したがって、すべての諸国に世界正義の責務として課されるべき戦争正義論の原理は消極的正戦論の立場である。ただし、誤解を避けるために、次の二つの留保が必要である。第一に、どの国も消極的正戦論が課す「義務以下」に振舞うこと、すなわち、自衛にとっての必要不可欠性という制約に反して戦争という手段に訴えることは許されないが、特定の国がこの立場が課す「義務以上の務め」として絶対平和主義の理想を追求することは、既に示唆したように、排除されない。

もっとも、これに対しては、かかる絶対平和主義の立場をある国がとることは、その国を侵略し、さらには、被侵略国の国土資源を奪って自己の軍事力を強化し、さらなる侵略を企てるようなインセンティヴを無法国家に与え、世界平和を掘り崩す危険性があるから、消極的正戦論の立場からは、禁じられるべきだという批判もありえよう。しかし、国際社会が「自らに累が及ぶ」のを抑止するために、かかる無法国家の侵略行動に対して、グローバルな集団的安全保障体制を構築して制裁を科すことは、消極的正戦論の立場からも承認されうる。絶対平和主義に立脚する国家は、その思想を貫徹するなら、侵略に対する自衛手段を、侵略国に対する平和的手段による国際的圧力に求めることはできても、自衛のために国際社会の武力介入を要求することは、自己矛盾やただ乗りの誇りを受けることなしには不可能だが、武力抵抗を放棄した結果、自らが侵略国に征服され他の諸国への侵略の足場にされた場合に、国際社会が武力介入することまで拒否する権利を主張することはできない。

第二に、消極的正戦論に立つ国家が自衛のための戦力を保有し、かつ徴兵制を採用した場合は、絶対平和主義の基底にある非暴力抵抗思想にコミットする者に対しては、良心的兵役拒否権が承認されるべきである。絶対平和主義は、消極的正戦論の枠組の中で、このような限定的であるが重要な位置を保持しうる。もちろん、良心的兵役拒否権は徴兵制の存在を前提するから、およそ徴兵制が許されないなら、良心的兵役拒否権という形で絶対平和主義が消極的正戦論の枠内で占めうる位置もありえないことになろう。しかし、私は、徴兵制は単に許容可能であるだけでなく、ある国が自衛のために戦力を保有するなら、志願兵制ではなく徴兵制が採択されるべきだと考える。以下、その理由を述べよう。

民主国家において戦力の発動に対するシビリアン・コントロールを確立するだけでは、自衛に必要不可欠な限度を超えて戦力が濫用される危険を抑止するには不十分である。国民の多数派が無責任な好戦感情に駆られて政府による戦力の濫用を是認・促進する危険を、シビリアン・コントロールはかえって増大させる可能性すらある。このような危険に対する最大の歯止めは、かかる戦争を許すなら、自らが、または、自らの子が、兵士として戦争に参加し、殺される危険を負うだけでなく、敵国民を殺して手を血で汚すという、深い心的外傷をしばしば伴うモラル・コストを払わざるをえない状況に、国民全員が置かれることである。これは国内体制が共和制であることを恒久平和の一条件としたカントの議論の現代的含意でもある。[4]

志願兵制では、少数の入隊者——その多くは通常、他に雇用機会の少ない貧困層や被差別集団の者である——に戦争の最も悲惨な危険とコストを転嫁して、多数者は「安全地帯」に身をおいたまま、戦力行使による国威発揚の情動に惑溺することがいとも容易である。米国のベトナム戦争において、アフリカン・アメリカンと白人貧困層が戦地に送られた当初の志願兵制から、白人ミドルクラスの多数派が戦地で戦争の現実と直面させられることになった徴兵制への移行が、それまでベトナムへの政府の軍事介入を容認是認していた世論の大勢を変え、反戦運動を国民的規模で高めることになった歴史的事実がこの点を明確に例証している（井上二〇一二・三二五―三二七頁、三三〇頁注10参照）。無責任な好戦衝動の暴走を抑止するためには、徴兵制は無差別公平でなければならず、開戦決定に強い政治的影響力をもつ政治家・富裕層一族の兵役逃れを許してはならないことはもちろんだが、民主政の下で政治家をつきあげてタカ派的戦略をとらせる情念に駆られたり、政府の好戦的政策を無関心に放置する危険性から免れていない国民マジョリティにも「敵を殺し敵に殺される兵士になるのは、他者ではなく自分自身また自分の子供たちだ」という自覚をもたせるものでなくてはならない。

自衛のためとはいえ戦力を保有し行使することを承認した国においては、自衛戦争に伴う犠牲を社会の周辺的少数者に集中転嫁せず、国民のだれもが平等にこれを負うことは、無責任な好戦感情の暴走を抑止するために必要であるだけでなく、自衛戦力行使の犠牲とコストを他者に転嫁して、自らは自衛戦力がもたらす安全保障上の便益だけを享受するというフリーライディングを排除する公平性の要請でもある。この要請は、対立競合する正義の諸構想に通底する正義概念たる普遍化不可能な差別の排除という原理により含意されると私は考える（井上二〇〇三・〇〇頁参照）。

良心的兵役拒否権にもこの要請は貫徹され、自衛のための戦力行使を良心的理由により真摯に否定するのではなく、その安全保障上の便益を自らは享受しながら、他者に自衛戦争の犠牲を転嫁しようとするフリーライダーの隠れ蓑として、この権利が濫用されることへの歯止めが必要である。「殺されても殺すな」という峻厳な非暴力抵抗の思想が良心的兵役拒否権の基盤にある以上、これは「武器を取って敵を殺すことを拒否する権利」であって、「生命を賭して戦う同胞兵士に守られながら、自らは死の危険を免れた安全地帯に身を置く権利」ではない。したがって、良心的兵役拒否者に課される代替役務は、「安全な社会奉仕活動」を超えて、戦時における戦傷者・爆撃被災市民等のための非武装看護救助要員や、平時においても起こる大規模災害や汎発流行病（pandemic）などにおける救助看護要員としての役務など、自らも大きな被害リスクを負いながら苦境にある人々の救済にあたる任務でなくてはならない。これは、良心的兵役拒否権の思想基盤から要請されるとともに、フリーライダーの隠れ蓑としてこの権利が濫用される危険を抑制するためにも必要である。[5]

ナチズムの歴史的惨禍を経験した後、戦後ドイツは戦後日本と同様、「過去の克服」を国民的課題として背負った。しかし、この課題に対処する方途は日本と大きく異なり、再軍備後の西ドイツはボン基本法で「防衛のために軍隊を設置する」ことを明定し（八七a条一項）、さらに徴兵制を採用するとともに良心的兵役拒否権も承認し（一二a条一項、二項）、東西ドイツ統合後もこの枠組は継承された。「闘う民主主義」がナチズムの亡霊の排除だけでなく、ドイツ赤軍派などによる左翼テロの排除を名目にした思想統制とも癒着するなど、負の側面も戦後ドイツにはあった(6)が、戦争正義論に関する立場としては、上述の理由により、私は戦後ドイツのこの選択が基本的に妥当であると考える。

ただ、ドイツも、冷戦構造の崩壊と東西ドイツ統合という歴史的な転換の後、兵力削減要請が高まり、兵役を拒否して「市民奉仕（Zivildienst）」という代替役務を選ぶ者が急増するなど、政治的社会的情勢が大きく変わり、徴兵制見直しの機運が高まった（水島一九九五・四三八－五〇五頁参照）。その結果、一九五六年以降続いた徴兵制は二〇一一年に中止されるに至った（廃止ではなく国際情勢変化による復活の余地は残されている）。そこには、東西対立終焉により軍事的緊張感が緩和したことや、代替役務たる市民奉仕の負担が「非暴力抵抗精神」の要請する水準に比して軽く「非良心的なただ乗り」の誘因を与えていることに加え、軍事力の効率化という要因もある。軍事技術の高度化により、軍事力の実効化という点では、高度の専門能力をもつ職業軍人と志願兵からなる体制の方が、徴兵制より優れているという認識が広がっている。また、徴兵制は多数の若い世代の人々を一定期間、教育課程や労働市場から離脱させるという社会的経済的コストも伴う。ドイツ以外にも、ファシズムという「過去の克服」の課題を背負っていたイタリアをはじめ、徴兵制を中止ないし廃止する国が増えている背景には以上のような事情があるだろう。

しかし、徴兵制の存在理由は、軍事力の効率的強化ではなく、既述のように、軍事力の保有と行使がもつリスクの公平な負担により軍事力濫用を統制する重い責任を国民全員に負わせることにある。軍事力の効率的強化の近視眼的追求は、軍事力を保有する選択をした国民に課せられる、軍事力濫用抑止に対する政治的責任を掘り崩す危険性がある。冷戦構造崩壊後も、東西対立の枠を超えた軍事紛争がかえって統制困難な仕方で拡散している現在、軍事力をもつ国民のこの政治的責任はきわめて重大である。米国の陪審制を人民の民主的責任意識を陶冶する制度と見たトクヴィルが提示した「米国において陪審制は単なる司法制度ではなく政治制度である」という命題（トクヴィル 二〇〇五・一八二―一九一頁参照）に倣って言えば、「軍事力を保有する民主国家において、徴兵制は単なる軍事制度ではなく、軍事力を民主的に統制する政治制度である」と言えよう。徴兵制がかかる政治制度として実効的に機能しうるためには、軍事力の保有・行使が孕むリスク・コストの負担の無差別公平化だけでなく、兵士の根本的責務は立憲民主主義体制とその下で生きる人民の生命・人権の防衛であり、軍事規律や上官の命令はその制約に服すること、兵士自身も「制服を着た市民」として、個の尊厳と基本的人権を保持すること、侵略国の兵士・国民に対しても消極正戦論が許容する限度を超えた攻撃を加えてはならないこと等を覚知させる政治教育の徹底が必要である。戦後ドイツが、再軍備後、軍内部において「過去の克服」を貫徹するために行った「内面指導（Innere Führung）」の軍制改革は、制度の理念と運用実態の乖離が批判される面もあったとはいえ、かかる政治教育のあり方を考える上で重要な示唆を含む（これについての詳細な紹介・検討として、水島一九九五・五七―九二頁参照）。

以上、積極的正戦論と無差別戦争観を斥けた上で、九条の思想基盤たる絶対平和主義が高度の倫理性と責任性をもちつつも、まさにそこに限界があり、戦争正義論としては消極的正戦論が最も妥当な立場であることを論じた。国際社会の現状が消極的正戦論に対して新たな挑戦を突きつけていることはたしかである。特に、ある国の内部でジェノサイドのような大規模人権侵害がおきた場合に、その被害集団を救済するために国際社会が武力介入する「人道的介入（humanitarian intervention）」は、積極的正戦論の新たな形態として擁護可能ではないか、他国への侵略がない限り武力介入を禁じる消極的正戦論は、このような人道的危機に的確に対処できないのではないかという問題が提起されている。拙著『世界正義論』において、私は、人道的介入は積極的正戦論の枠組において唱道される限り、介入主体の独善性や地政学的利害の欺瞞的追求によって濫用されること、むしろ、専制化ないし破綻した体制を改革する権能と責任は第一次的にはその体制下で生きる人民自身にあるとする政治的自律の原理に立脚し、そうであるがゆえに、かかる改革主体たる人民自身を集団的に抹殺しようとする暴力に対しては、国際社会はそれを制止する責任を負うとする立場として消極的正戦論を再構成した上で、その枠組の中で、人道的介入の真に擁護可能な形態が同定されるべきことを論じた（井上二〇一二・三〇〇－三〇七頁参照）。私のこの見解は、本稿第一節で示した世界正義論の五つの問題系のうち、問題②（国家体制の正統性の国際的承認条件）と問題④（国際社会における武力行使の正当性）を短絡直結させる思考様式――武力介入を制限するために国家体制の国際的正統性条件を規範的に希薄化させるロールズと、後者の条件を介入主体の観点から「高度化」して武力介入を容易化するネオコンやリベラル・ホークのような現代の積極的正戦論者という一見対立する立場が共有する思考様式――を拒否する複眼的アプローチに依拠する。本稿では、この問題については、拙著の議論の参照を請うに留め、消極的正戦論の「集団化」が孕む問題についてだけ若干付言したい。

　ある国が自衛のための戦力を保持していたとしても、軍事的に圧倒的優位に立つ強大国に先制攻撃された場合、単独で自衛権を実効的に行使することはできない。消極的正戦論が自衛権をすべての国に認めるなら、各国が自衛権を実効的に保障するために集団化された安全保障ネットワークに参加する権利も承認せざるをえない。問題は自衛権の集団的保障のあり方である。これに関しては、集団的自衛権と集団的安全保障体制が区別される。集団的自衛権は、密接な関係にある一定の諸国が軍事的同盟関係を結び、同盟外にある可能的攻撃国として想定された敵国（仮想敵国）ないしその集団に対抗して、同盟内の一国が仮想敵国に攻撃された場合は他の同盟国が協働で防衛にあたる相互的責務を負う体制に加入する権利である。集団的安全保障体制は、国際社会を全般的ないし広範に包摂するもので、「敵」と「味方」の事前の線引きをせず、どの国がどの国に先制攻撃されても、攻撃国に対する被攻撃国の防衛に他の諸国が協働であたる体制である。

冷戦期におけるＮＡＴＯとワルシャワ条約機構は集団的自衛権の典型である。国連はその理念においては集団的安全保障体制の構築をめざすものである。自衛権の集団的保障は消極的正戦論の立場からは論理的には承認しうるものであるが、現存する集団的自衛権体制や国連の安全保障体制の実態が、消極的正戦論の立場から正当化可能な自衛権の集団的保障のあり方と合致しているわけではない。国連の集団的安全保障体制は、周知のように、安全保障理事会常任理事国たる五大国（Ｐ５）の拒否権や国連軍の不在により、その目的を十分果たすには至っていない。ベトナム戦争、アフガン戦争、二〇〇三年のイラク侵攻等が示すように、Ｐ５自体が侵略主体である場合に、国連はそれを制止する力をもっていない。国連憲章は安全保障理事会による実力行使措置を侵略国に対する制裁に限定していないから消極的正戦論にコミットしていないという見解すらある。[7]集団的自衛権体制も、ワルシャワ条約機構下で、ハンガリー自由化やチェコのプラハの春をソ連が軍事的に鎮圧したことが示すように、中核的な盟主国と他の参加諸国に大きな権力格差がある場合は、盟主国の覇権の道具になる。ＮＡＴＯも、旧ユーゴ分裂過程におけるその介入の恣意性が示すように、米国の利害に左右されやすい。

いずれも問題があるにせよ、国際社会をアプリオリに敵味方に分断せず広範に包摂し、軍事的手段だけでなく経済的・文化的な協力ネットワークも活用して集団的安全保障を包括的・多角的に図る場として、国連が集団的自衛権体制よりもまし（lesser evil）であり、その欠陥を改善する漸進的努力を地道に重ねてゆくしかないという立場、すなわち「たかが国連、されど国連」という立場に私は立っている（井上二〇一二・三〇七–三一二頁参照）。日米安保体制を、集団的自衛権行使を認める方向で強化する安倍政権の方針については、日本の安全保障を強化するより、米国の軍事的世界戦略のための日本の道具化をさらに進め、日本の安全保障をかえって危うくするだけだと考えている。

三　立憲民主主義から見た九条の問題

1　戦後日本における九条論議の欺瞞性

以上、戦争の正義論の観点から、九条の思想たる絶対平和主義の意義と限界を示し、私が支持する代替理論たる消極的正戦論の意義について、またそれが絶対平和主義の非暴力抵抗思想をいかなる仕方で摂取しうるかについて、敷衍した。以下では、立憲民主主義の観点から、九条が孕む問題性について私見を述べたい。

この点でまず問題にされなければならないのは、九条が戦後日本の憲法論議を歪めてきたことである。護憲派と改憲派の対立は、九条だけでなく基本的人権や天皇制の位置づけを含め憲法全般に及ぶが、中心争点は何と言っても九条である。私は双方の欺瞞性を旧稿で指摘したが、その骨子は以下の通りである。

改憲派は、「押し付け憲法」反対を唱え、日本国家の政治的主体性の回復のために改憲、とりわけ九条改正を唱えるが、その本音は日本の主体性回復とは逆である。占領軍は松本草案を蹴ってマッカーサー草案を押し付けたというが、同時に、日本政府による微温的な第一次農地改革案を蹴って、より徹底的な第二次農地改革を押し付けた。農地改革は土地所有という「下部構造」を変える社会経済的革命であり、法的な「上部構造」としての憲法の改革以上に体制変革としてはラディカルであり、土地所有層と支配層の抵抗はきわめて強い。実際、かかる抵抗のゆえに、多くの開発途上国で内発的な農地改革は失敗している（大塚二〇一四・一七四―一八五頁参照）。しかし、占領軍がまさに「強権的」に遂行した第二次農地改革によって大量創設された自作農層が戦後日本の長期自民党支配の支持基盤になったために、改憲派は、これを「押し付け農地改革」として批判するどころか、本音では歓迎しながら不問に付している。要は、結果が自分たちに政治的に都合がよいかどうかが問題であって、日本が主体的に選択したかどうかは真の関心ではない。さらに、九条改正でめざすところは、集団的自衛権行使など、米国の軍事的世界戦略の駒として日本をさらに有用な存在にしようとする戦略であり、これは日本の政治的主体性を高めるどころか、逆に、軍事的な対米従属構造をさらに強化するものである。

他方、護憲派は、より正確に言えば、従来その主流であった非武装中立を説く原理主義的護憲派は、「九条を守れ」と主張しながら、六〇年安保闘争の終焉以後は、自衛隊・安保を拡大強化する既成事実が積み上げられている現実に対して大規模な反対闘争を推進せず、「九条がなかったら、現実はもっとひどくなっていただろう」という理屈で自らの政治的無力性と怠慢を合理化し、結果的に、自衛隊・安保強化の既成事実の進行を事実上追認して、その安全保障上の便益を享受しながら、そのことに対して自己批判もせず、率直に便益享受を正当化する責任も負おうとしないという「倫理的ただ乗り」の欺瞞に陥っている。「便益など享受していない」と護憲派は当然主張するだろうが、少なくとも、九条が絶対平和主義に基づき非武装中立を要請していると解するなら、その非暴力抵抗の思想が課す「殺されても殺し返さない」という峻厳な自己犠牲責任を負わざるをえないにも拘らず、自衛隊と安保のおかげでそれを回避できているという便益を、護憲派はちゃっかり享受しているのである。このことを護憲派が自覚していないという事実は、彼らが「平和ボケ」を超えた峻厳な非暴力抵抗思想としての絶対平和主義に本当にコミットしているのかどうかを疑わせ、この点でも、その欺瞞性が問題になる。要するに、護憲派は、九条の条文だけは変えさせないという姿勢をとることに自己満足して、その思想を裏切る現実への便乗を合理化しているのである。

以上述べた原理主義的護憲派の欺瞞は、専守防衛の範囲で自衛隊安保を合憲とする修正主義的護憲派にはあてはまらないが、修正主義的護憲派が護憲派の名に値するかどうか、大きな疑問符が付されよう。この立場は、集団的自衛権行使に至らない限りで自衛隊・安保を明示的に是認する点で、すなわち、自分たちが享受している自衛隊・

安保の防衛上の便益を率直に承認し、それを正当化しようとしている点で、原理主義的護憲派より、ある意味で「正直」ではある。しかし、上述したような従来の内閣法制局の見解と同様な歴然たる解釈改憲に依拠しながら、護憲を主張するという別の欺瞞に耽っている。

以上見たように、改憲派も護憲派も、ともに欺瞞に耽っているが、その在り様は異なる。改憲派の欺瞞は、日本という国家の政治的主体性の回復を、憲法改正を要請する根拠としながら、その本音は日本の政治的主体性と無縁な、また矛盾さえする政治的御都合主義であるという意味で、単に政治的な欺瞞である。自己の政治的欺瞞を憲法によって隠蔽しようとはせず、「邪魔な憲法」の改正を率直に主張している。護憲派の場合は、憲法を尊重している振りをしつつ、九条を裏切る自衛隊安保の現実にこっそり便乗、ないしそれをはっきり是認さえする自らの政治的御都合主義を、憲法を利用して隠蔽しようとしている点で、政治的欺瞞に加えて憲法論的欺瞞を犯している。その意味で、護憲派の欺瞞の方が、立憲主義の精神を腐食させる点で、一層危険である。安倍政権が、集団的自衛権行使容認の憲法改正による実現をとりあえず棚上げして、解釈改憲でこれを実現する戦略に転換したのは、改憲派が護憲派の欺瞞を「より便利な方法」として模倣してきたことを意味する。これを護憲派が立憲主義の蹂躙と批判するのは、「天に唾する」行為であり、その唾は自らに降りかかってくる。

このような護憲派の、そして最近では改憲派も模倣しつつある憲法論的欺瞞は、憲法論を「うそ臭い念仏」と化すことにより、憲法の規範的権威を失墜させ、戦後日本における立憲主義の確立を阻害する要因になってきたと私は考える。

2　九条削除論の法哲学的根拠——法の支配と立憲民主主義の再定位

私の九条削除論は、上に見たような戦後日本の憲法論議の欺瞞の根を断つことを狙いにしている。しかし、欺瞞の根を断つためには、私が支持する消極的正戦論の枠内で自衛戦力の保有行使を承認することを憲法上明文化するような「九条改正」を提唱すればよいではないか、なぜそれを超えて「九条削除」を主張するのか、という疑問が当然向けられよう。私が「九条改正」ではなく「九条削除」を主張するのは、日本の安全保障体制に関する「正しい立場」と自ら信じるところを憲法規範化して固定化しようとすることを排除するような、立憲民主主義のあるべき基本構造に関する一定の見解に依拠しているからである。それは「憲法は政争のルールであって、政争の具ではない」という命題に要約できよう。この命題が要約しているのは、法の支配、またそれを具現する立憲民主主義体制についての次のような見解である。

政治社会は利害のみならず価値観をめぐって対立する諸勢力の間の抗争の場である。自然状態の暴力闘争を終焉させるために国家を設立しても、かかる対立抗争が解消できるわけではない。政治的決定を「合意の産物」とみなすのは有害無益な虚構である。むしろかかる対立が解消しえないからこそ、反対者をも拘束する集合的決定としての政治的決定が要請される。民主政においても事態は同様であり、民主的決定は高々「多数者による少数者の支配」であり、「少数者支配の鉄則」が民主政にも貫徹されるという見方すらある。かかる政治社会において、政治的決定に至る政治的闘争の勝者が敗者に対して、自らが正しいとみなす価値観を無制約に押し付けるならば、敗者はそれを単なる「勝者の正義（victor's justice）」としての力の支配とみなして抵抗し、政治社会は自然状態に回帰する危険性に絶えず曝されるだろう。

この危険性を克服するには、政治的闘争の産物たる政治的決定は、この闘争の敗者、すなわちこの決定を「誤った」決定、「正当性（rightness）」を欠く決定とみなす者もまた、自己の政治社会の公共的決定としての「正統性（legitimacy）」をこれに承認し、政治的闘争の「次のラウンド」で覆せるまでは、それを尊重するという態度をとることを可能にするような、敗者に対する最小限の公正な配慮を示す規範的制約に服するものでなくてはならない。法の支配とは、このような、勝者の正義を超えた政治的決定の「正統性」を保障する規範的制約原理である。それは「右」か「左」か、「保守」か「革新」か「中道」かを問わず、どの勢力が政治的闘争に勝とうとも尊重すべき公正な政治的闘争のルールであり、すべての政治勢力に政治的決定の「正当性」に関する自己の信念の他者への無制約な押し付けを「正統性」への配慮によって自制することを要請する（井上二〇〇六b参照）。

　このような法の支配の理念の規範的内実をなす基本的指針を、私は「正義への企てとしての法」という法概念に依拠して、法の「正義要求（justice-claim）」（正義適合性承認要求）が含意する「正義審査への原権利（the proto-right to justice-review）」の保障と、対立競合する「正義の諸構想（conceptions of justice）」に対する「正義概念（the concept of justice）」の基底的制約性という二つの原理に求め、その更なる具体的含意を探究するアプローチをとっている。前者は、実定法を産出する政治的決定の正義適合性を絶えず批判的に再吟味する基底的権利――実定的権利規定をも争う権利という意味で「原権利（proto-right）」――の制度的保障を求める原理である。後者は基底的な「正義概念」の規範的核心たる普遍化要請（普遍化不可能な差別の排除）とそれが含意する諸公準、特に「位置の反転可能性（positional reversibility）」と「視点の反転可能性（perspectival reversibility）」の公準を、「正義の諸構想」の対立を裁断する政治的決定に対し、その正義要求の真理性ではなく真摯性のテストとして課す原理である（井上二〇〇三・第二章、Inoue 2007、Inoue 2011 参照）。

　法を産出する政治的決定の「正当性」と区別された「正統性」の保障は、自己の政治社会の決定を不当とみなしながら、なおそれを尊重する「政治的責務」や「遵法義務」がそもそも、またいかにして成立しうるのかという法哲学の根本問題と直結している。私見によれば、政治的責務・遵法義務は[8]、自己の特定の正義構想に合致した政治的決定を反対者に執行しうるという「統治便益（governmental benefit）」――従来のフェアネス論が受益対象として想定する単なる公共財ではない――を供給する政治システムへの道徳的ただ乗りを排除する「再構成されたフェアネス論」によって正当化可能であるが、上記のように再定位された法の支配の要請への政治的システムの適合性は、この再構成されたフェアネス論が妥当性をもちうるための前提条件をなす（井上二〇〇七、Inoue 2009参照）。

このような私の「法の支配」論の詳細には本稿では立ち入らないが、本稿の問題にとって最も重要な点は、法の支配が、どの政治勢力が政治的闘争に勝とうとも、政治的決定の「正当性」についての自己の信念を他者に押し付ける欲動を、他者にとっての「正統性」への配慮によって自制することを要請する公正な政治的闘争のルールであるということである。立憲民主主義体制は、このような法の支配の理念を現実化・具体化する制度装置である。政治的闘争の敗者が勝者の決定を不当としつつもそれに敬譲すべき理由は、「再構成されたフェアネス論」によれば、目下の政治的闘争の敗者も、もし勝者となったなら、自らが正当とみなし、その時点での敗者が不当とみなす政治的決定を後者に対して押し付けるだろうから、自らが敗れたときにだけ勝者の決定への敬譲を拒否するのは不公正であるという、正義概念が含意する反転可能性の公準に存するが、この議論が成立しうるのは、政治的闘争の勝者と敗者の「反転」が、単に「反実仮想的（counterfactual）」にではなく、現実的にも可能であるような統治制度、すなわち政権交代を可能にする民主的制度が確立されている場合である。特定の勢力が勝者の地位を永続化できる非民主的体制においては、この議論は単なる欺瞞に陥るだろう。また、民主的制度が確立されていても、民主的競争の勝者になる可能性がきわめて乏しい構造的少数者（人種的・民族的・宗教的・文化的少数者や性的指向性における少数者など）の場合には、この議論が欺瞞に陥らないためには、どの政治勢力が勝者になろうと、かかる少数者の基本的人権の侵害を勝者に許さない制度的保障、すなわち立憲主義的人権保障制度が必要である。(9)

立憲民主主義体制は、以上のような意味で、法の支配の理念が要請する公正な政治的闘争のルールを制度的に確立することを存在理由とする。その憲法が成文硬性憲法であることは、ある時点での民主的政治競争の勝者が自らの勝者としての地位を永続化したり、構造的少数者に対する差別抑圧を容易化したりするために、政治的闘争のルールとしての憲法を自分に都合のいいように容易に変えられるという事態を排除するための制度的工夫であり、政治的闘争ルールの公正性を担保するものとして、それ自体、法の支配の要請である。しかし、改正要件を加重厳格化した成文硬性憲法によって通常の民主的立法過程を通じた修正から保護さるべき憲法規範は、民主的政治競争の公正性と被差別少数者が侵害されやすい基本的人権を保障することにより政治的決定の「正統性」を確保するルール（およびかかるルールを運用し担保する諸機関の権原配分ルール）に限定され、「正当な政策」が何かをめぐる論争は通常の民主的政治過程で裁断され、かかる裁断もこの民主的政治過程における再検討・修正に開かれるべきである。政治的諸勢力が自らの政治的選好に合致した政策選択を硬性憲法に埋め込んで、かかる民主的政治過程を通じた対抗勢力によるその再問化・批判的修正を排除しようとするのは、憲法を、それが都合よければ都合よいように利用し、都合悪ければ無視ないし曲解しようとする諸勢力による「政争の具」にし、公正な「政争のルール」たるべき憲法に対する政治的御都合主義を超えた尊重と信頼を損ない、「正統性」保障装置としての立憲民主主義体制の基盤を掘り崩すことになる。

「正しい安全保障体制」が何かは、まさに、通常の民主的政治過程で争われるべき政策課題であり、これについて対立競合する政治勢力がそれぞれの政治的選好を憲法規範化して「固定」ないしは「凍結」させようとするのは、したがってまた、敵にそれをやられたら逆に憲法を無視・曲解するのは、憲法を公正な政争のルールから政争の具へと堕落させるものである。前項で示した護憲派・改憲派双方を蝕む憲法論議の欺瞞は、戦後日本において、九条が憲法を政争の具に堕落させてきた状況をあからさまに示している。私が戦争正義論において「再編された消極的正戦論」の立場をとりつつも、それをそのまま憲法規範化するような「九条改正」を提唱せず、端的に「九条削除」を提唱するのは、政争の具に貶められた状況から憲法を救済し、公正な政争のルールとして憲法を復権させるためである。

3　九条削除論の憲法論的位置

本稿の締め括りとして、法の支配と立憲民主主義の原理に関する上記のような法哲学的立場に立脚する私の九条削除論が、現在の憲法論議においていかなる位置を占めるかを、対抗する立場との対比によって、明確化しておきたい。ここでは、九条削除論の憲法論的位置の明確化が目的なので、憲法論的欺瞞に陥っていると私が考える修正主義的護憲派と原理主義的護憲派の議論の批判的検討に焦点を置く。

（1）修正主義的護憲派による解釈改憲の問題性

九条は立憲民主主義の精神にそぐわず削除されるべきだと私は考えるが、現行実定憲法規範として存在する以上、九六条の憲法改正手続に従って改廃されるまでは、その本意どおり尊重さるべきであり、自衛隊・安保は専守防衛の枠内であっても違憲と言わざるをえない。日本の自衛戦力を無差別公平な徴兵制と重い代替役務を伴う良心的兵役拒否権の保障に基づいて改組し、自衛権保障の集団化の基軸を、米国主導の集団的自衛権体制から、P５の専横を制御する方向で改革された国連中心の集団的安全保障体制へ移すという、私の消極的正戦論の構想も、戦争正義論の立場としては擁護可能だと考えるが、現憲法下では違憲であることを承認する。

もっとも、私の消極的正戦論の構想が現行憲法下では違憲であるというのは、あくまで九条違反という点である。自衛戦力を保有した場合に私が必要だと主張する無差別公平な徴兵制が、「何人も、いかなる奴隷的拘束も受けない。又、犯罪による処罰の場合を除いては、その意に反する苦役に服させられない」と定めた憲法一八条に違反すると主張されることがあるが、このような主張を私が重視しているという意味ではない。「奴隷的拘束」について言えば、自国を侵略から防衛するための兵役を政治家・富裕層の一族も含む全国民に無差別公平に課す徴兵制を、奴隷所有者としての主人と所有物としての奴隷との階層的差別を本質とする奴隷制の拘束と同視するのは、まったく的外れである。むしろ、志願兵制の方が、中流以上の社会層が、自衛戦力保有の利益を享受しながら、戦力要員としての苛酷な犠牲とリスクを、雇用機会を求めて志願兵になる相対的に貧しい社会層出身者に転嫁することを可能にするもので、より「奴隷制」的である。さらに、憲法一八条は、憲法の私人間適用によってであれ、民法九〇条を媒介にした間接適用によってであれ、自発的に奴隷になることに同意する奴隷契約をも無効化する以上、もし徴兵制が奴隷的拘束を理由に一八条違反になるなら、志願兵制も同じ理由で一八条違反になるはずであり、徴兵制だから一八条違反という論理は破綻している。

「意に反する苦役」について言えば、一八条が例外を「犯罪による処罰の場合」に限定しているのは、まさに、九条が自衛のための戦力の保有・行使も禁じている以上、徴兵制はありえないという前提に一八条が立っているからである。戦力放棄原理としての九条による一八条の規範論理的制約に注目するなら、志願兵制としての自衛隊は合憲だが、徴兵制は違憲という結論を一八条から導出することはできない。いずれも違憲であり、その根拠たる九条こそが問題である。九条を削除した場合は一八条の規範論理的前提が変わるから、「法律により徴兵制を定めた場合の兵役」を例外に加える憲法改正が必要であるが、これは「意に反する苦役」を憲法が想定し許容する場合に限定する一八条の法意を変えるものではない。

徴兵制と憲法との関係に触れたので、これに関連する九条削除論の立場について補足しておこう。非武装中立か武装中立か、専守防衛か集団的自衛権行使容認かなど、日本の安全保障体制の基本原理の選択は民主的立法過程に委ね、憲法規範化すべきでないとするのが九条削除論の立場だが、もし戦力の保有が民主的立法過程で選択されたなら、無差別公平な徴兵制を採用し、利己的理由による兵役回避手段として濫用されない程度に重い代替役務を伴う良心的兵役拒否権を保障することを要請する「条件付け規範」を憲法で設定することは、九条削除論の観点からも、可能であり必要である。このような条件付け憲法規範は、上述のような安全保障体制の基本原理をめぐる対立に関して特定の立場を憲法で固定化するものではないし、戦力保有・行使が伴う犠牲・コストを相対的に貧しい社会層出身者や、「忠誠心の証明」の圧力を多数派から受ける被差別少数者に集中転嫁する可能性のある志願兵制の排除と、重い代替役務を伴う良心的兵役拒否権の保障は、万人に公平に基本的人権の保障を図る点で、九条削除論の法哲学的根拠たる立憲民主主義観によって排除されるどころか、要請されている。

ただし、志願兵制のかかる「多数の専制」的差別化の危険性が、社会保障の充実や被差別集団の人権保障の強化によりもし除去できるなら、徴兵制と良心的兵役拒否権の結合に代えて志願兵制が承認される可能性も論理的には存在する。このような可能性を残すために、戦力保有に対する憲法の条件付け制約から徴兵制採択を外し、もし民主的立法過程で戦力保有と徴兵制を選択したなら、重い代替役務を伴う良心的兵役拒否権を保障すべしという弱い条件付け憲法規範に転換するという選択肢もアプリオリには排除できない。ただし、志願兵制の「多数の専制」的差別化の危険性が解消される可能性はあくまで論理的なもので、現実的には実現困難と思われるので、単なる論理的可能性の想定により憲法の条件付け制約を弱めることには慎重であるべきだと考える。

本論に戻ろう。私が自己の消極的正戦論の構想は九条違反で現憲法下では許されないことを承認するのは、九条の絶対平和主義が戦争正義論として誤っているとしても、また立憲民主主義の原理から言えば削除されるべきものだとしても、集団的自衛権行使容認を閣議決定した安倍政権や、専守防衛の自衛隊・安保を合憲とした従来の内閣法制局と修正主義的護憲派のように、正規の憲法改正手続によって九条を改正――または私が主張するように、削除――せず、解釈改憲によってこれを潜脱するのは、憲法改正要件を緩和する九六条改悪を試みた当初の安倍政権の戦略よりももっと陋劣な仕方で、公正な政治的闘争のルールとしての憲法の生命線と言うべき憲法改正手続の「硬性」を掘り崩すことになるからである。

当初の安倍政権は現行憲法九六条の硬性の改正手続に従って明示的に九六条を「軟性化」する改正をした後で、さらに明示的に九条を改正することを試みた。これが立憲民主主義を掘り崩すものとして許されないのはいうまでもないが、少なくとも、彼らは二段階の憲法改正手続を明示的に踏むことを試み、そのため護憲派のみならず改憲派の中の憲法「軟性化」反対派も含めた強い批判を浴びて失敗した。その結果、改正手続をバイパスして同じ憲法改正目的を実現できる解釈改憲という一層容易な、従ってまた立憲主義にとっては一層危険な戦略に転換したのである。自分たちの気に食わない憲法条文を、改正手続をバイパスして解釈改憲で変えてしまうという戦略は、硬性の改正手続に従った憲法の「軟性化」戦略よりも隠微で危険な仕方で硬性憲法を骨抜きにするものであるが、この点については従来の内閣法制局見解や修正主義的護憲派も同罪と言わざるをえない。

　もっとも、修正主義的護憲派の代表的論客の一人である長谷部恭男は、専守防衛の枠内でのみ自衛隊・安保は合憲であるという彼の「解釈」は解釈改憲ではなく、正当な憲法解釈であると主張している。彼は自己の立場を、私が理解する限り、以下の四つの理由で正当化しようとしている。①九条は原理であってルールではないから、法解釈の専門家による柔軟な解釈に委ねてよい（長谷部二〇〇四・一七一―一七四頁参照）。②徴兵制と絶対平和主義は特定の「善き生」の観念を強制することになるから、多様な「善き生」の自律的探究の保障という立憲主義の基本前提に反する（同書一五八―一五九、一六六―一六八参照）。③防衛問題に関しては、民主的政治過程の欠陥はあまりに大きく、適切な結論が得られる蓋然性は低い（同書一五二―一五五頁参照）。④いったん有権解釈によって設定された基準については、憲法の文言には格別の根拠がないにしても、どこかに線を引くことが必要である以上、なお、それを守るべき理由がある（同書一六二―一六四頁）。これらについて以下、簡単に検討しておく。

　①について。ある憲法条文をルールでなく原理だと言えば、文理を無視した解釈を「専門家」ができるとなると、「専門家」の政治的イデオロギーに応じて憲法規範が融通無碍に操作されることになる。いずれにせよ、憲法学者の中にも、九条は集団的自衛権行使を排除していないと主張する者もいる（例えば、大石二〇〇七）以上、集団的自衛権行使容認派も、この理屈を利用して自分たちの解釈は解釈改憲ではないと主張できてしまうだろう。

②について。徴兵制は特定の善き生の強制という「卓越主義（perfectionism）」とは無縁であり、むしろ自衛戦力の防衛利益を享受しながら、自衛戦力の保有・行使に伴う犠牲・リスクを一部の者に転嫁するフリーライディングを排除するという公平性の要請に基づいており、また良心的兵役拒否権と接合できる。絶対平和主義は戦争正義論の観点から私もこれを斥けるが、それは絶対平和主義が、特定の善き生を強制する卓越主義だからではない。絶対平和主義は侵略をまさに不正とみなしてそれを是正するために断固闘うことを要請する点で、匡正的正義の一構想であり、それが斥けられるべきなのは、それが要請する不正是正方法としての非暴力抵抗が、「義務以上の勤め（supererogation）」と言うべき過重な自己犠牲リスクを課すからである。絶対平和主義を斥ける根拠は、特定の善き生の観念の強制を禁じるリベラルな反卓越主義ではなく、「当為は可能を含意する（*Ought* implies *can.*）」というカント以来の規範論理的原理や、「法は不能を強いず（*lex non cogit ad impossibilia.*）」という法原理にも一脈通じるような、正義の義務が課す負担・犠牲を限定する原理にある。正義の義務の履行負担限定問題と反卓越主義の問題は混同されてはならない。リベラルな立憲主義は、過重な自己犠牲を要請しない「善き生」の構想であっても、それを強制する卓越主義を排除する。リベラルな反卓越主義を根拠に絶対平和主義を斥けるのは、戦争正義論の主張として妥当ではない。また、かかる戦争正義論上の主張から直截に、九条の文理を超えて専守防衛武装容認的解釈を正当化するのは無理がある。

③について。防衛問題といっても、戦術決定や、武力装備・兵站・防衛情報収集・軍事通信網等の防衛システム設計など、まさに専門技術的な問題と、国の安全保障体制の在り方に関する基本原理の問題とは次元が異なる。前者について民主的政治過程で適切な判断ができないとしても、後者について民主的政治過程では適切な結論が得られる蓋然性が専門家の憲法解釈に委ねるよりも低いと断定する根拠はない。東日本大震災における福島原発事故問題は、日本の原子力エネルギー政策を牛耳ってきた学者・技術者・官僚などのテクノクラートが、民主的政治過程

における監視と批判的統制が不十分だと、いかに無能化・無責任化し、いかに破局的な被害を国民にもたらしてしまうかを証明した。安全保障体制の基本原理について、憲法学者・裁判官・法制局官僚などの憲法解釈の「専門家」が、民主的政治過程における熟議を経た決定よりも適切な判断ができるなどと主張するのは、かかる専門家の「夜郎自大」的な自惚れにすぎない。安全保障体制選択において民主的政治過程の暴走の危険性を抑止する適切な方法は、「専門家」任せではなく、民主的政治過程の熟議機能の強化を図る制度改革や実践である。(10)

実際、長谷部自身が、集団的自衛権行使容認のための解釈改憲を批判する文脈で、「国際情勢の変化等を理由に、集団的自衛権の行使を認めるよう憲法を変化させることが、全く認められないわけではありません。しかし、そのためには国民的議論を尽くした上で、憲法を改正するという正規の手続を踏むべきでしょう。……少数の『専門家』の議論だけで、いつの間にか憲法の意味が変わってしまい、そのために安全保障の上でも、外交交渉の上でも、国民の思いもよらない結果を押し付けられることのないように、十分に時間をかけた冷静な議論が必要です」と述べている（長谷部二〇一四・二一二頁）。私は長谷部のこの主張には、あるべき憲法改正は、集団的自衛権行使容認への九条の文言の変更ではなく、九条の削除であるという留保を付した上でだが、「異議なし！」と声援を送りたい。しかし、彼のこの議論は、占領政策の右旋回、冷戦の緊張の高まりというような国際情勢変化の下で、かつての保守政権執行部を担った政治家の意を組んで内閣法制局官僚のような「専門家」が編み出し、修正主義的護憲派の憲法学者のような「専門家」が後に支持した「専守防衛の自衛隊・安保」合憲論、すなわち、「自衛隊は戦力でない」とか「日米安保体制下で米国の巨大な戦力を利用して自衛戦争をするのは交戦権の行使ではない」というような、「国民の思いもよらない」アクロバット的解釈で、「いつの間にか憲法の意味が変わって」しまう状況を作りだしてきた「古い解釈改憲」の批判にもそのまま転用されうるだろう。

④について。憲法の「有権解釈」ができるのは最高裁判所のみである。最高裁の「有権解釈」といえども、当該

事件についてその判断を覆し得ないというに過ぎず、その後の憲法解釈を拘束する無謬性を標榜できるわけではない。この点は別としても、砂川事件判決や長沼事件判決以来、最高裁は日米安保を合憲とし、自衛隊について、違憲判断を回避してきたが、集団的自衛権行使が合憲か違憲かは判断していない。集団的自衛権行使容認派が、砂川事件判決が集団的自衛権行使を合憲としたと主張するのは根拠がないが、集団的自衛権行使が違憲だとも最高裁は断定していない。「外交・防衛問題に関わりたくない裁判所は明確な憲法判断を示そうとしない」と長谷部自身が認めている（長谷部二〇一三・七二頁）。「いったん有権解釈によって設定された基準については、それを守るべき理由がある」と長谷部は言うが、最高裁は「自衛隊・安保は専守防衛の枠内でのみ合憲で、集団的自衛権行使は違憲である」とは明確に判示していない以上、従来の内閣法制局見解や修正主義的護憲派の立場が「有権解釈によって設定された基準」であるとは言えないのである。さらに言えば、砂川事件判決についても、当時の田中耕太郎最高裁長官が判決前にマッカーサー二世駐日米国大使ら米国政府関係者と密議し、跳躍上告された一審の安保違憲判決を最高裁の裁判官全員一致で覆すことを約束するという、日本の司法の独立と裁判官の独立をまったく無視した強引な政治的司法操作をしたことが最近明らかにされている（布川・新原編二〇一三参照）。大津事件において、ロシアの顔色を窺った明治国家の圧力に抗して司法の独立を守った大審院長、児島惟謙がいま生き返ってこれを知ったら、「立憲民主主義体制となったはずの戦後日本の司法のこの体たらくは何だ！」と驚愕するとともに激怒するだろう。最高裁長官が筆頭に立って政治権力に追随するこんな情けない戦後日本の司法の「有権解釈」によって、「自衛隊・安保は合憲」という古い解釈改憲を正当化するのは無理である。

長谷部の意図は、イエリネックの言う「事実の規範力」の適用としての憲法変遷論、すなわち、古い解釈改憲の線に沿った自衛隊・安保の体制が戦後日本で長く続いてきたという事実が、九条の意味を古い解釈改憲に合致するように変容させたという点にあるのかもしれない。しかし、安倍政権による「新しい解釈改憲」に対する古い解釈改憲の憲法理論的優位性の主張を、この議論で正当化することはできない。違憲の事実状態も一定期間持続すれば、憲法規範の意味がその事実状態を合憲とする方向に変容するという議論に依拠するなら、「新しい解釈改憲」もそれに適合した違憲の事実状態を政治力により一定期間持続させれば、憲法の意味を変容させられることになるだろう。それを古い解釈改憲の立場から批判することはできない。自己の政治的選好で左右できないような憲法の規範的権威への敬意を欠き、むしろ政治的必要性と自分が判断するものに憲法解釈を合わせることにより、憲法に対する政治の優位を容認する点で、どちらも同罪だからである。

（2）原理主義的護憲派の政治的御都合主義

専守防衛の枠内の自衛隊・安保も現憲法下では違憲とする点で、憲法解釈論としては、私は原理主義的護憲派と同じ立場に立つが、立憲民主主義に関する思想的立場は彼らの対極に位置する。私は、立憲民主主義の原理にそぐわない九条を削除して、立憲民主主義の基盤を侵食する違憲事態の固定化を解消することを主張するのに対し、原理主義的護憲派は、現状の自衛隊・安保を九条違反で違憲としながら、九条がなかったら事態は自分たちの政治的選好からもっと乖離する方向へ進むだろうという理由で、九条改正に反対し、違憲事態[11]をこのまま固定化させようとしている。もちろん、民主的立法過程で自衛隊・安保を廃棄し非武装中立を実現することにより違憲事態を解消する道が、彼らにも理論上は開かれている。しかし、実際には、原理主義的護憲派は、専守防衛の枠を超えた自衛隊・安保の強化の動きが出るとそれに反対する政治運動はするが、自衛隊・安保自体を廃棄する政治運動をもはや本気でやろうとはしていない[12]。そもそも、既述のように、自衛戦力の放棄を要求する絶対平和主義の非暴力抵抗思想が課す峻厳な自己犠牲責務を引き受ける覚悟が彼らにあるとは思えない。非武装中立になっても、日本を侵略する国はないだろうとか、侵略の危険が迫ったら「正義と平和を希求する国際社会」が日本を守ってくれるだろうという願望思考に一方で浸りながら、他方で、侵略の危険への不安を、自らが違憲の烙印を押している自衛隊・安保の現実がもつ防衛効果への便乗によって紛らわせているというのが本音だろう。

原理主義的護憲派が、九条改正反対を叫びながら、まさにそのことによって九条に反する違憲事態を固定化させようとしているというのは、皮肉というより、憲法の基盤にある立憲民主主義の原理に対する裏切りである。修正主義的護憲派は、その解釈改憲の欺瞞ゆえに、護憲派の名に値するかどうか疑わしいと述べたが、少なくともこの違憲事態の固定化が解消されなければならないという問題意識だけは私と同様に強くもっている。しかし、原理主義的護憲派においては、この問題意識は既に蒸発したか著しく希薄化している。専守防衛の自衛隊・安保を事実上容認しておきながら、これを違憲にする九条解釈と、そう解釈された九条自体を彼らが固守しようとするのは、自衛隊・安保をめぐる政治的対立の綱引きにおいて、自衛隊・安保が専守防衛以上に強化されるのに対抗するために、「専守防衛ですら既に違憲なのに、ましてや集団的自衛権などとんでもない」と主張させてくれる九条が、強い交渉カードとしての政治的利用価値をもつと信じているからである。自分たちの政治的選好に可能な限り近い状況を維持するための政治的手段として、違憲事態の固定化が利用できるなら、これを利用して何が悪いと開き直っているのである。

九条が自衛戦力をも放棄したと解する護憲派の立場を私は「原理主義的護憲派」と名づけたが、実はこの名称は「誤称（misnomer）」かもしれない。彼らには、九条の絶対平和主義の思想への真摯なコミットメントが本当にあるとは思えない点で、「原理主義」と呼べるかどうか疑わしいだけでなく、「違憲事態の固定化を利用する護憲派」である点で、護憲派の名に本当に値するのか、修正主義的護憲派と少なくとも同程度に疑わしい。憲法の規範的権威を掘り崩す違憲事態の存続を解消するためには、修正主義的護憲派の解釈改憲という便法を否定するなら、この問題につき、硬性の憲法改正手続に従い、国民的規模での熟議を貫徹して決着をつけるしかない。「原理主義的護憲派」にとって、自衛隊・安保を明確に否認する憲法改正案を国会に発議させることは、諸党派のいまの勢力分布状況では無理だろうが、逆にこれを明確に認知する憲法改正案が国会で発議された後の国民投票において、これを否決させるための大規模な政治運動を推進することは十分可能である。しかし、彼らは、自己の政治的敗北のリスクを避けるために、かかる憲法改正プロセスを発動させて国民に信を問う事自体に反対している。彼らが守ると標榜している憲法自体が、憲法価値をめぐる政争を公正に裁断するためのルールとして、硬性の憲法改正プロセスを設定しているにも拘らず、このプロセスで正々堂々と勝負することを、「負ける試合はしない」と拒否し、自分たちの政治的選好を可能な限り充足するために違憲事態を固定化する方を選んでいる。そこには、法の支配の理念に依拠した立憲民主主義が要請する「公正な政争のルール」としての憲法に対する真の敬意がみられない。政治的対立状況の中で自らの政治的選好を最大限実現するための政治的駆け引きの便法として、すなわち「政争の具」として憲法を利用しようとする政治的御都合主義がぎらついている。

私の九条削除論を批判した愛敬浩二の議論は、上述のような護憲派の政治的御都合主義を如実に示している。彼は私の立場に対し「九条改定の問題はあくまで政治問題であって、倫理問題ではない……私にとって九条改定の問題は現代改憲の『思惑』との関係で、その改憲に賛成するか否かという問題である」と答えた上で、「井上は自説の『九条削除論』を改憲・護憲を超える「第三の道」であるかのように論じるが、これはまったくの勘違いである。改憲派の『思惑』からすれば、九条全面削除が最も望ましい」とする。さらに、九条を削除しても対米追随の軍事大国化がとめられる保障はなく、「井上は、自衛隊・安保条約の廃棄を民主的過程で実現しようとする運動への傍観者的な敬意を表するのみ」であり、「井上の議論の核心は、九条を削除すれば、日本にも立憲主義が定着するという『期待』のほうにある」が、九条を削除しても基本的人権保障における日本の司法の欠陥が改善される保障はないと批判する（愛敬二〇〇六・一四八－一五一頁）。

まず、私の立場に対する誤解を除いておこう。私の戦争正義論の立場は絶対平和主義にもとづく非武装中立論ではなく、既述のような消極的正戦論である。絶対平和主義はその非暴力抵抗の原理が人々に課す自己犠牲の過重性ゆえに、すべての諸国民に対し義務として課すことはできないが、日本国民が絶対平和主義の原理を、それが課す犠牲を覚悟した上で、自発的にこれを引き受けるなら賞賛に値するだろうと私は言ったが、これは反実仮想であり、実際には日本国民にその覚悟を期待できないだけでなく、非武装中立の提唱者たちにも非暴力抵抗を実践する覚悟が本当にあるとは私は信じていない。したがって彼らの「運動」――自衛隊・安保の強化に対する反対を超えて、その廃棄をはっきり要求する政治運動がいま推進されているとは思えないが、仮にそのような運動があるとして――には、失礼ながら「傍観者的敬意」すら払ってはいない。また、九条が日本における立憲主義の定着を阻害する要因の一つであり、それを除去することは立憲主義の定着の必要条件であると私は考えるが、十分条件であるなどと主張した覚えはない。立憲主義的人権保障における日本の司法の欠陥は九条問題とは別の諸要因が種々絡んでおり、それを摘出し改善する努力が必要なのは当然で、私自身、司法改革問題については別途考察している（井上・河合編二〇〇一・序論および第九章［井上執筆］参照）。さらに、最も根本的な誤解だが、私が軍事的な対米従属構造からの日本の脱却を志向しながら、安全保障体制のあるべき形態が何かは憲法で固定するのではなく民主的立法過程で持続的に模索さるべきだと主張するのは、この問題を民主的立法過程に付すことが、自分が正しいと信じる安全保障体制を実現するための政治的手段として有効だと考えるからではない。逆に、民主的立法過程のアジェンダにこの問題を置くことが、自己の政治目的実現の障害になったとしても、公正な政争のルールたる立憲主義の原理によって要請されると考えるからである。

最後に触れた誤解が示すように、愛敬が「九条改定の問題はあくまで政治問題であって、倫理問題ではない」と主張するとき、彼は自分が正しいと信じる安全保障体制を実現する上での九条の政治的有用性という観点からしか、この問題をとらえていない。個人の生き方に関わる「倫理問題」ではなく、また単なる党派的政治抗争で勝つための戦略問題としての「政治問題」でもない、より根本的な「政治道徳」の問題、すなわち価値観が多元的に分裂し抗争する政治社会において法の支配が要請する「公正な政争のルール」としての立憲主義の問題に、彼は関心がないのである。愛敬が「改憲派の『思惑』からすれば九条全面削除が最も望ましい」として私の九条削除論と改憲派の立場を同視するのも、この無関心に由来する。改憲派にとっては、従来の護憲派がそうしてきたように、彼ら自身の政治的選好（自衛隊・安保の拡大強化）を憲法規範として固定して、通常の民主的政治過程における対抗勢力による将来ありうべき批判的巻き返しに対して保護できる方が、問題を民主的政治過程での持続的討議に委ね、巻き返されるリスクをとるという、九条削除論の要請に従うよりも、彼らの政治的思惑からすれば、はるかに望ましいのである。成文硬性憲法としての日本国憲法の下で、民主的立法過程に委ねることと憲法規範化することとの間に存するこの基本的な区別に、憲法学者の愛敬が無頓着であるのは驚くべきことだが、これは、彼が少なくとも九条問題に関する限り、立憲主義の意味を理解している憲法学者としてではなく、己の党派的政治選好を追求する戦略にしか関心のない「政治運動家」的視点で思考していること――彼が実際に政治運動に関与しているかどうかではなく、その思考様式が「政治運動家」的であるということ――を示す。

さらに言えば、政治運動家的視点から、彼が「改憲派にとっては九条削除が最も望ましい」などと、私から見れば政治的にも根拠のない臆断をするのは、民主的立法過程では「非武装中立派と専守防衛派が結託しても、集団的自衛権容認派にいまは勝てないし、今後もずっと、巻き返すことは無理だ」という判断によると推察できる。そうだとすると、民主的政治闘争における自らの敗北の永続性を前提するこの諦観的姿勢は、政治運動家的視点からも批判さるべき「やる気のなさ」――活発な政治運動の気概がまだ社会に少し残っていた私が若い頃の、いまでは「死語」になってしまった政治用語では、まじめに運動を推進しない「堕落した幹部」のことを「だら幹」と呼んだが、まさにこの意味での「だら幹」的な無気力性――を露呈しているのではないか、という疑問が当然生じる。

しかし、それ以上に問題なのは、民主主義の闘技場で自己の政治勢力が民意の支持を得て勝つのは無理だから、自分たちの政治的選好を憲法によって固定化する方が得策だとする姿勢、すなわち、まさに憲法を「政争の具」としてしか見ていない姿勢が、ここに露骨に現われていることである。

非武装中立論者を「原理主義的護憲派」と呼ぶのは「誤称」で、彼らは絶対平和主義に真摯にコミットする「原理主義」を捨て、違憲事態の固定化を歓迎することにより立憲主義を尊重する真の護憲精神も捨てていると先に示唆したが、非武装中立論的九条解釈をとる愛敬は、このことを天真爛漫とも言うべき率直さで承認している。彼は「九条のおかげで自衛隊は侵略的な軍隊になるおそれがないし、自衛隊が認められるなら、九条を維持したほうが賢明だと考えるのが、『おじさん的思考』である」とし、彼が内田樹に帰したこの「おじさん的思考」に「本章［最近の九条論を検討している章（井上補記）］で紹介したどの九条論よりも、私は魅力を感じる」と言い放った上で、「しかし、だからこそ、九条は絶対平和主義的に解釈されるべきだと私は考える。……戦後の政府解釈は、自衛戦争も放棄したと述べる吉田首相の――まったく「おじさん的」ではない――答弁から出発した。政府解釈がここから出発したからこそ、少なくとも現在まで、憲法九条は『軍事的なるもの』に対する一応の『封印』たりえた」と主張する（愛敬二〇〇六・一五九－一六〇頁）。さらに、「もし、徹底した非武装平和主義（絶対平和主義）だけを『護憲』と考えるならば、護憲派はかなり小さくなるだろう。もちろん、このような『ファンダメンタリズム』も一つの立場だが、私はどうも『ファンダメンタリズム』が苦手である。それに、現代改憲の是非を考えるうえで、このように『ファンダメンタル』な立場への賛否を『改憲』派と『護憲』派の区別の基準にすることは、改憲派の側に不当な利得を与えることになる」と本音を表白している（愛敬二〇〇六・一五九－一六〇頁）。

九条を絶対平和主義的に解釈すべきであり、かつそのような九条を固守すべきだと主張する「原理主義的護憲派」が、実は、自衛戦力をも拒否する絶対平和主義に真摯にコミットする「ファンダメンタリズム」を捨てており、専守防衛の枠で自衛隊を保持するための戦略的レトリックとして「絶対平和主義の九条」擁護の看板を掲げているだけだということ、私が彼らの「隠された本音」として指摘してきたこのことを、かくまであっけらかんに公然と承認されてしまうと、しかも悔悟の念ある告白としてではなく、自分たちの「賢明さ」（政治的狡知）を誇る自慢話として強調されてしまうと、もはや、唖然とするしかない。さらに理解に苦しむのは、「おじさん的思考」の狙いを実現するには、『「おじさん的」であることを世間にばらしており、自分たちが「おじさん的」でないふりをし続けることをもはや不可能にする自壊性をもつということを全く自覚せずに、彼が得々とこれを言い放っていることである。ここに露呈しているのは、愛敬自身の比喩の語法に従うなら、「おじさん的」な政治的狡知と言うより、むしろ「お坊ちゃま的」な政治的幼稚性と言うべきだろう。

こんな自壊的言明をその自壊性を自覚せずに言い放つ政治的幼稚性、さらに自己のこの政治的幼稚性を「政治的叡智」と誤解して悦にいる倒錯性は、いったい何に起因するのか。それは、報道されることを忘れて自分の後援会で放言してしまう政治家と同様、愛敬には「他者」が見えていないからだとしか、考えようがない。彼は、「専守防衛の自衛隊はＯＫ」という政治的選好を本音では共有する修正主義的護憲派に対し、「われわれが共有する政治的選好を充足するには原理主義的護憲派のふりをした方が得策だよ」と説得する「お仲間トーク」に耽っているのである。護憲派を批判する「他者」にも読まれうる公刊された著書の中で、「他者に知られるとやばい」はずのこんな「お仲間トーク」に堂々と耽ることができるのは、他の乗客の視線など眼中になく通勤電車の中でお化粧に励む若い女性にとって、他の乗客が「人」というより「モノ」のような存在であるのと同様に、愛敬にとって、自らの政治的立場に批判的視線を向ける他者は、真摯な相互批判的対話の相手として尊重さるべき人格ではなく、無視してよい「モノ」にすぎないからだろう。「他者」が見えていないこと、これこそ彼が憲法を、政治的見解において自己と対立する他者との「公正な政争のルール」としてではなく、自己の政治的選好を他者に押し付けるための「政争の具」としてしかみない根本的理由だと思われる。

「お仲間トーク」に耽る愛敬に見えていない「他者」は、彼と対立する改憲派の政治家や知識人だけではない。彼が無視することによって最大の侮辱を与えている「他者」は、自衛隊員である。日本が侵略された場合には生命を賭して日本を防衛し、そのような侵略を抑止するために平時から防衛警戒業務に精励する自衛隊員の存在が提供する安全保障の便益を、愛敬は、専守防衛の自衛戦力ならOKとしてちゃっかり享受しながら、日本の安全保障体制を自己の政治的選好が許容する枠内に固定化するための戦略的レトリックとして原理主義的九条解釈を利用し、自衛隊に対し「違憲の烙印」を永遠に押し続けることを要請している。彼が賞賛するこの原理主義的護憲派の欺瞞によって、自衛隊員たちは、いわば、「認知」を拒まれ続けながら、「認知」を拒み続ける父親に生命を賭して奉仕することを要求される「私生児」と同様な地位に置かれている。しかも、「憲法的私生児」の烙印を押されながら日本の防衛に使役される自衛隊員の多くは、大学進学のための経済力が家族にないため、高卒で入隊するか、給料をもらえる防衛大学校に入学した中流以下の社会階層の出身者である。このことに、愛敬は気付いているのだろうか。気付いていないなら、彼は政治的にも倫理的にも幼稚な「お坊ちゃま」である。気付いていながら、自衛隊員に対してその地位に甘んじ続けよと要求するなら、「政治的に幼稚なお坊ちゃま」と「倫理的に無責任で身勝手なおじさん」とが彼の精神に同居していることになる。どちらが真かは断定できないが、私としては前者だろうと思いたい。後者が孕む倫理的な罪は赦されるにはあまりに深すぎるからである。

以上、修正主義的護憲派と原理主義的護憲派の欺瞞の批判的分析を通じて私の九条削除論の憲法論的意義の明確化に努めた。安全保障体制の在り方に関する政治的立場に関しては、徴兵制の問題を別とすれば、専守防衛の自衛戦力保持と米国主導の集団的自衛権体制への編入拒否という点で、彼らと私との間に大きな違いがあると思わない。しかも、本音では専守防衛論を容認している原理主義的護憲派が、もし非武装中立の理想をまだ本当に捨てていないのなら、徴兵制問題についても、国民の戦力保有選択に徴兵制を条件付ける私の主張を、一般国民に戦力保有の是非を「他人事ではなく自分が巻き込まれる」問題として真剣に再考させるインセンティヴを与えるという点で、少なくとも検討に値すると考えるだろう。もし原理主義的護憲派が、このことを想像もできないのなら、彼らの非武装中立論はやはりただの欺瞞である。

彼らと私との根本的な対立は、政治的立場の違いよりも、憲法観の違いにある。すなわち、政治的に対立する自己と他者との間の「公正な政争のルール」として憲法を位置づける立憲民主主義の原理が、自己の政治目的を追求する手段として憲法とその解釈を利用すること、憲法を「政争の具」にすることに対して課す制約を真剣に受けとめ尊重するか否かにある。私は二つのタイプの護憲派が、基本的人権保障を重視する立場は私と共有しながらも、(13)こと安全保障問題となると、いずれも憲法を「政争の具」にすることにより、「公正な政争のルール」としての憲法への日本国民の敬意と信頼を腐食させていると考える。安全保障問題に関し自己の政治的立場を固守する手段として憲法を利用することによって、たとえ集団的自衛権行使抑止という彼らと私が共有する政治的目的がより実効的に実現できたとしても、この政治的利得よりはるかに大切なものを我々は失ってしまう。失われるのは、政治的価値観が先鋭に対立する我々の社会において、「独善と独善との仁義なき闘い」を超えて政治的決定の共通の「正統性」承認基盤を確保せんとする法の支配の理念、そしてそれに立脚した立憲民主主義の原理そのものである。

引用文献

愛敬浩二 二〇〇六、『改憲問題』（ちくま新書）筑摩書房。
――― 二〇一三、「自民党『日本国憲法改正草案』のどこが問題か、なぜ問題か」奥平康弘・愛敬浩二・青井未帆編『改憲の何が

問題か』岩波書店、二〇一三年（以下、本編著は、奥平・愛敬・青井編二〇一三と略記）、一一五—一三二頁。

青井未帆 二〇〇六、「9条・平和主義と安全保障政策」安西文雄・他『憲法学の現代的論点』有斐閣、二〇〇六年、九三—一二四頁。

——二〇一三a、「国防軍の創設を考える——私たちの自由の観点から」奥平・愛敬・青井編二〇一三、三—二九頁。

——二〇一三b、「9条改憲を考える」奥平・愛敬・青井編二〇一三、一六七—一八三頁。

芦部信喜 二〇一一、『憲法』第五版（高橋和之補訂）岩波書店。

井上達夫 二〇〇三、『法という企て』東京大学出版会。

——二〇〇五、「九条削除で真の『護憲』を」『論座』二〇〇五年六月号、一七—二四頁（この論文題目は、同誌同号表紙に記載されたものだが、論文冒頭記載題目は「削除して自己欺瞞を乗り越えよ」であり、いずれも、同誌編集部による表記である）。

——二〇〇六a、「九条削除論——憲法論議の欺瞞を絶つ」『論座』編集部編『リベラルからの反撃——アジア・靖国・9条』朝日新聞社、二〇〇六年、一三一—一五〇頁。

——二〇〇六b、「何のための法の支配か——法の闘争性と正統性」日本法哲学会編『現代日本社会における法の支配』（法哲学年報二〇〇五）有斐閣、二〇〇六年、五八—七〇頁。

——二〇〇七、「憲法の公共性はいかにして可能か」岩波講座憲法（長谷部恭男編集代表）第一巻（井上達夫責任編集）『立憲民主主義の哲学的問題地平』岩波書店、二〇〇七年、三〇一—三三二頁。

——二〇〇八a、「現代日本社会における法の支配」早稲田大学比較法研究所編『比較法研究所叢書』第三四号、成文堂、二〇〇八、六〇七—六三八頁。

——二〇〇八b、『自由論』（双書哲学塾）岩波書店。

——二〇一二、『世界正義論』（筑摩選書）筑摩書房。

——二〇一三a、「あえて、9条削除論」『朝日新聞』二〇一三年一〇月二六日、一二版、一五頁。

——二〇一三b、「国境を越える正義の諸問題——総括的コメント」日本法哲学会編『国境を越える正義——その原理と制度』（法哲学年報二〇一二）有斐閣、二〇一三年（以下、本年報は、日本法哲学会編二〇一三と略記）、八九—一〇四頁。

——二〇一四、「立法理学としての立法学——現代民主政における立法システム再編と法哲学の再定位」井上達夫編『立法学のフロンティア1　立法学の哲学的再編』ナカニシヤ出版、二〇一四、三—五四頁。

井上達夫・河合幹雄編 二〇〇一、『体制改革としての司法改革——日本型意思決定システムの構造転換と司法の役割』信山社。

大石眞 二〇〇七、「日本国憲法と集団的自衛権」『ジュリスト』（No. 1343）二〇〇七年一〇月一五日号。

大塚啓二郎 二〇一四、『なぜ貧しい国はなくならないのか』日本経済新聞出版社。
郭舜 二〇一三、「国境を越える正義と国際法」日本法哲学会編二〇一三、三八－五六頁。
トクヴィル 二〇〇五、松本礼二訳『アメリカのデモクラシー』（岩波文庫）第一巻（下）岩波書店（原著一八三五年刊行）。
長谷部恭男 二〇〇四、『憲法と平和を問い直す』（岩波新書）岩波書店。
―― 二〇一三、「憲法・アメリカ・集団的自衛権」奥平・愛敬・青井編 二〇一三、七一－七八頁。
―― 二〇一四、「憲法学から見た国家――『この国』を守るとは、何を意味するか」長谷部恭男編『「この国のかたち」を考える』岩波書店、二〇一四年、一八九－二一七頁。
布川玲子・新原昭次編 二〇一三、『砂川事件と田中最高裁長官――米解禁文書が明らかにした日本の司法』、日本評論社。
水島朝穂 一九九五、『現代軍事法制の研究――脱軍事化への道程』日本評論社。
Inoue, Tatsuo 2005, "How Can Justice Govern War and Peace: A Legal-Philosophical Reflection," in Ludger Kühnhardt and Mamoru Takayama (eds.), *Menschenrechte, Kulturen und Gewalt: Aufsätze einer interkulturellen Ethik*, Nomos Verlagsgesellschaft, 2005, pp. 277-296.
―― 2007, "The Rule of Law as the Law of Legislation," in Luc Wintgens (ed.), *Legislation in Context: Essays in Legisprudence*, Ashgate Publishing Limited, pp. 55-74.
―― 2009, "Constitutional Legitimacy Reconsidered: Beyond the Myth of Consensus," in *Legisprudence: International Journal for the Study of Legislation*, Vol. 3, pp. 19-41.
―― 2011, "Justice," in Bertrand Badie *et al* (eds.), *International Encyclopedia of Political Science*, Vol. 5, 2011, pp. 1388-1398.
Waldran, Jeremy 1999, *Law and Disagreement*, Oxford U.P.
Weber, Max 1992 (1919), *Politik als Beruf* Reclam. (Erst in 1919 ershienen.)［脇圭平訳 1980『職業としての政治』岩波文庫。］

（1） 近年、global justice の研究は、まさにグローバルな規模で飛躍的に進展し、日本でも関心が高まりつつあるが、日本の研究者の間では、この言葉は、「地球的正義」と訳されたり、「グローバル（な）正義」と音訳混じりで訳されたりすることが多い。「世界正義」という訳語を私が使用しているのは、単なる修辞的趣味によるのではなく、この価値理念が内包する問題意識と原理の核心に関わる実質的理由に基づく。この理由については、井上二〇一三b・八九－九三頁参照。
（2） 「自衛隊は戦力でない」という従来の内閣法制局見解を批判する非武装中立論的護憲派論者も、この見解が「九条二項は自衛のための戦力も放棄した」という自らと同じ前提を共有するという「論理」を重視し、この「論理」が従来の自衛隊・安保を合理化する詭弁に利用されたことを批判するよりも、それが専守防衛を超えた自衛隊・安保の拡大強化の歯止めになったというその政治的効用を評価するという姿勢をとっている。例えば、青井二〇〇六、青井二〇一三a、青井二〇一三b参照。

（3）九条について非武装中立論的解釈をとりながら、絶対平和主義は斥け、常備軍保有は不可だが、侵略に対し、「民衆が武器をもって対抗する群民蜂起」、いわゆるパルチザン戦は可とする立場もある（芦部二〇一一・六一頁参照）。しかし、このような立場は、パルチザン戦が軍事的暴力の恣意的暴走を常備軍以上に促進する危険性に対して無頓着であるため、軍事力に対する立憲民主主義的統制の思想として自壊的であり、九条解釈として自己破綻している。この点については、井上二〇〇六a・一四八－一五〇頁参照。

（4）病気・障害等の理由による一時的または恒久的兵役免除が認められることは当然である。問題になるのは、女性の兵役免除である。徴兵制を採用する諸国においては、イスラエルなど少数の例外を除いて、女性には兵役義務を免除するのが一般的だが、そこにあるのは、「男は武器を取って戦い、女は銃後を守る」というジェンダー・ステロタイプに根差した不当な性別分業観であり、「男は外で働き、女は家庭を守る」という性別分業観を不当な差別として斥けるなら、兵役を男性にだけ課し女性は免除するという措置も当然否定されるべきである。フェミニズムの立場からもこの点は同意されるだろう。フェミニストが自衛のための戦力も放棄する絶対平和主義に立つか、あるいは志願兵制による自衛軍を保持する立場に立つなら、男女問わず強制的兵役務は課すべきでないと主張し、徴兵制による自衛軍を承認するなら、男女問わず兵役を課すべきだと主張せざるをえないはずである。

なお、付言すれば、志願兵制については本文で指摘するような一般的な問題点だけでなく、フェミニズムの観点から特に問題になる点もある。第一に、「男は外で働き、女は家庭を守る」という性別分業による女性の劣位化が、法的強制によらずとも社会的意味秩序としてのジェンダー・ステロタイプによって再生産されるように、「男は武器を取って戦い、女は銃後を守る」という性別分業による女性の劣位化も、男性限定の徴兵制という法的強制によらずとも、志願兵制の下でも同様なジェンダー・ステロタイプによって再生産されうる。志願兵制をとる諸国においても、女性兵士はもちろん存在するが、多くの場合なお例外的な少数にとどまる。第二に、米国のように、志願兵制下でも女性兵士の数が増えつつあるところもあるが、このような女性兵士の多くは、一般社会で得られる雇用より、軍隊での雇用の方が収入や諸種手当がよいために、生活の必要上やむなく入隊しているというのが現実である。シングル・マザーで子を親戚などに預けて入隊する女性兵士も少なくない。志願兵制の下では、自衛目的を超えた戦力の濫用――本文で指摘するように、徴兵制なら自己または自己の家族が動員される国民マジョリティの反発で抑制されえたであろう戦力濫用――に伴う犠牲のリスクを引き受ける志願入隊者の多くが社会の下層の人々であるという現実は、労働市場における待遇や扶養コスト負担等における性別格差がなお存在する状況では、男性以上に女性に重くのしかかると言えるかもしれない。

女性兵士問題を扱ったNHKのあるドキュメンタリー番組で、イラク侵攻に従軍した米国の女性兵士が、戦地でテロ要員とみなされたイラクの少年を射殺し、軍務を離れて帰国した後も、そのトラウマで自分の子を育てることができなくなったというような痛ましい事例が紹介されていたが、これは今述べた問題の象徴的例証である。以上の二つの問題点を考えるなら、フェミニズムにとっても、もし自衛戦力の保持・行使を認めるなら、男女共通に兵役を課す徴兵制の方が、志願兵制よりも公正であるとみなすべき理由があるだろう。

(5) 徴兵制をもつ韓国で兵役を終えた後に日本に留学したある韓国人学生から、韓国では消防隊員の役務も兵役とみなされており、彼も兵役中は消防隊員として働いたと最近聞いた。韓国では良心的兵役拒否権が法的には認められていないが、消防隊員役務を兵役とみなすことにより、良心的兵役拒否権の「機能的等価物」を提供していると言えるが、それと同時に、かかる「機能的等価物」に課される代替役務が消防隊員役務という、平時活動でありながら、戦地での活動に準じる危険性を伴う役務であることは、この「機能的等価物」の濫用を抑制する狙いを示すと言えよう。

(6) この問題は、特に、緊急事態法制が対外的防衛事態だけでなく対内的緊急事態にまで拡大されていく展開において顕著に現れている。この点の詳細な記述として、水島一九九五・二二五－二五三頁参照。

(7) 郭舜二〇一三・四八－五〇頁参照。国際法学ではこの見解が通説なのかどうか、寡聞にして知らないが、私は国連憲章のこのような解釈には反対である。これに関して、井上二〇一三b・一〇〇－一〇一頁。

(8) 政治的責務と遵法義務を、前者は政治社会の成員に限定されるのに対し、後者は自国領土内の外国人にも適用されるという理由で区別する立場もあるが、私は、両者は本質的に異ならないという立場に立つ。X国に滞在する外国人の遵法義務はX国民がX国の政治的決定に対して不当でも「正統」と尊重する遵法義務を承認していることに依存する派生的責務（「郷に入らば郷に従え」という責務）にすぎないからである。

(9) 立憲民主主義体制の「正当性」を、アプリオリに前提された人権リストから導出するのではなく、「正当性」をめぐる価値抗争を孕むすべての政治社会に妥当する「正統性」保障装置として立憲民主主義体制を要請するこのアプローチを、私は「正義概念基底化論」と呼んで、世界正義論の課題②「国家体制の正統性の国際的承認条件」の問題にも適用している（井上二〇一二・第三章参照）。

(10) 民主的立法システムの改善のためには、その機能不全を違憲審査制だけで制御することの限界を自覚した上で、立法の「正当性」のみならず「正統性」の保障という観点から、民主的立法システムそのものの規範的改革構想を探究する学としての「立法理学（legisprudence）」を発展させる必要がある。このような学が必要とされている現代日本の議会民主政の問題状況を分析し、かかる学を発展させるために必要な法哲学の自己変革の方向を提示するものとして、井上二〇一四参照。

(11)　「違憲状態」と言わず、「違憲事態」という言葉をここで使用するのは、前者の用語が議員定数是正訴訟の文脈などで、「違憲とはっきり断定できないが、限りなく違憲に近い状態」というようなニュアンスで使われることがあるからである。自衛隊・安保の存在は違憲とはっきり断定されるべき事態であるという意味で「違憲事態」である。

(12)　もちろん、非武装中立化にむけた改革のロードマップについての理論的研究はなされている（その紹介検討として、水島一九九五・二一―二二、四七五―五〇五頁参照）。しかし、理論的研究を超えて、自衛隊・安保の廃棄に向けた政治運動を国民的規模で推進する実践はなされていない。

(13)　例えば、自民党の日本国憲法改正草案が孕む「人権保障の弱体化」についての愛敬の懸念（愛敬二〇一三参照）を私も基本的に共有する。もっとも、この点に関して、彼が法哲学者J・ウォルドロンのリベラルな権利論を援用している点（同一三二頁）はミスリーディングと言わざるを得ない。ウォルドロンはリベラルな人権保障の制度装置として民主的立法の優位を説き、違憲審査制批判の先鋒に立つ法哲学者だからである（Waldron 1999 参照）。ウォルドロンへの私の批判として、井上二〇〇七・三一三―三一八頁参照。

II　憲法改正限界論の限界をめぐって

大屋雄裕

一　「誤った」規則の制定と適用

ルートヴィヒ・ウィトゲンシュタインが後期の主著『哲学探究』において挙げている、規則適用に関するディスコミュニケーションの例から議論を始めよう。

いま、生徒に1000以上のある数列（たとえば「＋2」）を書きつづけさせる、――すると、かれは1000、1004、1008、

1012と書く。
われわれはかれに言う、「よく見てごらん、何をやっているんだ！」と。――かれにはわれわれが理解できない。われわれは言う、「つまり、きみは二をたしていかなきゃいけなかったんだ。よく見てごらん、どこからこの数列をはじめたのか！」――かれは答える、「ええ！　でもこれでいいんじゃないのですか。ぼくはこうしろと言われたように思ったんです。」[(1)]

もちろんよくはないと、我々は答えたいだろう。生徒は1000、1002、1004……と数列を続けて書くべきだったのだし、そのことは「＋2」という規則の意味から明白なはずだと、我々は言いたくなる。そのことを彼に十分に理解させるために、たとえば1050まで「＋2」の実例を与え続けてもよい。生徒は「なるほどよくわかりました」と言い、1000から1050まで二ずつ増えていく数列を正確に再現し、そして1050、1054、1058……と書き続けるのだ。我々はどのようにしたら、そのような規則適用は誤りだということを彼に納得させることができるだろうか。

あるいは、映画『マンダレイ（Manderlay）』（ラース・フォン・トリアー監督、二〇〇五）の以下のようなエピソードを想起しよう。舞台とされる一九三〇年代アメリカで、すでに廃止されたはずの奴隷制が支配する農場マンダレイに行き会った主人公グレースは、白人家族によるそれまでの権力と女主人の定めた「ママの掟（Mom's Law）」による支配を排除し、元奴隷たる黒人たちの自由で民主的な社会を建設しようとする。だが、元奴隷たちに自分たちのことを自分たちで決めることとしての民主政を教えたグレースが解決困難な問題を表決によって判断するよう促すと、彼らは壊れた熊手の所有権を多数決で決め、陽気な黒人サミーがジョークを言って大声で笑うのを日没後には禁止し、そして農場の標準時を決定しようとするのだ。

「いま何時だ、誰か教えてくれ」

「ティモシーにお聞き／彼なら知ってる／太陽でわかるって」

「ウィレルムでもいい／彼は古時計より年寄りだ」

ウィレルムとティモシーはそれぞれ何時と思うか答えた。答は驚くほど近かった。ウィレルムは二時八分前、ティモシーは二時五分前。二人の生まれながらの能力にグレースは心から感嘆した。だがたちまち「派閥」ができた。八分前だと言い張る一派、五分前だと言って譲らない一派。彼らは学んだばかりの表決で決めようと言った。結果はわずかに五分前のほうが多かった。そこでそのように決まった。マンダレイの公式時刻は二時五分前になった。


もちろんこれは、民主政の暴走という同映画のテーマを予感させるものである。共同体内の財産の分配にとどまらず特定の個人の行動の是非、さらには標準時の改正までが多数決によって行なわれるさまにアメリカ的な単純きわまりない民主政賛美の姿を感じて、我々は不吉な予感を抱くことになるだろう[2]。

だが、一体なぜ標準時を多数決によって決めてはならないのだろうか。標準時は一定の地域・経度帯によって共有され統一的に決まるべきものだからだろうか（実際、映画の最後までを見たものであれば「そうすべきだったのに」と言いたくなるだろう）。しかし歴史的には、特定の都市・地域において太陽の南中時刻に関する観測結果からそれぞれの標準時を定めることが一般的だったのだし、現在でも協定世界時（ＵＴＣ）と十五分単位でズレた時刻を標準時として定めている地域が現に存在する[3]。周囲と違うとか、単にそれが時間単位でないというのはあまり説得的な理由ではないだろう。村の外の人々との取引やコミュニケーションに支障をきたすからだろうか。しかし映画の設定によればこの村は極めて閉鎖的なのであり（だからこそ廃止されたはずの奴隷制が生き延びているなどといったことが可能だったはずだ）、やはりあまり有力な反論ではないだろう。残るのはただひとつ、それが科学的に決定されるべき事柄であり民主的決定の外側にあるという主張ではないだろうか。

もちろんそのような主張に我々としては与したくなるだろう。しかし仮にこの村が閉鎖的なまま存続したとすれば――映画の最後であり得た一つの可能性として示唆されているように――この標準時決定は有効なものとしてあり続けるだろうし、村人の誰一人としてその有効性に疑問を差し挟むものはいないだろう。だとしても我々は、ここで問題とされているような標準時の決定は不可能だと言うのだろうか。言うとして、それにはどのような意味があるのだろうか。

そうしてはいけない――ウィトゲンシュタインの生徒やマンダレイのグレースを見たとき、我々はそう叫びたくなる。だが、なぜいけないのだろうか。たとえば我々から見れば誤っているとしか言いようのない方法で規則を適用し、あるいは（標準時のように）改めることは、できないのだろうか・可能だがしてはならないのだろうか。それはなぜなのだろうか。

二　憲法改正の限界に関する議論

もちろん筆者はここで、現在行なわれている憲法改正権の限界をめぐる議論について論じようとしている。かつてそれは、日本国憲法の基本原理とされるもの、すなわち主権在民・基本的人権の保障・平和主義について、それを損なうような改正が認められるかという文脈で提起されることの多い問題であった。しかし自民党・安倍政権が憲法九六条に関し、その定める発議要件の緩和を内容とする憲法改正を提案することを示唆して以来、問題は主としてこの憲法改正条項を改正することの是非、憲法改正条件を定める条文を当該条文に基づいて改正することが可能なのかという点に移ったように思われる。だがそれはどの程度内容のある、実りある議論になっているのだろうか。

ウィトゲンシュタインのような規則適用の問題についてはすでに一書において論じたので、[4] ここでは繰り返さない。結論的に述べれば、すでに引用部のテクストからも明らかな通り、第一に誤った適用は事実問題としては端的に可能である。従って我々としては、物理的に可能ではあるもののそうしてはいけないと言いたいのだが、それは決して楽ではない（そのこと自体も、ウィトゲンシュタインの引用部に続くテクストにおいて論じられている）。

筆者の結論は、規則のいかなる適用が正しいものであるかを（従ってそれ以外のものが誤っていることも）事前に決定することは不可能であり、我々は常に行なわれてしまった適用を事後的に正当化しているに過ぎない、ということになる。従って筆者の見解によれば、法の生命は事後的な正当化のプロセス、行為の理由に関する説明としての規範物語りを互いに提示し合い、より整合的（と我々が感じるよう）に記述することによって、一定のふるまいを無意識的に共有することができる集団としての我々を常に再構築していこうとする営みにある。

このような立場を、野矢茂樹の立論に基づいて、根元的規約主義という。[5] 憲法についてもそのような根元的規約主義の観点から論じたことがあり、[6] 特にいわゆる憲法変遷（Verfassungswanderung）と呼ばれて問題にされてきた現象、すなわち人々の条文に対する理解・それにもとづく行為の変化について、それは不可避であり本質的であり、むしろ絶えざる流れとしての変遷をとどめるためにこそ条文と実態を一致させることが——それによって条文が実態を支配しているという信憑を一般に共有するために——必要なのだと指摘した。[7]

筆者の観点からすれば、憲法のような規定の意味が流動すると立憲主義や制定憲法の意義がなくなるというような理由でその存在を否定するような議論は、あたかもそれが好ましくないからという理由でＡＩＤＳの存在を拒否するようなタイプの立論に映る。[8] もちろんそれによって病気がなくなるわけでも、治るわけでもない——「不都合な真実から目をそらせば、それは消えてなくなるのだろうか[9]」。従ってそもそも昨今の憲法改正をめぐる議論

――いわゆる解釈改憲の是非を含む――の全体が空騒ぎ（Much Ado about Nothing）ではないかというのが、偽らざる感想である。

三　改正限界論の検討

だが第一に、論理的な改正限界論の可能性について検討しておこう[10]。九六条改正を認めない立場からの基本的な主張は、改正権が当の条文によって形成されている以上、それを改めることは条文の自己否定につながるので論理的に成立しないというものである。「『クレタ人は嘘つきだ』とクレタ人が言った」という有名な自己言及の例のように、それは論理的矛盾を引き起こすことになるというのだ[11]。

しかしこのような批判は論理的に脆弱なものに過ぎない。クレタ人の例が自己言及とされるのは、発言しているクレタ人と・発言で言及されているクレタ人が同一の存在だからである。「『(私以外の) クレタ人は嘘つきだ』とクレタ人が言った」、あるいは「『クレタ人は（一般的に）嘘つきだ（が、私はそうではない）』とクレタ人が言った」はまったく矛盾ではない。

ところで改正前後の条文をそのように、論理的一貫性を保つべき同一の存在だと考えることができるだろうか。たとえば二〇〇四年の刑法改正（平成一六年法律一五六号）において、一九九条の定める殺人罪の下限が改正前には三年であり改正後に五年となったことは整合性を欠いていると批判するものがいたとすれば、正気とは看做されないか、少なくとも「改正」というものの意義をまったく理解していないと評されるだろう。ある時点tにおける条文の内容を、tより将来の時点t＋1から未来に向けて変更するというのが改正の基本的意義である以上、改正前後の法文が同一時点に存在することはなく、両者が自己矛盾の関係となることもない。

自己の意義を失わせる改正だからという理由付けについてはどうだろうか。すなわち、九六条改正が実現すれば新九六条の成立により旧九六条が失効するであろうところ、このような改正は条文のいわば自殺であって許されないとする批判である。だが問題は、典型的には遺言による財産分割のように、当該意思が無効化する瞬間の意思を我々は有効なものとして認めてきたという点にあるだろう。遺言は、それ自体の表示行為が遺言者の生前になされるものの、その死によって有効になるという性質を持っている。すなわち、遺言が有効となる時点において当該意思の主体はすでに存在しておらず、遺産に対する所有権（遺言の処分対象）の主体も消滅している。実際、リバタリアニズムの論者の一部にはこれを理由として相続制度全体を無効ないし不当とする見解さえ存在するのだが[12]、少なくとも現実の我々の社会においては——筆者の知る限りの他の国々も含め——そのようにはなっていない。我々は当該主体の存在が消滅する瞬間の意思を、どうやら有効と看做しているようだと、そのようなことになろう。主体が消える瞬間の・消滅後の財産処分に関する意思表示が有効ならば、条文が消える瞬間に消滅後の条文のあり方を指示することも可能なのではあるまいか。

憲法の一般的な条文が立法・行政・司法といった国家機能がどのように行なわれるべきかに関するルールであるのに対して、九六条はそのルールがいかに変更されるべきかというレベルの異なるルールだからという立論はどうだろうか。九六条のような改正に関するルールはその他の一般的なルールに対してメタルールの位置にあり、そのゆえに一般的なルールの生成改廃を司ることができる。メタルールである九六条を操ることができるのはメタルールに対するメタルール、おそらくは憲法制定権力の発動そのものに限られ、九六条自体は自らに対して同一の次元にあるのでそれを操作することができないと考えるのである。

この立論に対しては、三つの方向から議論することができるだろう。第一に、憲法にそのようなルール・メタルールの構造は本当に存在しているのかという問題。まず事実について指摘すれば日本国憲法九六条は自らがメタルールであるということを示す文言上の特徴を持っているわけではないし、同九七条が定める基本的人権の不可侵・永久性のような文言さえ、そこには存在していない。たとえばロシア連邦憲法一三五条のように、自らの属する憲法第九章「憲法の全文改正および一部改正」に対する改正手続の制限について明記しているわけでもない。(13) あるいはむしろ、そのような明文規定が存在しないことからの反対解釈として、改正に特殊な制限は付されていないと主張することすら可能ではないかと考えられる。

第二に、ルール・メタルールの構造が存在しているとして、そこからメタルールである九六条の射程に九六条自体は入らないという結論を必然的に導くことができるかという問題。たとえば国立大学の学長の任命については国立大学法人法（平成一五年法律一一二号）一二条一項・二項より各大学に置かれた学長選考会議の申出に従って文部科学大臣により行なわれるべきものとされているが、同会議についてはその構成について同条二〜四項に規定されている以外は、六項により議事の手続を含め「議長が学長選考会議に諮って定める」ものとされている。これを受けて各大学において規則が設けられているが、その定める範囲には当該規則の改正方法が含まれ、かつ（上位法の規定から明らかであるが）その改正もまた当該会議の議決により行なわれると解されている。ここではつまり、学長選考会議の運営ルールに対しメタルールの位置に立つものの改正が当該メタルールに根拠を持つという事態が許容されていることになろう。

もちろんここで、メタルールによるメタルール自体の改正という事態が可能なのは国立大学法人法がそのような授権を行なっているからだとの反論が想定し得るだろう。しかしこのメタルールをめぐる議論の正当性は上位規範による授権の様式にかかわらず論理必然的に限界が導かれるという点にあったはずであり、さもなければ問題は憲法にとっての上位規範——憲法制定権力そのものか、ケルゼン的には根本規範として想定されるだろうもの——による授権方法をめぐる具体的な論争に還元されてしまうだろう。そしてその場合に現行日本国憲法の規定ぶりがメタルール性を支持する立場にとって決して有利でないことは、すでに述べた通りである。

四　憲法制定権力の発動

だがおそらくもっとも深刻なのは第三の、では憲法制定権力が発動された場合には憲法改正限界論が機能する余地はないという結論を受け入れざるを得ないことになるのではないかという問題である。

まずドイツ連邦基本法七九条三項のように、明確に改正の限界を条文上定めている場合を考えよう。[14] いま仮にドイツ人民の総意を真に反映していると想定できる事態があり、二〇条に定める原則のみを排除した新憲法を採択したとする。その正統性を、旧憲法七九条三項に反するからという理由で否定することはできるだろうか。次に、その後に成立した新政権が、新憲法は旧憲法の改正によって成立したと主張した場合を考えよう。我々はもちろん、旧憲法七九条三項の規定に照らしてそのような主張は誤っている、認められないと言いたくなるだろう。そのような反論はしかし、新憲法が存在し現に機能しているという事態に、そして新憲法の正当性に、どのような影響をもたらし得るだろうか。

いずれの問いにも、おそらく我々は否定的に答えざるを得ないだろう。もちろん長期的には、このような問題に対する議論が国民のあいだにおける一定の反応を誘発し、将来的な憲法体制の（再）変動に結びつき得るかもしれない。しかし第一にあくまでそれは現時点において（はかない）希望にとどまるのみであろうし、第二に現実化するとしても事実上の因果関係であるに過ぎない。明示的な限界が定められている場合においてすら期待できる効果がこの程度のものであるとするなら、その限界が存在するかどうかという問題自体が解釈に依存せざるを得ない場合において、そのような解釈が人民の総意（より現実的な形態としては多数者の意思）に対抗できる可能性は、どのくらいあるのだろうか。

それでもなお、それが憲法「改正」と呼ばれる場合にはなお一定の関係が肯定されるであろうのに対し、革命は真に無限定である。仮に本当に人民の総意による憲法制定があったとすれば、それと従前の憲法との連続性や両立可能性（compatibility）を論じることは無意味であろう。憲法改正限界論は、成立するとしてもその憲法体制の内部においてのみ意味を持つ。真に革命と呼ぶよりない事態が生起したとき、それは沈黙するよりほかないのである。(15)

よく知られている通りアメリカ合衆国の発足にあたっては、連合規約の改正を目的として招集された会議（Federal Convention）において新憲法の起草を行ない、新憲法の規定に基づいてそれが制定されている。そこで定められた発効条件、すなわち当時存在した十三州のうち九州における憲法会議の承認によって当該州間で発効するという条件は新憲法の第七条において定められたものであり、旧規範の定める手続的規定（全十三州による承認）は完全に無視されている。フランスにおいても、アルジェリア問題をめぐる混乱のなかでそれを収拾することを託されて第四共和政の首相に就任したド・ゴールは、国民議会に対して要求した六ヶ月の全権委任の期間中に新憲法案を国民投票へと直接に付することによって新たな第五共和政憲法を成立させている。この際の手続きもまた、一九四六年に制定された第四共和政憲法の予定するところではなかった。

これまでの憲法改正限界論の問題系ではあるが、現行の日本国憲法自体が一面では「枢密顧問の諮詢及び帝国憲法第七十三条による帝国議会の議決を経た帝国憲法の改正」（上諭）という性格を持ちながら、大日本帝国憲法の定める天皇主権（一条）・不可侵（三条）を完全に転換するものであった。その故に宮沢俊義による八月革命説が登場したことを考えれば、憲法制定権力を担う「我ら人民」が登場してしまった場合に我々に可能なのは、事後的に振り返って「そこに革命があった」と記述することに過ぎないとも考えられる。憲法制定権力の登場は、否定主導的に語られるよりほかない[16]。一定の事態の変動があり、その正統性を旧規範から導き出すことができないときに、振り返ってそこに憲法制定権力が現れたと言われるしかないのである――「ミネルヴァの梟は迫り来る黄昏に飛び立つ」（ヘーゲル）。

五　残された問題へ

憲法の改正限界という議論の構造それ自体がはらむ限界を確認した上で、なお我々が問い得る問題は、大きく二つあるだろう。第一に、憲法の根元的な変更可能性を前にして、たとえば改正限界といった問題についてどのように語ることが賢明（prudent）なのか。あるいはこれを、行為や言明の正しさを論じるのではなく効果の望ましさという観点から見る帰結主義的な視点と言ってもよい。第二は、それでもなお改正限界は存在すべきなのだという主張を我々が維持するとして、どのような主張をすることが論理的に整合的（consistent）であるのか、知的に誠実な主張たり得るのかという問題である。

第一の問題から考えた場合、改正条件を厳格に設定・解釈することがかえって「改正」ですらない憲法の革命的変更を誘発する可能性について、我々は意識しておくべきだろう。もちろんそのような場合に、旧憲法の定める改正限界など、明示的なものであれ理論的に想定されるものであれ意味を持たないことは言うまでもない。仮に我々の目的が憲法秩序の変化を一定の範囲に収めること、あるいは一定の変化を起こさないことにあるとすれば、厳しすぎる枷をはめることによって人民という名の虎をかえって暴れさせることにならないかを真剣に考慮すべきだろうと思われる。

第二の問題に移ろう。もちろん我々は、将来的にあり得る見直しのために議論を蓄積しておくこと、普遍的な正しさを主張する（主張しているのであって本当にそのようなものが実在するのかどうかは明らかでない）ことによって大衆の翻意を促すことを、将来に向けて期待することができるだろう。だが重要なのは、いずれの面からも、そこで主張される議論の内容が普遍的真実性を主張する学的知の倫理を踏み破ることがあってはならないということである。現実に人々が選好する多数決的結論とは別の正しさが存在し、それが多数決に優先すると主張するのであれば、その普遍的真理の決定手続きを裏切るべきではない。仮に我々が、憲法改正には一定の限界があるという見解を論理的に維持すべきだという解釈の提案を行なうのであれば、そのような主張と論理的に矛盾する主張を行なうべきではないし、我々が論理的な一貫性（integrity）・誠実性を失っていると見られるような行動を選択するべきではないだろう。それは、この一貫性に「法への尊敬」というより基盤的な要素がかかっているからである。

六　法への尊敬を支えるもの

ミクロネシア連邦・ヤップ州の法務副総裁として勤務した経験などもとに法整備支援の理論的問題に積極的な分析を加えているブライアン・Z・タマナハは、法が社会のあらゆる側面・問題領域と絡み合っており、単独の分析・操作の対象にはできないこと（Connectedness of Law）を指摘した上で[17]、一定の法改革（典型的には立法）が社会に意図した変化を起こし得る条件の一つとして、法への尊敬を挙げている。

> 改革は、法廷を単独で取り上げて対象としたのでは機能しない。（……）法の支配の主要な構成要素は、判事たちによる法的判断と法とを自発的に遵守するという倫理が、公務員と市民のあいだで支配的となっていることである。法と判事たちへの尊敬は、しかし、以下のような場合には市民のあいだに確立しないだろう。判事たちが信じられていないと

か避けられているとか、腐敗していると考えられているとか、エリートだと認識されているとか、体制の傀儡と見られているとか、ある集団に負担を強いて他の集団の歓心を買おうとしていると信じられているとか、あるいは法が植民地支配や権威主義体制の過去や現在によって汚染されており、市民の理解できない言語で書かれていたりどこか別の場所から移植されたことによって不明瞭だとか外来的だと考えられているために、一般人民が法から疎外されている場合である。判事たちが単純に能力不足だと考えられているとか、司法システムが利用が困難になるほど高価だったり長い遅延が生じるなどの非効率を抱えている場合にも、法の支配の確立は遅れるだろう。これらの条件の一つ以上は、開発途上国において一般的に見られるものである(18)。

言い換えれば、判事を典型とする法律関係者が真摯であり整合的・首尾一貫的にふるまっていると市民から看做されていなければ、法の規定が現実に影響を及ぼすという意味においての法の支配自体が崩壊してしまうことになるだろう。そのとき、憲法改正権の限界という議論は、そのまさに根底から意義を失うことになる。筆者自身はこの論点を、以下のように表現している。

なぜ我々は法文を書き、それを公布し、人々に知らしめてきたのか。それは、人々の共有する意味が存在する、人々の行為が法により規律されているという信憑が（本当にそのような力を法が持っているかということとは独立に）有用だからではないだろうか(19)。

仮に解釈により憲法実態を変遷させることが問題だというのであれば、それは一九五〇年にはすでに問題であっただろう。その場合、日本国憲法は制定後四年にしてすでに問題を抱え込み、その状態で六〇年以上を経過しているということになるので、少なくとも外的視点からはそこで異常と名指される状況のほうがすでに正常なのだと言われるべきかもしれない。留学生教育に多少であれ関与している人間であれば意識せざるを得ないように、すでに日本の憲法実態を理解するためには日本国憲法を読まない方がいいと言わざるを得ない状況が続いている。

九条に基づいて戦力の保持を否定しつつ世界有数の予算規模を持つ自衛隊を整備し、それによって維持されてきたのが戦後日本の平和であった。もちろん日米安全保障条約によってアメリカから片務的に提供される集団的安全保障も、その体制の一部である。戦後体制自体がいわば、条文に示された理想と解釈によって構築された現実の乖離に支えられたものであり、法への尊敬を損なう性格を備えていたと言われなくてはならない。そのような現実を変更するために再度の解釈改憲という手法が用いられるとすれば、それが大きな問題であることを否定する気はない。しかし九六条あるいはそれを通じた九条の明示的な改正によって建前と本音とを一致させることが目指されるとすれば、そのようにたくらむ人々の方が、法に対する尊敬の維持・法と実態の一致という理念に対してはむしろ忠実であると評し得るのではないだろうか。

七　結　論

ナチズムという不寛容の思想の勃興に立ち会い、しかし権力的な手段でそれを規制すべきという主張に対してはそれが民主政の掲げる寛容に反するということからあくまでも反対し続けたハンス・ケルゼンの言葉を、ここに引用しておこう。

多数の意思に抗し暴力にさえ訴えて主張される民主主義はもはや民主主義ではない。民衆の支配が民衆の反対に抗して存立しうるはずがないし、そのようなことは試みるべきでもない。民主主義者は身を忌むべき矛盾に委ね、民主制救済のために独裁を求めるべきではない。船が沈没してもなおその旗への忠実を守るべきである。自由の理念は破壊不可能なものであり、それは深く沈めば沈むほどやがて一層の情熱をもって再生するであろうという希望のみを胸に抱きつつ、海底に沈み行くのである。(20)

だがケルゼンにとって民主政の再生への希望を支えているものは、それがあくまでも己の掲げる理想に忠実であるということであった。顧みて、憲法改正の可能性をめぐる現在の論争状況において、いわゆる護憲派の人々が同様に節を貫いていると言えるだろうか。

たとえば両議院の定数の三分の二以上という発議にかかる条件を見れば、少なくともそれが（定足数を上回る範囲で）出席者の三分の二以上というアメリカ憲法の定める条件より厳しいことは明確であり、実際のアメリカ憲法史上もこの差をめぐる事件が発生していることを考えれば無視し得ない差異だと言うべきだろう。(21)

無論、発議に係る議席数条件のみが改正の難易度を決めるものではなく、国民投票に関する規定や、そもそも連邦制を取っているか否かといった背景の国制的な事情など、さまざまな要素に影響されるものであることは言うまでもない。また、改正が容易であることが望ましいのかどうかといった問題が第一に論じられるべきものでもあるだろう。その意味で、三分の二が多いか少ないかという点のみを取り上げて議論することにさほどの有効性も意義もないというのはその通りだろうと思われる。しかし他方、前述した通りたとえば定数の三分の二と出席者の三分の二のあいだには明確な差異がある以上、それを無視して日米の発議条件に差がないと述べるようなことは極度の無能によるものでなければ虚偽と言われて仕方がないだろうし、(22)両者の差が実際どの程度になるかわからないから論じないといった態度を取ることはおよそ非科学的と言うよりない。(23)多様な要素が影響するとすればそれらを可能な限り取り上げて検討を加え、その積み重ねとして一定の知見を導くよう努力することがおそらく学としての法学の役割であり、それを無視して一定の結論に対して不都合な要素を自由に無視するような議論が横行するとすれば、それが対抗者に対していかなる優位性を主張するのかが問われることになるのではないだろうか。

筆者はカッサンドラになることを望まない。だが過去の論文の末尾に書き付けた以下の文章が不吉な響きをもって立ち現れていることを、憲法改正問題をめぐる現下の議論状況を前にして感じている。

> 意味が実在しないからこそ、それが存在しているという信憑を損なわないように我々は振る舞わなければならない。信憑が壊れたときに我々の社会を現状につなぎとめる何物も、そこには存在していないからである。むしろ実在論的な立場からこそ、解釈の放縦化は発生するのだ(24)。

（1）Ludwig Wittgenstein, *Philosophische Untersuchungen*, Basil Blackwell, 1953 [1936-49], §185＝藤本隆志訳『哲学探究（ウィトゲンシュタイン全集八）』（大修館書店、一九七六）、傍点原文ママ。

（2）だが実のところこれは、監督トリアー自身が外在的に考える「アメリカ」の姿であるに過ぎない。この点にとどまらず同映画の思想・主張には浅薄なものが多いのだが、すでに別稿において議論したのでここでは繰り返さない。参照、大屋雄裕「ご主人さま選びと奴隷の幸福－マンダレイ、グーグルゾン、ジーヴズ」トーキングヘッズ叢書　二七号『奴隷の詩学』（アトリエサード、二〇〇七）、四六－五六頁。

（3）ネパール標準時（UTC+05:45）、オーストラリア中西部標準時（UTC+08:45）、チャタム諸島標準時（UTC+12:45）。なお過去にはリベリアで採用されていたモンロビア標準時（UTC-00:44、一九七二年まで）、ボンベイで採用されていたUTC+04:51（一九五五年まで）など、一八八四年にグリニッジ子午線が経度の基準として採用されたことによりグリニッジ標準時（GMT）と時間単位でズレた標準時を定めることが一般的になってからも、一分単位で異なる標準時を採用していた地域が存在した。

（4）参照、大屋雄裕『法解釈の言語哲学－クリプキから根元的規約主義へ』（勁草書房、二〇〇六）。

（5）参照、野矢茂樹「根元的規約主義－論証の生きる場としての論理」『現代思想』一九九〇年一〇月号（青土社、一九九〇）、一三〇－一四七頁、および野矢茂樹『哲学・航海日誌』（春秋社、一九九九）。

（6）参照、大屋雄裕「根元的規約主義は解釈改憲を放縦化させるのか」井上達夫他編『岩波講座憲法　第一巻　立憲主義の哲学的問題地平』（岩波書店、二〇〇七）、二八三－三〇〇頁。

（7）　ただし根元的規約主義の主張といわゆる憲法変遷論には、解釈の範囲を事前に規定する「枠」が存在するかという点をめぐって基本的な違いがある。詳しくは参照、同二八九―二九〇頁。

（8）　一つの典型として、参照、浦辺法穂「「憲法変遷論」について」現代憲法学研究会編『小林直樹先生還暦記念　現代国家と憲法の原理』（有斐閣、一九八三）、三五七―三八七頁。

（9）　大屋前掲注七、二九四頁、強調原文ママ。

（10）　一例として、参照、高見勝利「憲法改正規定（憲法九六条）の「改正」について」奥平康弘・愛敬浩二・青井美帆編『改憲の何が問題か』（岩波書店、二〇一三）、七九―九五頁。

（11）　なお、長谷部恭男が紹介するアルフ・ロスの議論は、規則の意味は事前に確定すべきところ・憲法改正条項によって自身が改正可能であると仮定すると・自己言及により不確定性が生じるので許されないとするものなので、筆者のように適用に先だって規則の意味を確定することは不可能とする立場に対する批判としては機能し得ない点に注意する必要がある。参照、Alf Ross, *On Law and Justice*, University of California Press, 1958, pp. 78-84 および、長谷部恭男「憲法九六条の「改正」」『論究ジュリスト』九号（有斐閣、二〇一四）、四一―四六頁。

（12）　一例として、参照、八島隆之「リバタリアニズムと論理整合的な制度についての試案―相続制度否定論とその下で要請される三つの制度」日本法哲学会編『法哲学年報二〇〇五　現代日本社会における法の支配―理念・現実・展望』有斐閣、二〇〇六、一二五―一三四頁。

（13）　ロシア連邦憲法一三五条一項は「ロシア連邦憲法第一章、第二章および第九章の規定は、連邦議会によってこれを改正することはできない。」と定め、二・三項において特別の憲法議会における手続を要求している。参照、初宿正典・辻村みよ子編『新解説世界憲法集　第二版』（三省堂、二〇一〇（初版二〇〇六））、三四二頁（竹森正孝訳）。

（14）「この基本法の変更によって、連邦の諸ラントへの編成、立法に際しての諸ラントの原則的協力、または、第一条および第二〇条にうたわれている基本原則に触れることは、許されない」。参照、初宿・辻村前掲、一八八頁（初宿正典訳）。

（15）　この問題に長谷部恭男は、妥当性と正当性を区別することで対応している。現実問題として九六条改正などが行なわれ、それが社会的実態として通用してしまう（妥当性の獲得）ことがあったとしても、正当性を持ち得るかどうかは別の問題だというのである。「筆者が発行する紙幣が日本の通貨としての地位を獲得するか否かは、その紙幣を日本社会のメンバーが通貨として信認し、財貨の取引や富の蓄積の手段として現実的に利用するか否かという社会学的事実に依存している。（……）しかし、そのことと、筆者に日本の通貨を発行する正当な権限があるかは別の問題である。（……）正当化の理屈になりそうもないのは、筆者に正当な権限があると筆者自身が決めたからだという議論である」（長谷部前掲、四二頁）。しかし仮にここでいう「筆者」のみからなる社会があるとすれば、自分で正当であると決めたことがそのまま正当だとして通用するだろう（そのような社会に紙幣が必要かという議論は別にして）。「筆者」が王であり、正当なるものの基準を与え得る存在であるとの社会的合意が存在する場合にも、やはり正当性に疑いは差し挟まれないだろう。何が正当かという問題に関する規準を合意等の社会的事実から独立に与えない限り妥当性と正当性を区別する議論は成功しないが、筆者の考えではそれは不可能である。参照、大屋前掲注四、特に第三章。

（16）ここで「否定主導的」という用語は、J・L・オースティンによる「否定主導語」（trouser-word）、すなわち「本当の」（real）という形容詞のように、否定語の方が性質の共通性を持っているような語の概念を踏まえて、同様にその否定に関する記述が本質的となるケースを指すものとして用いている。否定主導語については、参照、John L. Austin, *Sense and Sensibilia*, Geoffrey J. Warnock (ed.), Oxford University Press, 1962, p. 70 および、大屋前掲注四、一四四－一四五頁。

（17）Brian Z. Tamanaha, “The Primacy of Society and the Failures of Law and Development”, *Cornell International Law Journal*, vol. 44, 2011, pp. 209-247, p. 214.

（18）Ibid., p. 223.

（19）大屋前掲注七、二九二頁。

（20）Hans Kelsen, “Verteidigung der Demokratie,” in: Matthias Jestaedt & Oliver Lepsius (eds.), *Verteidigung der Demokratie: Abhandlungen zur Demokratietheorie*, Mohr Siebeck, 2006, pp. 229-237 (originally appeared in: *Blätter der Staatspartei*, vol. 2, 1932, pp. 90-98), p. 237. ＝長尾龍一訳「民主制の擁護」『ハンス・ケルゼン著作集Ⅰ　民主主義論』（慈学社出版、二〇〇九）、一〇三－一一三頁、一一三頁、省略引用者。

（21）合衆国憲法第五条は「連邦議会は、両議院の三分の二が必要と認めるときは、この憲法に対する修正を発議」すると定めている。参照、初宿・辻村前掲、七六頁（野坂泰司訳）。「禁酒法」として名高い第一八修正（一九一七）は、下院において二八二票対一二八票により修正可決されたが、賛成票が当時の下院定数四三五の三分の二に達していなかったことから、改正の有効性をめぐる訴訟が提起された。連邦議会の可決した法律に対して大統領が行使した拒否権を覆し得る再議決の条件（合衆国憲法一条七節）である「三分の二の多数」について、機関としての連邦議会に与えられた権限であることを理由として定足数を上回る範囲で出席者の三分の二を意味すると判示した先例（Missouri Pacific Ry. Co. v. Kansas, 248 U. S. 276 (1919)）を引用し、連邦最高裁は、憲法改正に関する規定も同様に解釈されるべきであるとして改正の有効性を認めた（National Prohibition Cases, 253 U. S. 350 (1920)）。なお実態としては、南北戦争下で行なわれた第一三修正（奴隷制の廃止）がやはり下院において一一九票対五六票で可決されているが、この賛成票は当時の下院定数二四二の三分の二に達していなかったという先例も存在する（梅田道生氏（愛媛大学）よりご教示を得た）。

（22）　この違いにまったく言及せずに比較を試みている例として、参照、自由人権協会編『改憲問題Q＆A（岩波ブックレット）』（岩波書店、二〇一四）。また、「三分の二」という条件を定める他の憲法条文（五五条、五七条一項、五八条二項、五九条二項）と九六条の違いを強調する際にはこの点に言及する一方でアメリカ等との比較においてはまったく言及しない例として、参照、辻村みよ子『比較のなかの改憲論－日本国憲法の位置（岩波新書）』（岩波書店、二〇一四）。

（23）　後者の例として、参照、木村草太「憲法九六条改正はなぜ問題外なのか？（中）－諸外国との比較」Webronza（朝日新聞社）、http://astand.asahi.com/magazine/wrpolitics/2013052400011.html

（24）　大屋前掲注七、二九七頁。

III 「公共の福祉」の再検討

鳥澤円

一 はじめに

「日本国憲法に出てくる公共の福祉という言葉にどういう意味を与えるべきか。[1]」本稿ではこの問いをめぐる研究について検討することから始めて、なぜ「公共の福祉」という言葉で示されうる価値が国家の基礎構造を考える際に問題となるのか、そしてそのような価値に関する原理はどのようなものであるべきかを考察する。最後に、これらの考察にもとづき、そのような価値の概念の器としての「公共の福祉」という言葉の妥当性も考慮しつつ、自由民主党の憲法改正草案について若干のコメントを加える。

筆者は憲法学には不案内だが、法体系の基盤を構成しうる価値原理がどのような仕方で体系的・整合的でありうるか――さらに言えば、筆者がコミットしているある種の自由主義がどのような仕方で体系的・整合的でありうるか――に関心をもっている。本稿の議論は、法実践や憲法学における解釈の系譜に必ずしも内在的な議論ではなく、憲法改正論議をきっかけとして、「もし憲法が、私が考えるような意味で自由主義的なものであるべきだとすれば」という仮定の下に考えた試論である。

本稿の基調をなす主張は次の通りである。公共の福祉は、個人の福利に分割することが難しい集合的価値である。公共の福祉が古典的な意味での自由主義と整合的であるためには、それは理論的に個人の権利に由来するものでなくてはならず、そのためにはつねに一般的・互恵的でなくてはならない。一般性・互恵性の制約が内在する公共の福祉の理念は、民主的手続を通じた公共財の公的供給とその費用分担を集合的交換として正当化しうる。

二　公共の福祉と公共財

（一）公共の福祉とは何か――憲法学における議論

憲法において、公共の福祉は憲法上の権利の限界を示すとされる重要な概念である。一二条後段では、国民は憲法上の自由及び権利を「常に公共の福祉のために」利用する責任を負うとされ、一三条では、生命、自由及び幸福追求に対する国民の権利は「公共の福祉に反しない限り」国政上最大の尊重を必要とするとされている。さらに、二二条では、何人も「公共の福祉に反しない限り」居住、移転及び職業選択の自由を有するとされ、二九条二項では、財産権の内容は「公共の福祉に適合するやうに」法律で定められるとされている。

憲法学において支配的な見解である一元的内在制約説によれば、公共の福祉とは人権相互の矛盾・衝突を調整するための実質的公平の原理であり、憲法規定にかかわらずすべての人権に論理必然的に内在している。この原理は、自由権を公平に保障するための制約を根拠づける場合には必要最低限の規制のみを認め、社会権を実質的に保障するために自由権の規制を根拠づける場合には、必要な限度の規制を認めるものとしてはたらくという。(2)

しかし、長谷部恭男はこのような人権および公共の福祉概念の理解に疑問を呈している。第一に、この説は人権を制約する根拠となるのは必ず他の人権でなければならないとの前提から出発するが、それは、必ずしも個々人の人権には還元しえない社会全体の利益としての公共の福祉の実現を政府が任務としているという事実を曖昧にするばかりか、現にある人権が制約されている以上その制約根拠となっているのも人権だという誤った思考を導く危険がある。第二に、この説は人権は本来矛盾・衝突するものであるとの前提をとっており、暗黙の裡に人権を無制約な行動の自由と同視しているが、それは公共の福祉を名目とする国家による規制をも無制約とする危険をはらんでいる。(3)

長谷部はさらに、そもそも公共の福祉に関する諸学説は国家権力一般の正当性の根拠を問題にするものであったとの洞察から、国家権力の正当性の限界と個人の人権の限界は自動的に一致するものではないと考え、それぞれ分けて検討している。国家権力の正当性については、長谷部はラズとマーモーの議論を援用し、次のように述べている。国家が私人よりすぐれた知識を有している場合、または国家が私人よりも問題を解決する上でより適切な立場にある場合、各人は国家の命令に従った方が本来取るべき行動をよりよくとりうる。国家が私人より適切に解決できる問題とは、慣習のないところに新たに生じた調整問題と、(4)〈囚人のジレンマ〉状況における公共財供給の問題である。公共財は、経費を負担しない人もその恩恵に与かることができるので、「人々が自分の目先の利害のみを眼中において行動する市場」を通じては適切に供給されない。このため、公共財は政府によって法制度を通じて提供され、その費用は税金として社会全体から公平かつ強制的に徴収されることになる。そして、国家権力の正当性の根拠がこのような実質的理由の妥当性にあるならば、国家が正当に私的領域に介入しうる限度も内在的に定まる。すなわち、①国家がすぐれた知識を有するとの理由から権威を要求している場合には、法令の根拠となる知識が妥当な知識でない限りそれに従う必要はない。②法令が調整問題解決に失敗しそれと異なる解決が自生的慣習によってもたらされている場合には、人々はむしろ後者に従うべきである。③国家が公共財の適切な供給を行っていない場合には、社会全体の利益を低下させていることになるのでその法令に従う理由はない。いずれの場合も、国家は「社会全体の利益、つまり公共の福祉」に貢献しておらず、むしろそれを低下させている。人権については、長谷部はそれを個人が生来自然状態において享有していたはずの権利としてとらえ、公共の福祉の観点からの判断をくつがえす、個人の自律にもとづく「切り札」としての性格をもつものだとしている。そして、このような人権の保障は調整問題の解決や公共財の提供と並ぶ国家の主要な任務だと述べている。(5)

公共の福祉の意味をめぐる問いを国家権力の正当性の根拠についての問いとしてとらえ、それを公共財の概念を用いて説明しようとする長谷部の議論は、たいへん興味深く、かつ意義深い議論であるように思われる。われわれは社会生活において、日常的に個人的な利益と「みんなの利益」とのせめぎ合いを経験している。「みんな」には自分も含まれるが、「みんなの利益」の実現が一定数の人の協力を必要とする場合、自分個人の利益を推進する行動と「みんなの利益」を推進する行動は必ずしも一致しない。というのも、自分以外の多くの人がすでに貢献しているときには自分は貢献せずともその利益を享受でき、誰も貢献していないときには自分だけが貢献してもほとんど無意味であるような、そういった状況がありうるからである。この構造を変化させる何らかのメカニズムがなければ、われわれはこのような集合的なタイプの利益を容易には享受できない。そして、現代においては多くの人が、こうした集合行為問題を克服するための手段として国家に何らかの関与を期待している。もし公共の福祉をこのような集合的利益として理解できるならば、公共の福祉とは本来、基本権を享有する人びとがより便利で豊かな生活を送るために自発的に協力して実現すべきものであって、意に反する基本権の制約を伴ってはならないものである。公共の福祉をめぐる問題は、それが必然的に人権の制約を伴うから生ずるのではなく、個々の事案におけるそれが本当に公共の福祉と呼ぶに値するのか、換言すれば、全国民の利益になるのか、確かめることが困難なときに生ずるものとして考えるべきである。

（二）公共財の概念

集合的な利益をもたらす財の生産・供給の問題は一八世紀にヒュームによって指摘されていたが[6]、このような財を公共財 public goods と名付けて概念化し、その性質と配分について分析を重ねたのは、二〇世紀中葉以降の経済学者であった。経済学において、公共財は通常、消費の非競合性と排除不可能性という二つの属性を具えた財として定義されており、長谷部の定義も概ねそれに従っている。もっとも、この二つの属性をそれぞれ完全に具えた公共財は実際にはほとんど存在せず、また、これらの属性は財の物理的性質だけでなく人為的な供給方式の取り決めにも由来している[7]。このように定義されるせいか、公共財の概念は有用な一方で、時にその外延が拡張されるきらいがあるように見受けられる。

長谷部が公共財と考えるものは、二種類ある。一つは道路・橋の建設など、日常的な生活上の必要や利便に応えるべく時宜に応じて提供されるべきもので、経済学で言う公共財に該当する。もう一つは社会生活のより根底にあり、人々の生き方や考え方の基礎をなすようなものである。例として、長谷部は民主的な政治体制、報道の自由、表現の自由、営業の自由を挙げている。たとえば、表現の自由が広範に認められている社会では、さまざまな情報が行き渡ることで政治を理性的に判断しうる市民が育成され、批判や論議が活発になり民主政治が活性化され、多様な人生観・価値観が提供されることで人々の間に寛容の精神が育つ。長谷部はさらに、憲法上保障されている権利の中にはこのような「社会の利益を増大させる」公共財としての性格ゆえに保障されるべき権利があり、切り札としての人権とともに議会多数派による安易な変更を許さず裁判所にその擁護を委ねるという制度上の工夫がなされていると述べ、この二種類の権利があることを正面から認識する必要があると主張している。(8)

長谷部自身が明らかにしている通り、こうした「公共財としての憲法上の権利」があるという主張は、ラズの議論に依拠している。ラズは公共財を「ある社会における財の便益の分配が、その便益中の自らの取り分を制御する各々の潜在的受益者以外の誰による随意的制御にも服さないならば、かつそのときのみ、その財は当該社会における公共財である」と独自に定義した上で、それを経済学者が関心の大半を寄せてきた道具的な価値をもつにすぎない「偶然的公共財」と、本来的な価値をもつ固有の公共財（「集合財」）とに分類している。後者の例として、彼は寛容な社会であること、人間に対する尊敬の感覚が浸透した社会であること、経済的に繁栄している美しい町に住むことなどを挙げている。(9)ラズによれば、表現の自由、結社の自由、信教の自由、報道の自由、プライバシーの権利、差別されない権利といった自由権の保護が重要なのは、それらがある「集合財」、あるいは公共文化のある側面の推進と保護に寄与するからである。これらの自由権は権利保持者の福利だけでなく、共同体の構成員の福利一般に貢献するからこそ価値を認められ、正当化される。(10)

公共財を根拠とする彼らの権利論はたいへん興味深いが、合理的選択アプローチからの公共財論をふまえた上で読むと若干の戸惑いも覚える。というのも、合理的選択アプローチからの公共財論において、たしかに公共財そのものはその消費の面における性質によって定義されるとはいえ、公共財が国家の関心事になると考えられる直接の理由はそのような性質それ自体ではなくて、その性質ゆえに生産において人びとが直面しうる問題構造に求められるからである。長谷部とラズの中心的な主張において、権利の根拠となる公共財は経済学的な公共財ではなく、より根底にある／固有の公共財の方であり、それらの財の消費・享受はたしかに集合的になされる。だが、その自発的な生産・供給がそもそも〈囚人のジレンマ〉状況に置かれているかというと、必ずしもそうではないように思われる[11]。たとえば、表現の自由の自発的供給におけるただ乗りとはどのような行動だろうか。それは、誰もがそうする個人的インセンティブをもちうると推測されるような行動だろうか。また、井上達夫は表現の自由をめぐる議論において長谷部がこうした財＝善を公共財と呼ぶことについて、「メディアの表現の自由は……単なる経済学的な公共財ではなく、聴衆たる諸個人の根幹的人権に根差す政治哲学的公共価値であることが、この言い方ではボカされ、メディアの自由がむしろ経済学的公共財の方に還元されてしま」い、結果として広範な政策的規制に服せしめられることになるだろうと危惧している[12]。この指摘はもっともであるように思われる。

ただし、筆者は「単なる」という修飾語を冠して経済学的な公共財についての考察を退けることはしない（し、経済学的公共財の供給のためであれば広範な政策的規制が許容されるのは当然だとも考えない）。いくつかの自由権を公共財の概念を用いて正当化するというラズと長谷部の論考の目的[13]から焦点を移し、公共の福祉と統治機構のあり方との関係を検討するとき、経済学的な公共財についての考察は欠かせないものだと筆者は考える。というのも、現代においては、民主的な国制の枠組み内で行われる集合的意思決定のうちかなりの部分が経済学的な公共財の公的供給に関わっており、しかもそれらは個人の財産権の収用――部分的・規制的なそれを含め――と再分配という、別の憲法上の問題に直結しているからである。また、財政の運営状況は、国家社会の繁栄はもちろんのこと存続自体をも決定する要因であり、国制を考える上で看過できないものである。

経済学の公共財研究には、大まかに言って二つの方向性がある。一つは最適供給問題、すなわち市場では「失敗」すると考えられる公共財の効率的な配分を政府がいかにして実現できるかを探究するもの、もう一つは集合行為問題、すなわちいかなる条件下で公共財が自発的に供給されうるかを探究するものである。どちらの研究においても、次のような見方が共有されているように見受けられる。それは、政府による強制がなくとも個々人の同意にもとづく取引から公共財が供給されることもあり、そのようにして供給される公共財が（一定以上の）負の外部効果をもたない限りは政府がそれを排除する必要はないという見方、そして、選好偽装の可能性ゆえに市場において公共財の需給調整が適切になされないならば、公共財の公的な供給水準は何らかの方法で測った国民の福利にもとづいて決定されるべきだという見方である。このような見方からすれば、ある財が消費の面において公共財の性質を有しているという理由だけでは、それを政府が公的に生産・供給することは正当化されない。たとえば、経済学のテキストにおいてしばしば典型的な公共財として紹介される国防でさえ、その供給主体が国家である必然性はなく、もし国民の大半が一切の実力行使を否定する平和主義者であるならば、そもそも必要な公共財として認識されないだろう。また、公共財の便益はたしかに分割不可能だが、供給に要する費用は分割可能である。それゆえ、公共財の公的供給の問題を考えるにあたっては、その費用を国民の間でどのように分担するかという財源調達の問題もあわせて考えなければならない。

三　公共の福祉の内在的制約

（一）民主的国家は公共財の最適な供給者か

どの公共財をどれだけどのような質で公的に生産し、その費用をどのように分担するかという決定は、現行制度の下では民主的な立法機関またはその権限の委譲を受けた行政機関においてなされている。ラズによれば、民主的な国で生活することは「明らかに」一つの公共財／善であり、たいていの人にとって民主制の存続は個人的な利益になる。というのも、民主制は他の選択肢よりよい統治の形態であり、人びとが自分に適したものを入手しやすくすると考えられるからである。(14)

長谷部も同様に、民主的な政治体制の存在は特別な重要性をもつ公共財だと考えている。長谷部によれば、民主的な手続を通じて経済学的公共財供給の範囲や量が決定される場合に、国家はすぐれた知識をもつと主張する必要はなく、ただ〈囚人のジレンマ〉状況を解決する点で私的な個人や団体よりも適切な立場にあると主張するだけで十分である。「公共財の供給に関しては、私人は各自が自己の最善の利益を目指して行動するよりも、国家の指示に従う方が、全体としてはよりよい利益を獲得することができる」からである。[15] なぜ民主的な手続だとそうなるのか。長谷部は、「どのような公共財をどの程度供給すべきかは、国民が社会全体の長期的な利害を勘案しながら、投票を通じて多数決で決めるべき事柄である。多数決で敗れた少数派も、政府が公共財を提供しない場合に比べれば、不満の残る決定でも従った方が有利であるし、少数派と多数派をあわせた社会全体の利益は、多数決に従うことで最大化する」と説明している。[16] 長谷部はまた、一定の条件下では単純多数決は正しい答えに至る蓋然性が高いというコンドルセの定理に関して、その限界——もし正しい答えが多数決と独立に判断できないならばそれに基づいて多数決を根拠づけることはできず、もし独立に判断できるならば多数決は不要である——を指摘しつつも、「多数決という手続とは独立した正解という観念が、政治家の活動を導く理念としての役割を果たしえないと考えるのは尚早であろう」と述べ、議会での討議からメディアを通じて拡大された社会大の討議に期待している。[17]

本稿の関心から、討議の論点を公的に供給すべき公共財の種類や量、質に限定したときに、その「正解」はどのような基準に従って求められるべきだろうか。資源の機会費用も考慮に入れた基数的な「経済効果」がもっとも大きいものだろうか。人びとの「真の」選好に照らして、誰の状態を悪化させることもなくもっとも多くの人の状態を向上させるものだろうか。それとも、人びとの福利とは別に考えられる何らかの客観的基準に適うものだろうか。そして、仮に社会大の討議が活発に行われるとして、立法府における単純多数決という意思決定手続はこうした正解に近づく最適な方途だろうか。たしかに、長谷部が重要だと考えているのは多数決とは別に正解が存在するという信念であって、彼は正解が存在すると主張しているわけではない。だが、前段落で引用した文を読むと、長谷部は少なくとも公共の福祉または公共財の公的供給については、何らかの正解の基準があると考えているようにも見受けられる。もっとも、前段落の引用部分からはそれが社会的利益の極大化だと受け取れる一方で、別の論考では、単純多数決による社会的決定によって社会全体の幸福の量を増大させることは困難であり、そもそも社会全体の幸福の量を社会的決定の正しさの基準とすることが妥当といえるかは疑わしいとも述べられている[18]。現実の民主政治を見ても、何をもって正解と考えるかについてのコンセンサスがないまま単純多数決により「決断」がなされているか、あるいは、単純多数決の結果がそのまま正解とみなされているというのが、実情であるように思われる。

経済学においてはこれまで、費用便益または選好の集計や集合的意思決定の方法について、さまざまな分析がなされてきた。それらの中には、民主制への期待を打ち砕くかもしれない結論を導くものもある。たとえば、多数決における投票行動に関する定理の一つである中位投票者定理によると、ある財の供給量が争点となっており、すべての投票者の選好が単峰的（供給量が効用最大化点から離れるにつれ効用が単調に低下する）であり、そして投票が二つの選択肢について行われるとき、多数決投票によって安定的・支配的な社会的決定として選択されるのは、中位投票者（全投票者について各投票者の最適点を小さい方から大きい方に順に並べたときの中位数となる投票者）の効用最大化点である[19]。つまり、前記の条件があてはまる状況においては、単純多数決はもっとも多くの人が好む値ではなく、たまたま中位にいる人が好む値を集団の選択とする意思決定システムである。

さらに問うべきは、その結果が決断であれ正解の発見であれ、投票者が「社会全体の長期的な利害を勘案しながら」投票するという想定ないし期待が果たして適切かということである。なぜならば、投票者は、長谷部の言う「人々が自分の目先の利害のみを眼中において行動する市場」の参加者と別の人間ではないからである。ラズによれば、人々の主観的趣味や傾向性から独立した選択理由がないような政治問題――経済学的公共財のような――

においても、「我々が選挙民に期待するのは、単に自己の選好のために投票することではなく、むしろ自己の選好と他者のそれとを共に勘案して、当該の財の公正な分配を反映する措置に投票すること」である。[20]だが、投票者が他者の選好を勘案するにしても、それがすべての他者のそれであるとは限らない。

そればかりか、結果を自分や準拠集団に有利な方向へと導くために戦略的に行動する投票者もいる。政治の経済分析である公共選択論は、多数派工作の社会的費用に着目する。多数決ルールの下では、票の交換や裏金を通じた結託により多数派集団の形成に成功すれば、望む財――公共財のみならず、分割可能な財さえも――の生産とその費用負担者を決定することができる。このため、国民生活のさまざまな領域に関与する国家の多数決民主制においては、富の強制移転という非生産的な目的を追求するレントシーキングが行われ、そうでなければもっと生産的な用途に付すことのできた資源が浪費される。当初はレントを追求していなかった人も、集合的決定を通じた搾取を逃れるためには別の結託により他の結託と争うほかなく、結局公共財供給をめぐる政治過程は結託間のゼロサムゲームになってしまう。[21]

もっとも、見方によっては、結託競争は懸念すべきことではないかもしれない。ケルゼンは、社会学的に見た多数決原理の意義は、最終的にただ二つの群のみが対立して支配を争うようになること、つまり社会内部の「無数の分化分裂的本能がただ一つの原則的対立にまで克服せられる」という「社会的統整の力」にあると述べている。[22]もし民主的な政治過程において討議の時間が十分確保されているならば、対立する二つの集団間の討議は、裁判における弁論と同様に、それがなければ隠れたままだった知識の開示を促進するかもしれない。このような観点からは、レントシーキングの社会的費用は負担に値する「民主主義のコスト」なのかもしれない。

しかし、公共財の公的供給の議案に限っても、現代の多数決民主制にはつねに再分配の問題が伴っている。平等主義者の多くは総費用の分担の仕方に大きな関心をもつ一方で、そうした費用を発生させる公共財の公的供給の水準やその決定過程については、しばしば無関心または楽観的であるように見受けられる。だが、公共財の公的供給により高所得者と低所得者が等しい便益を享受するときだけでなく、少数者が自分は必要としていない公共財の生産費用も負担しなければならないとき、そして、少数者が決して便益を得ることのない財の生産費用も負担しなければならないときにも、強制的な再分配が生じている。さらに、多数決は現世代の少数者だけでなく、意思決定に加わっていない将来世代にも政府債務を通じて負担を強いる。なぜ多くの人は、単純多数決がもっとも正当な手続ルールだと考えるのだろうか。

ケルゼンは、単純多数決こそが相対的にもっとも自由の理念に接近できる意思決定システムだと考えた。一見したところ個人的自由をもっとも保障するのは全員一致であるが、いったん投票において表明した意思を変更する際にも全員一致ないし条件の高い多数決が必要とされるならば、「国家意思」の変更は事実上不可能となり、これらの意思決定ルールはむしろ「自由の桎梏」となってしまう。ルソーの社会契約論においても、全員一致が求められるのは原始契約のみである。こうした考察から、ケルゼンは、できるだけ多数の人間が自由であるようにする、すなわち、社会秩序の普遍意志と自分の意思とが矛盾に陥らねばならない人間をできるだけ少数にとどめるのが、単純多数決原理だと主張した。[23] しかし、ルソーの議論にはある条件が付されていたことを忘れてはならないだろう。それは、決議は「一般意志」の表明でなければならないという条件である。[24]

（二）対称的互恵性としての一般性

ここで改めて、〈囚人のジレンマ〉について考えてみよう。プレイヤーが相互に協力的な戦略をとればともに利得を得られるが、ただ乗りされる可能性があるために、何らかの信頼または制度的保証がなければその実現が困難な状況が、〈囚人のジレンマ〉であった。公共財供給の問題状況を表す構造の一つが多数者間の〈囚人のジレンマ〉

だが、市場において交換が行われる構造もまた、二者間の〈囚人のジレンマ〉である。このように考えると、公共財の問題は広義の交換の問題としてとらえることができる。当事者間の合意が成立したという事実に交換条件の互恵性が顕示されているとみなせるならば、集合的意思決定が互恵的交換であるためには、二者間交換の場合と同様に、全員一致ルールが本来採用されるべきルールだと言えるだろう。二者間交換は、成文憲法が存在しない古い時代から、慣習または財産法――財産権とりわけ私的所有権を定義し、契約を執行し、契約の不履行や不法行為からの救済について定めるルール――によって実現されてきた。一方、多数者の交換――集合行為――を促進する慣習は比較的生じにくく(25)、実現すべき公共財の種類・量・質を集合的かつ／または権威的に決定する必要から、現代において公共財供給は公法の領域の問題とされている。国家法はこれら二種類の交換を、それぞれが生まれる構造の違いに応じて実現する枠組みとなっている。

公共選択論の確立者の一人であるジェイムズ・ブキャナンは、互恵的交換の促進という観点から社会契約論アプローチをとり、国家権力が正統性をもつ条件を考えた。初期状態の人びとにとって、互恵的交換を促進する制度的枠組みを実現するために、国家を設立する立憲契約に加わることは合理的である。立憲契約においては、まず基本権保護と財産法執行に必要な〈守護国家〉の機関、すなわち司法機関の設置が、次いで公的に供給する公共財の種類・量・質を集合的に決定する〈生産国家〉の機関、すなわち民主的議決機関の設置が合意される。だが、公共財の生産に関する決定は価値判断を伴い利害対立を避けえないので、集合的決定を立憲契約と同じ全員一致ルールによって行うと意思決定費用が高くなり、互恵的な合意の実現が阻まれる。このため、民主的議決機関では便宜的に何らかの多数決ルールを導入することが、立憲契約において容認される。とはいえ、多数決ルールは結託によるレントシーキングを助長し、少数者に意に反する負担を強要することを可能にするので、制約なき多数決民主制の過程においては、人びとの利益・負担が対称的な提案が淘汰されてしまう。こうした洞察から、ブキャナンは立憲レベルで〈生産国家〉に一般性の制約を課することの必要性を説いている。[26]

法における一般性は通常「法は人格にかかわらず作用しなければならない」という制約原理[27]として理解されるが、法が民主的な審議を通じて制定されるとき、全員一致ルールはその法が、少なくとも集合的決定の参加者の間では、人格にかかわらず互恵的であることをかなりの程度保障する。というのも、もし参加者たちが自分の利益を考慮した上で意思を表明するならば、全員一致ルールは参加者すべてに利益をもたらす決定に権威を与えるからである。多数決ルールをとることでこの保障が失われるならば、立憲レベルで一般性原理による自己拘束に合意するのは――ルソーの言う「立法者」に頼るのではなく――理に適っている。もっとも、弱い意味での一般性原理は、特定の集団を差別するルールと両立しうることがしばしば指摘される。[28] これに対し、ブキャナンは対称的互恵性という強い意味で一般性をとらえ、こうした一般性こそが古典的自由主義の要諦であるとし、それを具現するような国制・法制のあり方を検討している。ブキャナンにとって理想的な政治とは、市場と同様に互恵的交換の実現に向かう営みであって、民主的議決機関は基本的に公的に供給する経済学的公共財の種類・量・質を選択するためだけの機構である。政治は政治共同体の全構成員の何らかの参加を要請するが、その目的は〈古代人の自由〉の実現ではなく、互恵性の確保にある。[29]

交換をキーワードとして市場と国家の意義を連続的にとらえるとともに、国家の基礎構造に関わる価値としての一般性を現代的な文脈でとらえ直すブキャナンの議論は、非常に興味深い。基本権の定義や司法機関の運営[30]に加えて、公共財の公的供給の決定を目的とする議会の運営が正当な国家の役割だと言えるのは、価格メカニズムという非人格的な需給調整および知識開示促進機構が作用しない場合に限っては、民主的な集合的意思決定機構がその代替としてもっとも適していると想定できるからである。市場では集められない、人びとの公共財への選好情報――それはラズが考えるような真の福利を反映するものかもしれないし、あるいは、利己的で近視眼的なものかもしれない——を集められる点で、民主的な議決機関は少なくとも裁判所よりはすぐれており、したがって公共の福祉を判断するのに適切な機関だと考えられる。[31] しかし、それが多数決ルール（そして代表制）によって運営される以上、そこでの決定がそれだけで正統性をもつということにはならない。公共財に関する民主的決定が古典的自由主義的な意味での公共の福祉になるためには、立憲レベルでの一般性ないし対称的互恵性原理による制約が必要である。なぜ、古典的自由主義的な意味での公共の福祉は、「最大の社会的利益」であるよりも一般的・互恵的な利益であるべきなのか。それは、ブキャナンの議論からわかるように、古典的自由主義の見地からは、公的な公共財の生産は個人の権利を出発点とする互恵的交換として正当化されるべきだからである。そのとき、公共の福祉は個人の権利と対立するものでなく、むしろ個人の権利に由来するものとしてとらえることができる。「公共の福祉」概念には、一般性という制約が内在するものと解するべきである。

同様のことは、二九条三項の「公共のため」についても言える。公共財の生産を考えるにあたっては、便益の分配だけでなく、財源調達の分担と資源配分の変更にも注意しなければならない。[32] たとえば、純粋公共財は各人に等しい便益をもたらすが、もしその費用の負担を一部の人だけに強いるならば、そのような公共財の供給は互恵的交換とは言えない。とりわけ、特定の財産なくしては生産できない公共財の公的供給を多数決で決定するときには、一般性を確保するための制度的工夫が必要になる。リチャード・エプステインは、国家が強制するどの交換も各人の貢献に応じた報酬をもたらさねばならないという理念の下に、公用収用の条件について検討した。財産所有者によるホールドアウト（売り渋り）のために、当人を含む全住民に利益をもたらす——「公共の用 public use」になる——公共財の供給が危ぶまれる場合には、国家権力による財産権の収用が認容される。収用により特別な負担を負うことになる人が、その公共財から負担に比例した便益（「黙示の現物補償」）を得られるならば、金銭による補償は不要である。しかし、負担に比例した便益を得られないならば、金銭による明示的補償が必要である。補償の原資もまた徴税という収用によって得られるので、差別的な扱いを避けるためには、補償の額は多すぎても少なすぎてもいけない[33]。このように、「公共のため」という要件を公共の福祉に内在する公共財の公的供給への一般性原理による制約としてとらえれば、それがなぜ収用の要件となっているかを説明でき、また、それと「正当な補償」という要件とを整合的に理解することができる。

四　おわりに――自由民主党草案について

（一）「公益及び公の秩序」

さて、本号のテーマは憲法改正論議であった。最後に、現政権下でもっとも影響力が大きいと考えられる自由民主党草案（平成二十四年四月二十七日決定[34]）のうち、公共の福祉および公共財に関わる条文について、以上のような公共の福祉観から言えることを述べて、本稿を終えることとしたい。

同草案においては、現行憲法の「公共の福祉」という句がすべて「公益及び公の秩序」に、一二条後段が「自由及び権利には責任及び義務が伴うことを自覚し、常に公益及び公の秩序に反してはならない」に改められ、二一条（表現の自由）には二項として新たに「前項の規定にかかわらず、公益及び公の秩序を害することを目的とした活動を行い、並びにそれを目的として結社をすることは、認められない」という一文が加えられている。自由民主党は、「公共の福祉」を「公益及び公の秩序」に改めた理由をこう説明している。

　従来の「公共の福祉」という表現は、その意味が曖昧で、分かりにくいものです。そのため、学説上は「公共の福祉は、人権相互の衝突の場合に限って、その権利行使を制約するものであって、個々の人権を超えた公益による直接的な権利制約を正当化するものではない」などという解釈が主張されています。しかし、街の美観や性道徳の維持などを人権相互の衝突という点だけで説明するのは困難です。

今回の改正では、このように意味が曖昧である「公共の福祉」という文言を「公益及び公の秩序」と改正することにより、その曖昧さの解消を図るとともに、憲法によって保障される基本的人権の制約は、人権相互の衝突の場合に限られるものではないことを明らかにしたものです。

そして、「我が国も批准している国際人権規約でも、『国の安全、公の秩序又は公衆の健康若しくは道徳の保護』といった人権制約原理が明示されているところです。また、諸外国の憲法にも、公共の利益や公の秩序の観点から人権が制約され得ることを定めたものが見られます。」と述べ、特に「公の秩序」の意味については、「『公の秩序』とは『社会秩序』のことであり、平穏な社会生活のことを意味します。個人が人権を主張する場合に、人々の社会生活に迷惑を掛けてはならないのは、当然のことです。そのことをより明示的に規定しただけであり、これにより人権が大きく制約されるものではありません。」と述べている。(35)

もし長谷部が述べているように、裁判所においてはすでに「公共の福祉」が社会全体の利益という意味で用いられているのだとすれば、この草案のような言い換えは不要であろう。また、ラズや長谷部ならば、二一条の改正は「表現の自由」自体の公益性への無理解にもとづくものだと言うだろう。

「公共の福祉」そのものが個人の権利に由来しているとする本稿の立場からすれば、公共財の公的供給がその財源調達を通じた再分配の必要性を含意しないことを考えると、弱者救済のニュアンスがつきまといがちな福祉という語を避けて利益や福利という語を用いることには賛成できる。しかし、それが私益の総計でも御上の利益でもない、互恵的な利益だということを示すには、「公」よりも「公共」や「一般」という表現を用いる方がより適切であるように思われる。

それよりも懸念されるのは、「公の秩序」という別の曖昧な言葉が組み合わされたことで、これらの語句が示す内容の曖昧さがむしろ増していることである。秩序――規則が一般的に遵守され人びとの行動が一定程度予測可能であるときに実現する――はたしかに公共財の性質を有しているが、経済学的な公共財とは区別して考えるべきものである。というのも、通常の経済学的公共財の公的供給が要請するものが財産権の剝奪または希薄化に限られるのに対して、秩序形成はそれ以上の自由の制約を求めることがあるからである。さらに、自由民主党が説明しているように「公の秩序」が「社会秩序」を意味しており、したがって法秩序以外の社会規範による秩序も含むならば、この懸念はさらに深まる。社会慣習はなんらかの秩序を提供する点では公益性をもつが、それらの生成および伝播の過程は、それらの内容が正義に適っていることも、社会的福利を最大化することも、保証しない[36]。

自由民主党は人権制約原理として「公の秩序」を加える理由の一つに、国際人権規約に「国の安全、公の秩序又は公衆の健康若しくは道徳の保護」という文言があることを挙げているが、この表現は、「市民的及び政治的権利に関する国際規約」（B規約）の一二条（移動の自由及び居住の自由）、一八条（宗教又は信念を表明する自由）、一九条（表現の自由）、二一条（集会の権利）および二二条（結社の自由）のそれぞれにおいて、「法律で定められ、国の安全、公の秩序、公衆の健康若しくは道徳又は他の者の権利及び自由を保護するため」という形で用いられている。なぜ最後の部分だけが省かれたのか気になるところだが、それはさておき、国際人権規約を引き合いに出して「街の美観」のような公共財供給のための財産権の制約を正当化するのであれば、むしろ「経済的、社会的及び文化的権利に関する国際規約」（A規約）の四条「この規約の締約国は、この規約に合致するものとして国により確保される権利の享受に関し、その権利の性質と両立しており、かつ、民主的社会における一般的福祉を増進することを目的としている場合に限り、法律で定める制限のみをその権利に課すことができることを認める」を参考にすべきであるように思われる。この「一般的福祉 general welfare」は、合衆国憲法の前文および一編八節一項で用いられている言葉でもある。

以上の考察から、筆者としては、もし「公共の福祉」を改めるのであれば、「一般的福利」、「一般的利益」、または「一般的福祉」という言葉を用いるよう勧めたい。受け入れられないならば、「公共の福祉」のままがよい。

(二) 環境保全の責務、知的財産権、財政規律、そして改正手続

新設された二五条の二は「国は、国民と協力して、国民が良好な環境を享受することができるようにその保全に努めなければならない」と規定している。しかし、環境とは水質保全や大気汚染対策など人びとの生存や健康にかかわるものから、生物の多様性の維持、そして都市景観の保全・形成まで、実にさまざまである。これらはどれも経済学的公共財であり、たしかにその公的供給は、ブキャナン的に言えば〈生産国家〉の機関である議会で決定すべき事項である——公共財供給のための集合行為問題が民間では解決されないおそれがある一方で、公共財の種類・量・質についての評価は必然的に人によって異なるため、それを民主的に選ばれた代表者ではない裁判官に委ねるのは適切ではないからである。しかし、草案を読む限りでは、起草者が果たして国民の間に価値基準の違いや利害対立が存在することを認識しているのか、心もとない。一部の人びとが主張する、環境という曖昧な公共財への請求権を認めていない点は評価に値するが、「まだ個人の法律上の権利として主張するには熟していないことから(37)」という説明文には一抹の不安を覚える。

二九条二項には、「公共の福祉」の変更とあわせて、「この場合において、知的財産権については、国民の知的創造力の向上に資するように配慮しなければならない。」という一文が付加されている。これは、知的財産権の存在を明示することでその保護を確実にするためというよりは、「特許権等の保護が過剰になり、かえって経済活動の

過度の妨げにならないよう配慮すること」[38]を意図したもので、それは本稿の観点からも理解できる。というのも、知的財産権の対象となっている情報という財は通常、公共財の性質を具えているため、知的財産権の法制化という「囲い込み」は有用な知識を創造するインセンティブを創出する一方で、人びとがそれにアクセスするコストを増大させ、その消費とそれを用いた新たな知識の創造を妨げるからである。知的財産権は帰結主義的な考慮にもとづいて政府が認める期限つき独占権であり、その対象とされる情報の種類にも保護期間の長さにも客観的な根拠はない。入会権と同様に、完全な私有の権利ではなく、共同の利益享受を想定した財産権として観念されるべきである。

公共財の財源調達と分担に関してはまず、財政規律を指示する八三条二項の新設を評価したい。もっとも、それがどの程度実効性をもつかは法律における「健全性」の基準次第となろう。地方自治に関する九二条二項「住民は、その属する地方自治体の役務の提供を等しく受ける権利を有し、その負担を公平に分担する義務を負う。」の新設にも賛同するが、なぜ国政については同様の規定がないのか、不思議に思われる。

最後に、憲法の改正手続に関する条文にも触れておきたい。草案の百条は、改正が両議院のそれぞれの総議員の過半数の賛成により提案され、国民の投票において有効投票の過半数の賛成を得ることを必要とすると規定している。しかし、たとえ現行憲法成立の経緯や集合的意思決定の費用を考慮して全員一致ルールを避けるにしても、憲法の枠内で公共財の公的供給について決定する際のルールと、憲法という枠そのものを変更・決定する際のルールは区別すべきであり、後者は前者よりも一般性・互恵性を担保するものでなくてはならない。この点で、国会における多数決の条件を現行憲法よりも緩和する草案は、本稿の立場からすれば改「悪」である。

（1）　宮沢俊義『憲法II』（新版、有斐閣、一九七一年）二三三頁。
（2）　同前二二八－二四〇頁、芦部信喜『憲法』（第五版、高橋和之補訂、岩波書店、二〇一一年）一〇〇－一〇一頁。

(3) 長谷部恭男『憲法の理性』（東京大学出版会、二〇〇六年）六五－六八頁。

(4) ゲーム理論を援用した諸研究によれば、慣習 conventions は調整問題だけでなく、〈囚人のジレンマ〉を含む様々な問題状況から生じうる。これらの研究における慣習の特徴の一つは、それらがその規範性以前に自己執行性――それに倣うことが直接当人の利益になること――により定着する点にある。一例として、Robert Sugden, *The Economics of Rights, Co-operation and Welfare* (Palgrave Macmillan, [1986] 2004) p. 33.

(5) 長谷部『憲法の理性』六八－七九頁、『憲法』（第四版、新世社、二〇〇八年）八－一一、一一二－一一六頁。長谷部は同じ部分で、薬事法判決や森林法判決など経済的自由の制約立法についての違憲判断は、これらの法令が狭義の人権を侵害していなくとも公共の福祉の維持という国家権力の内在的制約を逸脱しているという判断にもとづいているように見えると述べている。

(6) David Hume, *A Treatise of Human Nature* (Oxford University Press, [1740] 2000), p. 345.

(7) ジェイムズ・ブキャナンは消費の分割可能性と集団規模という二変数を用いて、純粋公共財と私的財という二つの極の間にさまざまなタイプの財があることを示している。James M. Buchanan, *The Demand and Supply of Public Goods* (Liberty Fund, [1968] 1999) ch. 9. 分割・独占が可能な財であっても、効率性などの観点から集合的に供給し共同で享受した方がよいと判断される場合もあり、ラッセル・ハーディンはこのような広義の「公共財」を狭義の公共財から区別するため集合財と呼ぶ。ラズの言う「集合財」とは区別されたい。Russel Hardin, *Collective Action* (The John Hopkins University Press, 1982) pp. 17-20.

(8) 長谷部『憲法の理性』七四－七五、八〇－八一頁。

(9) Joseph Raz, *The Morality of Freedom* (Oxford University Press, 1986) pp. 198-207. [同書の元となった論文の翻訳として『自由と権利』（森際康友編、勁草書房、一九九六年）九－一二頁。]

(10) *Ibid*., pp. 255-263.

(11) 前に引用したラズの定義は明らかに経済学的な公共財概念を意識しているが、別の文献では、ラズは伝統的な共通善 the common good の概念も持ち出して持論を展開している。Joseph Raz, *Ethics in the Public Domain: Essays in the Morality of Law and Politics* (rev. ed., Clarendon Press, 1994) ch. 3.

(12) 井上達夫『法という企て』（東京大学出版会、二〇〇三年）二一四－二一五頁。

(13) 長谷部の主張の趣旨については、長谷部『憲法の理性』一〇八－一〇九頁を参照。

(14) Raz, *Ethics in the Public Domain*, pp. 148-153. [同書の元となった論文の翻訳として『自由と権利』二八二－二八九頁。]

(15) 長谷部『憲法の理性』七三－七四頁。

(16) 長谷部『憲法』九－一〇頁。前掲注(8)も参照のこと。

(17) 長谷部『憲法の理性』一八七－一九三頁。
(18) 同前一八四－一八五頁。ラズは、民主制は人々の福利に資する限りで正当化されると主張する一方で、個人の福利を選好充足としてしかとらえない功利主義的な民主制観を批判し、本来の福利とは価値ある活動・追求・人間関係における成功も含むものだと述べている。Raz, *Ethics in the Public Domain*, p. 116［『自由と権利』三二一頁。］
(19) 井堀利宏『公共経済学入門』（日本経済新聞社、二〇〇五年）三〇六－三〇八頁。
(20) Raz, *Ethics in the Public Domain*, pp. 116-117.［『自由と権利』三二二頁。］
(21) James M. Buchanan and Gordon Tullock, *The Calculus of Consent: Logical Foundations of Constitutional Democracy* (The University of Michigan Press, 1962).
(22) ケルゼン『デモクラシーの本質と価値』（西島芳二訳、岩波文庫、一九四八年）八四－八五頁。
(23) 同前三五－四〇頁。
(24) ルソー『社会契約論』（桑原武夫・前川貞次郎訳、岩波文庫、一九五四年）第二編第六章、第四編第二章。
(25) Sugden, *The Economics of Rights, Co-operation and Welfare*, ch. 7.
(26) James M. Buchanan, *The Limits of Liberty: Between Anarchy and Leviathan* (Liberty Fund, [1975] 2000); James M. Buchanan and Rodger D. Congleton, *Politics by Principle, Not Interest: Towards Nondiscriminatory Democracy* (Cambridge University Press, 1998).
(27) Lon L. Fuller, *The Morality of Law* (rev. ed., Yale University Press, 1969), pp. 46-47.
(28) F. A. Hayek, *The Constitution of Liberty* (Gateway ed., Henry Regnery, [1960] 1970), p. 154; John Rawls, *A Theory of Justice* (rev. ed., 1999, Harvard University Press), p. 114; Joseph Raz, *The Authority of Law* (Clarendon Press, 1979), p. 216.
(29) Buchanan and Congleton, *Politics by Principle, Not Interest*. 公共財論も含めたブキャナン理論の全体像については、鳥澤円「公共選択論と立法」『立法学の哲学的再編』（井上達夫編、ナカニシヤ出版、二〇一四年）を参照。
(30) 生命・身体への権利と財産権を相互に尊重する制度も、〈囚人のジレンマ〉の構造をもつ。〈守護国家〉を正当化するこのような公共財については、稿を改めて検討したい。
(31) 公共財としての景観の供給水準について裁判所が判断することの是非については、鳥澤円「景観紛争における公共性」『現代法哲学講義』（井上達夫編、信山社、二〇〇九年）二〇八頁を参照。
(32) Buchanan, *The Demand and Supply of Public Goods*, p. 168.
(33) Richard A. Epstein, *Takings: Private Property and the Power of Eminent Domain*, (Harvard University Press, 1985)［『公

用収用の理論』（松浦好治監訳、木鐸社、二〇〇〇年）」、*Supreme Neglect: How to Revive Constitutional Protection for Private Property* (Oxford University Press, 2008).

（34）自由民主党憲法改正推進本部『日本国憲法改正草案Q＆A』（増補版、二〇一三年）。

（35）同前一三－一四頁。

（36）鳥澤円『社会規範の探究』（博士論文、二〇〇二年）第五章。

（37）『日本国憲法改正草案Q＆A』、一五頁。

（38）同前一八頁。

論文

一　特別なものとしての不作為犯？

山下裕樹

一　はじめに

法哲学における法と道徳をめぐる問題として、「善きサマリア人と法」の問題が議論されている。すなわち、自分とは何の関係もない他者を救助すべき一般的な義務が存在するかどうかという問題である。この問題は刑法学では一般的救助義務の問題として取り扱われており、不作為犯論に属している。我が国には、ドイツ刑法とは異なり一般的救助義務に関する規定が存在しないため、(1) 自分とは何の関係もない他者を救助すべき義務は存在しないと理解されており、救助義務を有する者は、後述するように、何らかの「特別な」義務（作為義務）を有する「特別な」地位（保障人的地位）にある者でなければならないとされ、不作為犯は「特別な」問題として取り扱われている。

また、我が国の法哲学における不作為犯論の特徴として、小林公教授の教科書において見られるように、英米の議論が主に参照され、これを基礎として展開されていることが挙げられるであろう(2)。そこでは、作為と不作為を区別することが前提されており、不作為が他者に対して損害を及ぼすことはありえず、不作為を処罰することは作為を処罰することよりも大きな自由の侵害になると考えられている。もっとも、このような作為と不作為の区別は、ドイツ刑法学においても見られ、このドイツ刑法学の議論を参照する我が国の刑法学においても見られるところである。このような作為と不作為の区別が、不作為犯を「特別な」問題として取り扱うこと、そのために「特別な」義務が要求されることにつながっているのである。

しかし、ドイツの法哲学的議論、特にドイツ観念論に目を向ければ、作為と不作為の区別は重要ではないことが窺える。というのも、そこでは、作為と不作為という現象的な区別ではなく、義務の種類、特に消極的義務と積極的義務という規範的な区別が重視されているからである。つまり、この議論を参照すれば、不作為は「特別な」ものとして取り扱われることはなく、犯罪はもっぱら義務論的に構成されることになるであろう。

このような不作為犯論に関連する興味深い法哲学的議論が、既に昔に存在しているにもかかわらず、我が国の不作為に関する議論においては、刑法学だけでなく法哲学の領域においても、この議論を参照するものはほとんど見られないように思われる。しかし、従来から刑法学においては法哲学との関係が重視されてきたこと、また近年のドイツにおいて、ドイツ観念論との関係から刑法学を展開する学説が登場していることに鑑みれば、ドイツの法哲学的議論を参照することには、刑法学だけでなく法哲学的にも十分な意義があるように思われる。

そこで本稿では、まず我が国における不作為犯論とその問題点を挙げ、加えて作為と不作為の区別の必要性について検討し、最後にドイツの法哲学的議論を参照することを通じて、不作為犯を規範的に基礎づけることを試みる。

二　刑法学における不作為犯論

例えば、ある者が他者を池に突き落とし、そのままにして救助せず、この他者を死亡させた場合、あるいは、子どもが公園内の池で溺れており、近くで親が傍観するのみで救助せず、その結果子どもが死亡した場合、この突き落とした者と傍観していた親は殺人罪（刑法一九九条）の罪責を負うとされる[3]。刑法上、このような不救助等の不作為による犯罪実現を処罰する場合には、特に不真正不作為犯において、当該不作為者に作為義務（あるいは保障人的地位）の存在することが要求される[4]。というのも、構成要件が初めから不作為を予定しており、いかなる不作為態様が処罰されるのかを法文上明記している真正不作為犯（例えば、刑法二一八条[5]）とは異なり、構成要件が作為を予定しており、それが明記されていない不真正不作為犯においては、いかなる不作為が当該構成要件に該当するかは解釈に委ねられており、（一定の地位を有する保障人の）作為義務違反的な不作為のみが作為犯と同価値であり処罰の対象とされるからである[6]。いかなる不作為が作為義務違反的であるのかという問題、言い換えれば、―論者によって異なるが―作為と不作為の同価値性、あるいは作為義務の発生根拠の問題は、構成要件該当的な不作為を規定の解釈に委ねていることから分かるように、我が国の刑法典からは明らかではない[7]。しかしながら、作為義務は不真正不作為犯の最も重要な成立要件であり[8]、この発生根拠の問題を無視することはできない。それゆえに、作為義務の発生根拠に関して、現在に至るまで様々な学説が展開されてきたのである。

（一）我が国の学説状況と判例の概観[9]

まず、作為義務は法令、契約・事務管理、慣習・条理から生じるとするいわゆる形式的法義務説が主張されたが、現在の我が国の学説においては、同説は作為義務の発生根拠として不十分であると認識されており、以下のような批判がなされている。すなわち、法令に基づく義務の場合、義務を根拠づけるとされる法規は、問題となる構成要件的状況を考慮して存在しているものではなく[10]、刑法外の法令上の義務が刑法上の作為義務を直ちに根拠づけるわけではないし[11]、なぜそのような義務が刑罰を根拠づけるのかも明らかではない[12]。また、契約・事務管理に基づく義務も、例えば、契約によって嬰児を預かった者が食物を与えずに嬰児を餓死させた場合には、たとえその契約が無効であり、または、契約期間を過ぎていたとしても、不作為による殺人罪は認められうるのであり[13]、そうであるならば、純粋に契約それ自体が作為義務の根拠としては考慮されておらず、何らかのプラスアルファーの要素が付け加わっている[14]というような批判である。

以上のような理由から、形式的法義務説による作為義務の根拠づけは不十分なものであるとの認識が広がり、それにともなって、作為義務を実質的に根拠づけることが目指され、事実的な事情に着目したアプローチがなされるようになる[15]。我が国において実質的に作為義務を根拠づける説としては、先行行為説、事実上の引き受け説、そして支配説が挙げられるであろう。これらの説について、以下では簡単に概観する。

（a）先行行為説

本説は、「作為は原因力を有し、不作為は原因力を有しない[16]」ことから、「作為は因果の流れを惹起しそれを結果発生に向かって支配・操縦することができるが、不作為は単に因果の流れを利用できるにすぎない[17]」として、作為犯と不作為犯の構造上の差異を認める。そのため、「不真正不作為犯と作為犯とが同一の犯罪構成要件のもとに等置されるためには、両者の存在構造上の溝が埋められて、価値的に等しいもの」とされなければならず、「等置問題の核心は、不真正不作為犯と作為犯との存在構造上の溝を埋めて両者を等価値なものとする媒介が見出しうるか否かにある」として、作為と不作為の同価値性の問題を、その「存在構造上のギャップ」と捉える。[18]この「存在構造上のギャップ」を埋めるためには、不作為者が当該不作為を為す前に、法益侵害に向かう因果の流れを自ら設定しなければならないとして、不真正不作為犯において不作為者自身の先行行為を要求する。そして、そのようなギャップを埋めることのできる先行行為は、「不作為者の故意・過失による場合だけ[19]」であるとする。

（b）事実上の引き受け説（具体的依存性説）

本説は、刑法の任務は法益の保護にあるとの考え[20]から、「不作為犯の処罰根拠も究極的には刑法により法益保護に求められる[21]」として、結果無価値の観点から、不作為者と結果との関係、より具体的には、不作為者の法益に対する密着性を考慮して作為義務を導き出す。つまり、法益侵害的結果の不発生が不作為者に依存していることが重要であるとし[22]、この依存性は事実的諸関係により形成される「引受け的行為」を基礎に置くとする。[23]

本説によれば、この事実上の引き受け行為は、①結果の発生を阻害する条件行為の開始・存在[24]、②このような行為の反復・継続[25]、③他の者が干渉しえないような法益に対する排他性が確保されている場合[26]に認められ、これらの要素が存在する場合に作為義務が存在するとされる。①の要件は不作為者の結果に対する依存性の契機として不可欠な要素である。②の要件は、法益侵害の重大性により要求される度合は異なるとされ、例えば、瀕死の重傷者の病院への搬送を引き受けた自動車運転手について、この搬送行為はたった一回の行為ではあるが、運転の継続を伴う結果条件に対する反復継続性が肯定されうる。[27]

（c）支配説

我が国で主張される支配説では、代表的なものとして、排他的支配領域性説（西田説）および結果原因支配説（山口説）が挙げられるであろう。

西田説は、作為犯の特徴が、行為者が自己の行為に基づいて法益侵害へと向かう因果の流れを設定することにあり、不作為は既に発生している結果へと向かう因果の流れに介入せず、結果を防止しないという消極的態度であることを前提として、作為と不作為の存在論上の差異を認め、作為と不作為が同価値であるためには、不作為者が結果へと向かう因果の流れを掌中に収めていたこと、つまり、因果経過を具体的・現実的に支配していたことが必要であるとし、[28] 作為義務の発生根拠として、不作為者の結果に対する排他的な支配を要求する。排他的支配が認められる場合としては、事実上の排他的支配が存在する場合と、支配領域性が存在する場合がある。

西田説によれば、事実上の排他的支配が存在するのは、不作為者が、自らの意思に基づき排他的支配を有する、もしくは設定する場合である。[29] この場合には、法律や契約上の義務が存在したか否か、故意または過失の先行行為が存在したか否かという要素は問題とならない。

また、西田説の主張する支配領域性とは、事実的な支配が存在する場合と異なり、不作為者の意思に基づかないで結果に対する支配を肯定できる場合である。この類型では、支配の意思に代わるものとして、不作為者こそが作為すべきであったという規範的要素を考慮すべきであるとし、この規範的要素として、親子、建物の所有者、賃借人、管理人のような、その身分関係、社会的地位にもとづき社会生活上継続的に保護・管理義務を負うことが挙げられる。[30]

この他、本説は単に、不作為者が作為すべきであったという規範的要素のみによって、結果に対する支配的地位を認めることを否定する。[31] したがって例えば、子どもが海で溺れており、他に救助可能な者が多数居合わせる場合で、父親が子どもを救助しなかった場合には、西田説によれば父親の作為義務は否定される。

一方山口説によれば、因果関係において法益侵害の過程は「危険の創出→増大→結果への現実化」と把握され、これを不作為との関係で理解すれば、一つには、不適切な措置によって潜在的な危険源から危険が創出・増大し、それが結果へと現実化する場合と、もう一つには、侵害されやすい法益の脆弱性が顕在化し、侵害の危険が増大して、それが結果へと現実化する場合に分けられる。そして、作為義務の発生根拠として結果原因の支配を要求するのであるが、この結果原因の支配とは、こうした結果へ向かう危険の原因の支配を意味する。そのような結果原因の支配として、危険源の支配と法益の脆弱性の支配が挙げられる[32]。

まず、山口説によって挙げられる危険源の支配とは、危険な装置や事業を運用する場合である。そうした危険源を支配しながら、危険回避措置の不作為により結果惹起をもたらした場合には、結果原因の支配により不真正不作為犯が肯定される[33]。

次に、法益の脆弱性の支配とは、例えば親が子を養育している場合である。この場合、子は自らの法益を侵害する危険に対して十分な対応ができず、その意味で、脆弱性を抱えており、親は子の養育を引き受け、子の安全等は親に依存している関係にあることから、親について子の法益に関する作為義務が肯定される[34]。また、本説によれば、この支配の類型では、法益の保護の引き受けがあったかどうかが重要な判断基準となる。例えば自動車事故において、被害者を自車に引き入れた者には、保護の引き受けがあり、被害者の脆弱性に対する支配関係が認められるとして、作為義務が肯定される[35]。

(d) 判　例

判例は放火罪、殺人罪などの限られた領域において不真正不作為犯の成立を認めている。本稿では紙幅の関係もあり、代表的なものを三件挙げる。放火罪に関して、大判大七・一二・一八刑録二四輯一五五八頁は、「消止ムヘキ法律上ノ義務ヲ有シ且容易ニ之ヲ消止メ得ル地位ニ在ル」ことを理由とし、「物件ノ占有者又ハ所有者カ自己ノ故意行為ニ帰スヘカラサル原因ニ由リ其物件ニ発火シ為メニ公共ニ対シ危害ノ発生スル虞アル場合ニ之ヲ防止スルコトヲ得ヘキトキハ其発火ヲ消止メ以テ公共ノ危険ノ発生ヲ防止スル義務アルモノトス」として作為義務を認めている。また、最判昭三三・九・九刑集一二巻一三号二八八二頁は、「自己の過失により……焼燬されつつあるのを現場において目撃しながら、その既発の火力により右建物が焼燬されせられるべきことを認容する意思をもつてあえて被告人の義務である必要かつ容易な消火措置をとらない不作為により建物についての放火行為をなし」たという事情より作為義務を肯定している。[36]

殺人罪に関して、最判平一七・七・四刑集五九巻六号四〇三頁は、「自己の責めに帰すべき事由により患者の生命に具体的な危険を生じさせた」という事情と、「重篤な患者に対する手当を全面的にゆだねられた立場にあった」という事情から作為義務を肯定している。

判例は、作為義務の発生根拠に関して一元的な原理を定立しているわけではなく、不作為者の地位、先行行為もしくは事実上の引き受け行為の存在や支配関係の存在といった事実的な事情を総合的に考慮して作為義務を導き出しているようである。[37]

（二）問題点

これまで見てきたように、我が国においては、先行行為や引き受け行為、支配関係といった事実的な事情を用いる事実的考察方法によって作為義務を導き出す立場が有力であるといえるであろう。しかし、事実的考察方法には以下の様な問題がある。

例えば、先行行為説は、先行行為という原因設定行為が存在しなければ作為義務を根拠づけることができないという問題点がある。[38] また、先行行為を何らかの危険創出行為で十分であるとし、周囲に対する信頼を生じさせ、他者による救助の可能性を減少させたことを危険創出と捉えるとしても、[39] そのような構成は社会的期待を創出したことを危険創出と捉えるものであり、危険という概念を不明確なものにし、危険創出という基準を拘束力のない決まり文句へとぼやけさせることになるであろう[40]。

事実上の引き受け説に関しては、次のような疑問が存在する。すなわち、法益侵害が重大な場合には、たった一回の行為であっても反復継続性が認められるならば、その行為によって不作為者が周囲の人々に対して、自らが救助するという期待や信頼を生じさせたことが上位概念として存在しているのではないだろうか。

また、支配説に関しても、支配という概念が多義的に用いられており、その内容が不明確であることや、作為義務を根拠づけない支配も存在し、いかなる支配が作為義務を根拠づけるのかという問題は未解決のままである[41]という批判が可能である。特に排他的支配領域説は、物理的な支配で足りる場合もあれば、物理的支配に加えて規範的要素も必要とされる場合もあるなど、いかなる場合に作為義務を根拠づけるとする支配が肯定されるのか明らかではなく[42]、いずれにせよ、同説の主張する支配が存在する場合とは、作為すべき状況、つまり期待が向けられた状況であるように思われる。結果原因支配説も支配的地位にある者が作為義務を負うとするが、支配的地位にある者は法的に義務づけられているとみなされた者である必要はなく[43]、作為を期待された者や作為すべき者を言い換えたに過ぎない。すなわち、支配説は全体として、期待を向けられた状況を支配という言葉で覆い隠しているのであり、作為すべき者が作為義務をもつという一種のトートロジーでしかないであろう[44]。

事実的考察方法は、事実に着目することで作為義務の成立範囲を制限しようと試みるが、結局、上位概念として不作為者へと向けられた社会的な期待や信頼といったものを想定しているのであり、それが認められる事情をカズイスティックに挙げることに終始したように思われる[45]。しかし、そのような考察方法は、それが目指した目的とは反対に、根本的な規範的基準が存在しないために恣意的な判断へとつながり、作為義務の成立範囲を広げる虞がある。そのような事態を回避するためには、作為義務の規範的な基礎づけが必要であろう。

なぜ事実的考察方法は、不真正不作為犯における作為義務の発生根拠に関して、事実を挙げることにとどまってしまったのであろうか。この問題に関しては、事実的考察方法が作為と不作為の区別を前提していることに注意を払わなければならない。[46]つまり、この考察方法は、作為犯は禁止規範に違反するものであり、不作為犯は命令規範に違反するものであることを前提しているのである。[47]このために、特に不真正不作為犯においては、当該不作為が、本来は作為犯を対象としている禁止規範に包摂されると考えられ、作為犯と同置するために、もしくは作為犯との同価値性を担保するために、何らかの「特別な」要件が必要とされたのであり、この「特別な」要件を事実に求めたのである。

しかしながら、この作為と不作為の峻別という前提が正しいのかは疑わしいであろう。というのも、作為的行為には不作為的態度も付随していると考えられるし、規範的な観点からも、禁止と命令は相互的な関係に立つとも考えられるからである。このような観点から、本章では、単なる不作為は犯罪とならず、不作為犯において初めて「特別な法的根拠」を要求したFeuerbach[48]の不作為犯論と、作為と不作為および禁止と命令の関係について検討する。

三　不真正不作為犯の特別化？

（一）Feuerbachの不作為犯論

Feuerbachの不作為犯論によれば、有名な「特別な法的根拠なくしては、不作為によって犯罪者とならない[49]」という定式化が示すように、単なる不作為は犯罪とはならず、不作為を処罰するためには「特別な法的根拠」が必要である。というのも、Feuerbach によれば「市民の本来的な義務は不作為にのみ及ぶ」[50]のであり、市民が他者に迷惑をかけないように不作為的に振る舞うこと、つまり他者に対して何もしないことは「通常な」ことであって、不作為的態度はそれ自体では犯罪を構成しえないからである。そして、Feuerbach 自身は、不作為犯処罰のための「特別な法的根拠」として、法律と契約のみを挙げている[51]。

このFeuerbach の定式化が、後の不作為犯論に多大な影響を及ぼし、不作為犯処罰のためには、何らかの「特別な」根拠が必要との認識が広まったのである。彼以後の不作為犯論は、もっぱら、この不作為犯処罰のための「特別な」根拠として、何が必要であるのかを探求するのであり[52]、上述したように、形式的に作為義務の「特別な」根拠を探す方法は不十分であるとの認識から、現在では、実質的に作為義務の「特別な」根拠を探すことが試みられているのである。

しかし、この－これまで誰も疑問にも思わなかった－Feuerbach の定式化が、そもそも適切であるのかどうかは疑わしい。なぜなら、Pawlik が正当にも指摘するように、Feuerbach の犯罪概念と不作為犯処罰に関する記述は相容れない[53]と思われるからである。以下では、この点につき、彼の犯罪概念を踏まえた上で、彼の不作為犯論について詳しく見ていくことにする。

まず、彼の犯罪概念について見てみると、犯罪者とは「国家契約により保証された、つまり刑法によって保証された自由を侵害する者」であり、「法的な自由の境界を超え」「権利侵害を犯す」者である[54]。加えて、犯罪とは「広い意味において、刑法の下に含まれる侵害（Beleidigung）、もしくは刑法によって威嚇される他者の権利に反する行為（Handlung）である[55]」とする。つまり、Feuerbach にとって犯罪とは、もっぱら他者の権利の侵害を意味しており、刑法が処罰の対象とするのは原則的に消極的義務－他者の権利領域への不介入を要求する義務－違反であり、Feuerbach の犯罪概念においては、刑法は消極的義務を確定することへと制限される[56]。この意味において、

Feuerbach は後述する Kant と同様に[57]、刑法上市民に課される義務は消極的義務だけであると理解している。

続いて、Feuerbach の義務の理解に関して概観する。Feuerbach は Kant から消極的義務と不作為義務を同置することを引き継ぐ[58]。つまり、Feuerbach も Kant と同様に、市民に課された消極的義務は不作為的態度をとる義務（不作為義務）であり、逆に積極的義務は作為的行為をする義務（行為義務）であると理解し、義務の種類と遂行形式の対応関係を認めるのである。これを「市民の本来的な義務は不作為にのみ及ぶ」として表現したのであるが、しかし、この表現により Feuerbach は Kant とは異なり、消極的義務と不作為義務を完全に対応させたのである。後述するように、Kant は、消極的義務と不作為義務の完全な対応は行なっていない。したがって、Feuerbach においては、消極的義務は命令の形態においても表現されうるという理解の余地はなく[59]、命令の形態で表れるような「遂行する義務」は、およそ本来的な消極的義務類型の外側に位置するのである[60]。このために、Feuerbach の理解においては、消極的義務を不作為という振る舞いで侵害することはできなくなってしまったのである。これらのことからすれば、Feuerbach の理解では、刑法上規定されている構成要件は、原則的に、市民が行なってはならない作為を規定するものとなるであろう。

ここで翻って Feuerbach の犯罪概念について確認してみると、Feuerbach にとっては、上述したように、犯罪とは他者の権利侵害である。それゆえ、被害者は何らかの権利を有する必要があると述べており、不作為犯においては、「我々の活動を現実に表出する権利を有する」[61]のでなければならない。つまり Feuerbach は、その犯罪概念においては義務論的な立場を採っているのであり、上述したように、刑法上課される義務が消極的義務に制限されることから、犯罪をもっぱら消極的義務違反として理解しているのである。したがって、Feuerbach の理解では、作為のみが消極的義務侵害を可能にすることになる。

しかしながら、彼が不作為義務と不作為という遂行形式を完全に対応させたことで、このような義務論的立場を維持することは困難となるであろう。というのも、Feuerbachは不作為犯の可罰性の根拠として、契約や法律といった「特別な法的根拠」を要求するのであるが、この「特別な法的根拠」には消極的義務だけでなく、本来的には命令の形態で表れる積極的義務（例えば、法的な後見義務や両親の監護義務など）も含まれるからである。[62]つまり、「特別な法的根拠」を要求することによって、不作為犯の処罰根拠に積極的義務違反も含まれることになってしまい、したがって、犯罪はもっぱら消極的義務違反であるとする彼のコンセプトと、不作為犯処罰に関する記述は相容れないものとなってしまうのである。それにもかかわらず、Feuerbachは、なぜ積極的義務違反が可罰性を根拠づけるのかという正当性の問題については何も述べていないのである。その限りで、Pawlikが述べるように、Feuerbachはその犯罪構想において、形式的な不作為犯の統一にのみ成功し、内容的な統一には成功していない[63]といえるであろう。

要約すれば、Feuerbachは、犯罪を消極的義務違反として理解しているにもかかわらず、消極的義務と不作為義務、積極的義務と行為義務というように義務の種類と遂行形式を完全に対応させ、不作為犯処罰については「特別な法的根拠」を要求したがために、積極的義務違反も可罰性を根拠づけるものとして位置づけられることになり、当初の犯罪概念とは矛盾することになってしまったのである。加えて、義務論的犯罪概念によれば、後述するように、通常は不作為によっても消極的義務侵害が犯されうるにもかかわらず、義務の種類と遂行形式を完全に対応させ、刑法上の義務を消極的義務に制限し、これを侵害するのは作為のみであるとしたために、不作為はいわば「通常のこと」になり、不作為処罰を「特別なこと」にしてしまったのである。この特別化により、Feuerbach以降の不作為犯論は「特別な法的根拠」を探すことに主眼を置くようになるが、しかし、このようなアプローチにより、いかなる義務が法概念という観点から正当化されるのかという法の根拠の問題が、単なる法源の問題へと置き換えられ、個々の義務の様々な発生根拠が列挙されるにとどまってしまったのである。[64]つまり、Feuerbachの定式化に、現在の事実的考察方法の萌芽が見られるといえるであろう。

（二）作為と不作為、禁止と命令

Feuerbachを契機として、不真正不作為犯の領域においては、特別化された不作為をいかにして作為を予定する構成要件（禁止規範）へと包摂するのかという問題に関して様々な学説が登場した。一九世紀において自然科学が飛躍的に発達したことにより、不作為は「無」であると認識され、「無からは何も生じえない」ことより、不作為の因果性（より厳密には、不作為の因果関係）[65]が問題となったのであるが[66]、特にこのような自然主義的な認識は、不作為をさらに特別化するものであったといえよう。現在では、不作為とは「期待された行為をしないこと」であると理解され（期待説）[67]、不作為の因果性はあまり問題となっていない[68]。それでもやはり、不作為それ自体は「無」であり因果力は有しないとの潜在意識は存在しているように思われ[69]、不作為と作為は現象的に異なることについては広く一致が見られるのであり、それゆえに、作為と不作為の区別の必要性が存在し[70]、いかにして不真正不作為犯を禁止規範へと包摂するのかという（作為と不作為の同置あるいは同価値性の）問題が存在するのである。

現在の我が国の多数の学説が依拠する保障人説を提唱したNaglerも、作為と不作為の区別を前提し、不作為の禁止規範への包摂問題を認識していたのであり、保障人という「特別な法的地位に立つ[71]」者を媒介とし、保障人のなす不作為のみが「構成要件の意味における行為としての不作為[72]」であるとして、不真正不作為犯を禁止規範へと包摂しようとしたのである。

しかし、Nagler自身が「禁止に常に含まれる（ただし二次的でしかない）命令[73]」を認めるとき、作為と不作為の区別の必要性は疑問となるであろう。というのも、刑法上の禁止規範の中に命令規範が含まれるのであれば[74]、「ある行為が禁止されている時、それと共にこの行為を行なわないことが禁止され、逆にある行為が命令されている時には、この行為を行なわないことが禁止されている」のであるから、「全ての命令には常に禁止が含まれ、逆に全ての禁止には命令が含まれている」[75]とLudenが述べるように、「作為犯と不作為犯の間では、実際の実質的な区別は行なわれず、むしろ形式的な区別のみが行なわれる」[76]からである。つまり、規範的には、構成要件実現の規範的基準は行為態様に依存していないのであり[77]、両者を区別し不作為犯についてのみ「特別な」要件を要求する必要性はないのである。それにもかかわらず、作為と不作為の区別を絶対視するのであれば、Armin Kaufmannが正当にも指摘するように、不真正不作為も「本物の」不作為なのであり、作為犯を不作為によって犯すことはできず、不真正不作為犯はもっぱら命令規範にのみ違反するのであって、不真正不作為犯を禁止規範へと包摂することはできないと考えるべきであろう[78]。

要するに、現象的な観点から見れば、確かに作為と不作為は異なるものであると考えられる。その場合、不作為は「期待された行為をしないこと」であっても、やはり「無」なのであるから、「禁止の対象は行為（Handlung）でしかありえない」[79]のであり、作為が禁止規範に、不作為が命令規範に対応することになろう。このために、現象的区別を重視とする学説は、不真正不作為犯に関しては不作為を特別化し、禁止規範に包摂するための「特別な法的根拠」を事実的な考察により探し求めたのである。しかし、規範的な観点から見れば、上述したように、作為と不作為の区別は形式的なものでしかなく、不作為を特別扱いする必要はないのであり、作為と不作為を厳密に区別する必要性もないと考えられるのである[80]。したがって、特に不真正不作為犯に関して、そもそも「特別な」要件を要求する必要はなく、これを事実に求めることも必要ではない。逆に、不作為犯も作為犯も同一の規範的な基準に抵触するものであると考えられるため、不作為犯を規範的に基礎づけることが必要なのである。

四　作為義務の規範的な基礎づけについて

作為と不作為を区別する必要がなく、不作為犯に関して「特別な」要件を要求する必要がないならば、作為も不作為も、両者にとって統一的な規範的基準を充足することになるであろう。(81) つまり、不作為犯を規範的に基礎づけることが必要となる。ただし、この規範的基準となりうるものはいかなるものなのであろうか。この問題に対しては、不作為を特別化する以前の学説等が参考になると考えられる。そこでは、犯罪は義務論的に、特に消極的義務と積極的義務をキーワードとして構成されている。本章では、まず義務論的構成にとって重要な論者であるPufendorfを最初に、次にFeuerbachがその犯罪理念を参考としたKantを取り上げ、最後にHegelを参照することで、作為義務の規範的基礎づけについて検討する。

（1）Pufendorf

義務論的構成はPufendorfにより提唱された。Pufendorfは後述のKantとは異なり、義務に関して、消極的義務と積極的義務を認めている。まず、前者は「抽象的義務」あるいは「全ての者の全ての者に対する義務」であり、「誰も他者に損害を与えるべきではない(82)」ということを内容とする。この義務はあらゆる者に妥当する包括的なものであり最も重要な義務である。この義務の背景には、自由であることは、行為自由の相互的な制限を要求するという洞察が存在している。(83)

Pufendorfが、消極的義務は「もっぱら、単なる行為の不作為の中に存在する」ために、最も容易な形で充足されうると述べていることから、(84) 一見すると消極的義務は不作為義務と対応しているように見えるが、Pufendorfの義務論的構成はそれに尽きるのではない。というのも、彼によれば、損害という概念には「我々が……法的要請を有するものの不給付（Vorenthaltung）」も含まれるからである。したがって、「他者が完全な拘束性に基づいてもたらすことを義務づけられている給付の不作為あるいは拒絶」も損害の禁止に抵触し、消極的義務違反になりうるのである。(85) ここでは、後述の Kant とは異なり、義務の種類と遂行形式の対応関係は見られない。

また、積極的義務も、全ての者の全ての者に対する義務であり次のように示される。すなわち、この義務は「社会における共同生活へと配慮することによって、果たされなければならない」義務であり、「全ての者は、自らの損失なく行ないうる限りにおいて、他者の利益を促進しなければならない。(86)」つまり、自己の損害や自己犠牲がない限りにおいて、人々は他者に対し、あらゆることを相互的に付与しなければならないのである。後述するように、消極的義務だけでは社会は機能しえないため、このような積極的活動を要請する義務は必要であると思われるが、しかしながら、このような広い積極的義務の構想は、分業化などが進み複雑化・匿名化した現代社会には妥当しえないであろう。(87)

(二) Kant

上述したように、Kant も義務の種類と遂行形式の対応関係を認めており、消極的義務は不作為義務に（苦痛に耐えよ、そして捨てよ［sustine et abstine］）、積極的義務は行為義務に（許された力を用いよ［viribus concessis utere］）対応している。(88) この区別は、徳論において展開されたものであり、両者とも自己自身に対する義務である。(89)

ただし、法論の領域においては、消極的義務のみが現れる。(90) というのも、Kant にとっては、「法とは、そのもとで一方の選択意志が他方の選択意志と自由の普遍的法則に従って統合されることを可能にする条件の総体」であり、法においては、「他者の願望（したがって、また単なる欲求）に対する選択意志の関係ではなく、もっぱら他者の選択意志との関係」が問題となるにすぎないからである。[91] 法においては、外的行為によって他者に損害を与えない限りにおいて、全ての他者は自由であるから、「汝の選択意志の自由な行使が、誰の自由とも、普遍的な法則に従って両立できるように外的に行為しなさい」ということが要求されるにすぎないのである。[92] つまり、Kant の法論では、もっぱら外的行為によって他者を侵害しないことが要求されるにすぎないのであり、不作為義務、すなわち消極的義務のみが現れるのである。

その一方で、Pawlik が指摘するように、Kant 自身は、不作為形態によっても消極的義務に違反しうることを示している。例えば契約論において、締結された契約を順守するという義務づけ[93]と、契約違反の場合に損害賠償を果たすという義務は、他者の所有を尊重するという義務づけと同じレベルに存在し、両ケースでは消極的義務が問題となっているのである。[94] ここでは、損害賠償という積極的活動を伴う義務に違反する場合にも、それは消極的義務違反であると説明されることが着目される。

しかしながら、このように法論においては、もっぱら消極的義務のみが存在するとしたために、Kant のコンセプトでは、契約等を通じた自己による義務づけがなくとも肯定される積極的な行為を伴う義務（例えば、両親の子どもに対する扶養義務など）を基礎づけることができないのであるが、[95] この消極的義務という一つの制度だけでは社会は上手く機能しえないのである。[96] ただし、Feuerbach とは異なり、Kant は消極的義務違反が不作為形態でも犯されうることを示しており、不作為を「特別なもの」とはみなしていないのである。

（Ⅲ）Hegel

Hegel にとって、「法の基盤は一般的にいって精神的なものであり、法のより正確な場所と出発点は自由なものである意志である。[97]」したがって、法とは「自由な意志の定在[98]」としての特性を有し、法の妥当根拠は自由な意志である。この洞察は、Rousseauの「……自ら課した法律に従うことが自由である」[99]という自己立法の原則を基礎に置く[100]。このHegelの洞察によれば、法とは自由を保障するものであり[101]、この意味において、実践的で法的な自己存在を可能にする諸制度の存在も前提しているといえる[102]。

Hegelによれば、形式的なものとしての抽象的法[103]の段階においては、市民は法により「一個の人格であれ、そしてもろもろの他人を人格として尊重せよ」と命令される[104]。つまり、自由を保障するために、他の市民を自分自身であるようにそのままにしておくこと、他者の権利領域の不可侵性のレベルを悪化させないようにすること[105]、簡潔にいえば、他者を侵害しないことが要請されるのであり、法によって市民には消極的義務が課されている。したがって抽象的法では、もっぱら「人格性とそれから帰結するものを侵害しない」という否定的な「法的禁止」が存在するにすぎない[106]。ただしこの禁止は、Hegelが「法の命令の積極的な形態も、その形態の究極的な内容に即すれば、禁止を根底においている[107]」と述べるように、積極的な行為だけでなく不作為（給付をしないこと等）によっても侵害されうるのである[108]。すなわち、不作為も消極的義務違反を犯しうるのであり、HegelにおいてもPufendorfと同様に、義務の種類と遂行形式の対応関係は存在していない[109]。

しかし、この消極的な形での義務づけは、法の理念、つまり自由の部分的なモメントを構成するにすぎない。現実的な自由を実現するためには、上述したように諸制度が必要であり、積極的な活動を要請する義務も必要なのである。このような諸制度に属するものとして、Hegelは特に、家族と国家を挙げている。以下では、家族における両親の義務を説明し、これが消極的義務ではなく積極的義務であることを簡単に示す。

家族に関して、家族を形成すること（婚姻）は、「一人格を成そうとすることへの同意[110]」であり、したがって、家族内で個々人は、「対自的に一つの人格としてではなく、構成員として[111]」存在し、共通の家族の目的を有する。例えば、この家族の目的として、子どもの扶養や教育が挙げられ、Hegelによれば、両親はこれを義務づけられている。つまり、「子どもは即時的に自由な者[112]」であり「共同の家族資産で扶養され教育される権利を有している[113]」のであって、両親は子どもを扶養し、これを自立させ家族から出て行く能力を付けさせることを義務づけられているのである[114]。この義務は、他者への損害を禁止する消極的な義務ではなく、むしろ同意という自由な決意に基礎づけられた制度の積極的な目的を実現する義務であり、積極的義務なのである[115]。

このHegelの義務づけに依拠して、ドイツではJakobsやPawlikが（不真正）不作為犯を基礎づけている。まず、消極的義務とは尊重義務[116]であり、行為（組織化）自由に対する結果責任[117]を負う義務である。この義務づけにおいては、自らの行為の結果、他者に損害が生じた場合には、これを中和する（原状を回復させる）義務も生じるのである。この中和行為は通常、積極的な行為により実行されるものであるため、その不作為は命令に抵触するように思えるが、この中和行為の不作為は、HegelやPufendorfの見解と同様に、他者への損害の禁止に抵触するものである。つまり、消極的義務が問題となっているに過ぎず、義務の種類、禁止や命令と遂行形式の対応関係は見られない[118]。

また彼らは、行為自由と結果責任という消極的義務の制度だけでは市民の自由は現実的に保障されえないことを理由として、市民の自由を現実的に保障する制度が必要であると主張し、この制度に基づく義務、つまり積極的義務も市民には課せられるとする[119]。ただし、このような積極的行為の要請には侵害の禁止も含まれているのであり、ここでも義務の種類、禁止や命令と遂行形式の対応関係は見られない[120]。

五　まとめ

現象的に作為と不作為を捉えれば、不作為は「無」であり因果力を有していないと考えられるため、作為と不作為を区別する必要性が生じ、作為犯が禁止規範に、不作為犯が命令規範に違反することになるであろう。このために従来の学説は、不真正不作為犯に関して、不作為を禁止規範に包摂するための「特別な」要件を要求し、これを作為義務の問題として取り扱い、この特別な要件を事実的な観点に求め、不真正不作為犯処罰の問題を解決することを試みてきたのである。このような「特別な」要件の要請は、Feuerbach の定式化に起因するものであると考えられる。しかし、このような事実的アプローチは、規範的な基準が存在しないために、作為義務の成立範囲を恣意的に判断する虞を生じさせるものであり、処罰範囲を拡張させる虞のあるものとなるであろう。このような事態を回避するためには、作為義務を根本的に基礎づけることが求められる。

一方で、規範的な観点から考察した場合、作為と不作為、禁止と命令は相互的な関係にあるのであり、作為と不作為を区別する必要性はなく、作為犯は禁止規範違反であり、不作為犯は命令規範違反であるとの対応関係も見られないのである。加えて、Feuerbach の定式化のような消極的義務は不作為義務に、積極的義務は行為義務に対応するという義務の種類と遂行形式の対応関係も適切ではないであろう。むしろ、不作為犯も禁止規範に違反しうるのであり、消極的義務に違反しうるのであって、作為犯との相違点はほとんど存在しない。つまり規範的な観点においては、不真正不作為犯の処罰に関し「特別な法的根拠」を要請する必要性はなく、したがって、事実的な要素を通じて、作為と不作為の同置あるいは同価値性を要求する必要もないといえる。逆に、作為犯と不作為犯に共通する規範的な基準が求められることになる。

この場合、いかなるものが規範的基準となりうるのかという問題が残るが、これに関しては Pufendorf や Kant および Hegel の議論が参考となろう。というのも、彼らは作為と不作為の現象的な区別を重視せず、したがって不作為を「特別な」ものとして取り扱うことをせず、作為と不作為に共通する犯罪構成要素を検討していたからである。つまり、消極的義務と積極的義務という概念を用いて、犯罪をもっぱら義務論的に構成したのである。彼らによれば—現在の我が国の刑法学の学説が、不作為犯論の始祖と称えるFeuerbachとは異なり—、特に、消極的義務は作為によっても不作為によっても侵害されうる。したがって、作為と不作為の区別は重要ではなく、むしろ作為も不作為も共通の規範的基準、つまり義務に違反することになる。

このような作為と不作為の区別は、英米の議論を主とした我が国の法哲学の領域においても前提されているように思われる。しかしながら、本稿で見てきたように、ドイツの法哲学の議論を参照すれば、そのように現象類型的に作為と不作為を区別する必要性はなく、また禁止規範と命令規範に作為犯と不作為犯が対応すると考える必要もないのであり、むしろ犯罪を構成するのは、もっぱら—作為犯と不作為犯に共通した—義務違反であるとさえいえるのである。[121]

（1）　ドイツ刑法三二三条cにおいて、一般的救助義務は次のように規定されている。「事故又は公共の危険若しくは緊急の際に、救助が必要であり当該状況によれば行為者に救助を期待することができ、特に自身への著しい危険も他の重要な義務に違反することもなく救助が可能であったにもかかわらず、救助を行わなかった者は、一年以下の自由刑又は罰金に処する。」（本稿におけるドイツ刑法典の邦語訳は、法務省大臣官房司法法制部編『ドイツ刑法典』［法曹会、平一九年］による。）

（2）　小林公『法哲学』（木鐸社、二〇〇九）二六六頁以下。この他、法哲学における議論で英米の議論を中心として救助義務について論じるものとしては、樋口範雄「よきサマリア人と法—救助義務の日米比較」石井紫郎・樋口範雄編『外から見た日本法』（東京大学出版会、一九九五）二四三頁以下、同「よきサマリア人と法」法学セミナー四六九号一〇八頁以下、同「よきサマリア人法（日本版）の検討」ジュリスト一一五八号六九頁以下、菅富美枝「個人の自由と法的救助義務—相互救助を支援する社会の構築—」阪大法学四九巻二号二一三頁以下、竹村和也「救助義務と悪しきサマリア人の法」同志社法学五一巻三号四〇二頁以下、蘇田三千穂「英米不法行為法における救助義務の一側面」中央学院大学法学論叢五巻二号一頁以下、平田健治「英米法圏における救助義務の定位—事務管理法における緊急事務管理との比較を意識して—」阪大法学六三巻三・四号五五頁以下を参照のこと。これらの文献は救助義務を主に民法上の不法行為との関係で論じている。しかしそこでも、作為と不作為の区別が前提されており、不作為は特別なものとして取り扱われている現状に変わりはなく、それゆえに、救助義務の間接奨励制度や救助行為に伴う過失の免責制度（アメリカにおける「よきサマリア人法」）の導入などが提案されている。なお、刑法的観点から救助義務を論じたものとして、金澤文雄「不救助罪新設への提言」岡山商大法学論叢二号（一九九四）一頁以下。

（3）親が子どもを救助しなかったケースについては、殺人罪以外に保護責任者不保護致死罪（刑法二一八条、二一九条）も考えられるが、本稿は作為義務の基礎づけについて論じるものであり、この問題には立ち入らない。

（4）作為義務と保障人的地位の関係については争いがある。これに関しては、山中敬一『刑法総論』（第二版、成文堂、二〇〇八）二二八頁、二三七頁以下を参照のこと。この問題に関しては別稿に譲るとして、本稿では、さしあたり作為義務の問題として論ずる。

（5）「老年者、幼年者、身体障害者又は病者を保護する責任のある者がこれらの者を遺棄し、又はその生存に必要な保護をしなかったときは、三月以上五年以下の懲役に処する。」

（6）山中（前掲注4）二三〇頁、山口厚『刑法総論』（第二版、有斐閣、二〇〇七）七九頁以下（以下では、山口［前掲注6］と示す）、西田典之『刑法総論』（第二版、弘文堂、二〇一〇）一一七頁以下（以下では、西田［前掲注6］と示す）、大塚仁『刑法概説（総論）』（第四版、有斐閣、二〇〇八）一四九頁以下、浅田和茂『刑法総論』（補正版、成文堂、二〇〇七）一五四頁以下、高橋則夫『刑法総論』（第二版、成文堂、二〇一三）一五二頁以下、井田良『講義刑法学・総論』（有斐閣、二〇〇八）一四三頁以下。なお、松宮孝明『刑法総論講義』（第四版、成文堂、二〇〇九）八九頁は、作為犯規定に不作為を読み込むことができないとの考えから、不真正不作為犯を「偽装された作為」とみなす構成を採る。

（7）なおドイツ刑法でも同様の問題が存在する。ドイツ刑法一三条一項は「刑法典の構成要件に属する結果を回避するのを怠った者は、結果の不発生について法的に義務を負い、かつ、不作為が作為による法定構成要件の実現に相応する場合に限り、この法律によって罰せられる。」と規定するが、この条文は、結果回避の不作為と作為による結果惹起の同置を正当化するのみで、いかなる場合に「結果の不発生について法的に義務を負」うのかに関しては明らかにしていない。このドイツ刑法一三条の構成要件的射程の問題に関しては、Kühl, *Strafrecht Allgemeiner Teil*, 7. Aufl., § 18 Rn. 2, 41; Fischer, *Strafgesetzbuch*, 61. Aufl., § 13 Rn. 9, 10; Wohlers/Gaede, *Nomos Kommentar StGB*, 4. Aufl., § 13 Rn. 2（以下では、NK-Wohlers/Gaede と示す）；Schönke/Schröder/Stree/Bosch, *Strafgesetzbuch*, 29. Aufl., § 13 Rn. 1 などを参照のこと。

（8）岩間康夫『新基本法コンメンタール刑法』〔浅田和茂・井田良編〕（日本評論社、二〇一二）八〇頁。

（9）詳しくは、拙稿「親権者の『刑法的』作為義務」関西大学法学論集六四巻二号一三九頁以下を参照のこと。

（10）山中（前掲注4）二三二頁。

（11）木村亀二「不作為犯に於ける作為義務」『刑法解釈の諸問題　第一巻』（第五版、有斐閣、一九五四）二一四頁。佐伯仁志「保障人的地位の発生根拠について」香川達夫博士古稀祝賀『刑事法学の課題と展望』九六頁（以下では、佐伯［前掲注11］と示す）。

（12）　山口（前掲注6）八一頁。松宮（前掲注6）九〇頁。西田（前掲注6）一二二頁。
（13）　西田典之「不作為犯論」『刑法理論の現代的展開　総論Ⅰ』（日本評論社、一九八八）八五頁（以下では、西田［前掲注13］と示す）。Vgl. NK-Wohlers/Gaede, § 13 Rn. 37.
（14）　佐伯（前掲注11）九七頁。
（15）　これに対して、明確性の要請より、形式的法義務説を再評価し、法令上の義務を作為義務の発生根拠とする法源説を主張するものとして、高山佳奈子「不真正不作為犯」山口厚編著『クローズアップ刑法総論』（有斐閣、二〇〇三）六七頁以下。これに対して、Pawlik, *Das unerlaubte Verhalten beim Betrug*, 1999, S. 130（以下では、Pawlik［Fn. 15］と示す）は形式的法義務説を、可罰的とされるものを寄せ集めたにすぎないと批判し、Jakobs, *Strafrecht Allgemeiner Teil*, 2. Aufl., 29/58（以下では、Jakobs［Fn. 15］と示す）も、「原因と結果を混同して……法律から導いていたにすぎない」と批判する。
（16）　日高義博『不真正不作為犯の理論』（慶応通信、一九八三）一二八頁。
（17）　日高（前掲注16）一〇九頁。
（18）　日高（前掲注16）一〇九頁以下。
（19）　日高（前掲注16）一五四頁。
（20）　浅田（前掲注6）一五九頁。
（21）　堀内捷三『不作為犯論』（青林書院新社、一九七八）二五〇頁。
（22）　堀内（前掲注21）二五三頁。
（23）　堀内（前掲注21）二五四頁。
（24）　堀内（前掲注21）二五五頁。
（25）　堀内（前掲注21）二五九頁。
（26）　堀内（前掲注21）二六〇頁。本説によれば、この排他性要件は行為の反復継続性要件と重畳的な関係に立つとされる。
（27）　堀内（前掲注21）二六〇頁。
（28）　西田（前掲注13）八九頁以下。同（前掲注6）一二五頁。
（29）　西田（前掲注13）九〇頁。なお、島田聡一郎「不作為犯」法教二六三号一一三頁以下は、排他性要件は正犯性要件であるとする。
（30）　西田（前掲注13）九一頁。
（31）　西田（前掲注13）九二頁。

(32)　山口（前掲注6）八九頁以下。同「不真正不作為犯に関する覚書」小林充先生佐藤文哉先生古稀祝賀『刑事裁判論集 上巻』（判例タイムズ社、二〇〇六）三一頁以下、同「不作為による殺人罪」法教三〇二号一〇三頁以下。同様に、結果原因支配説を主張するものとして、Schünemann, *Grund und Grenzen der unechten Unterlassungsdelikte*, 1971, S. 229 ff. この Schünemann 説と類似の見解を採るものとして、Roxin, *Strafrecht Allgemeiner Teil*, Bd. 2, 2003, 32/8.

(33)　山口（前掲注6）九一頁。

(34)　山口（前掲注6）八九頁以下。

(35)　山口（前掲注6）九〇頁。

(36)　本判決については、さしあたり、岩間康夫「判批」『刑法判例百選Ⅰ』（第六版、有斐閣、二〇〇八）一二頁以下を参照のこと。

(37)　判例の概観や動向に関しては、山中（前掲注4）二四二頁以下、大谷實『刑法講義総論』（新版第四版、成文堂、二〇一二）一三九頁以下、山口（前掲注6）八二頁以下、西田（前掲注6）一二〇頁以下、松宮（前掲注6）九四頁以下、浅田（前掲注6）一六一頁以下、高橋（前掲注6）一五七頁以下、井田（前掲注6）一四七頁以下も参照のこと。

(38)　佐伯（前掲注11）一〇〇頁。山中（前掲注4）二三二頁。

(39)　佐伯仁志「不作為犯論」法教二八八号五八頁の注20。

(40)　Vgl. Seelmann, „Opferinteressen und Handlungsverantwortung in der Garantenpflichtdogmatik", GA 1989, 241 (244)（以下では、Seelmann, GA 1989 と示す）; Brammsen, *Die Entstehungsvoraussetzungen der Garantenpflichten*, 1986, S. 132 f.

(41)　Otto/Brammsen, „Die Grundlagen der strafrechtlichen Haftung des Garanten wegen Unterlassens (I)", Jura 1985, 530 (534).

(42)　西田（前掲注13）九一頁は、偶然的事情による義務づけは、法的安定性を害するとして先行行為を否定している。しかし、支配という概念を用いても、その内容と限界が不明確であることから、法的安定性を害することになるであろう。同様の批判を展開するものとして、岩間康夫「我が国における保障人的義務発生根拠の一元的説明に関する諸問題―特に『排他的支配』基準について―」大阪学院大学法学研究二九巻二号一一一頁も参照のこと。

(43)　Seelmann, GA 1989, 241 (244).

(44)　西田（前掲注6）一二三頁は、社会的な期待を作為義務の根拠とする説に対して、トートロジーに陥ると批判しているが、それは同説にも該当する批判であろう。

(45)　葛原力三「不真正不作為犯の構造の規範的説明の試み―ドイツにおける最近の理論動向 Freund 及び Vogel の見解を中心

に―」刑法雑誌三六巻一号一三九頁以下を参照のこと。

（46） 特に厳格な形で作為と不作為を存在論的に峻別する者として、Armin Kaufmann, *Die Dogmatik der Unterlassungsdelikte*, 1959, S. 274 f., S. 315. 彼によれば、不真正不作為犯も不作為には変わりなく、「本物の」不作為である（松宮孝明「『保障人』説について」刑法雑誌三六巻一号一六六頁も参照のこと）。この前提を徹底した場合、不真正不作為犯は罪刑法定主義に反すると考えられる。この問題に関しては、松宮（前掲注6）八五頁以下を参照のこと。なお、Armin Kaufmann や Welzel の目的的行為論における不作為概念を紹介する文献としては、金澤文雄「不作為の構造(Ⅰ)」政経論叢（広島大学）一五巻一号四三頁以下。また、Armin Kaufmann の不作為犯論について、作為義務以外の問題点に関しても詳細に検討するものとして、中森喜彦「不作為犯と逆転原理（一）（二）（三）」法学論叢一〇七巻五号一頁以下、一〇八巻四号一頁以下、一〇九巻四号一頁以下。

（47） Armin Kaufmann (Fn. 46), S. 275; Welzel, *Das deutsche Strafrecht*, 11. Aufl., S. 202 f.

（48） Vgl. Weigend, *Leipziger Kommentar StGB*, 12. Aufl., § 13 Rn. 20.（以下では、LK-Weigend と示す）

（49） Feuerbach, *Lehrbuch des gemeinen in Deutschland gültigen peinlichen Rechts*, 14. Aufl., § 24.

（50） Feuerbach (Fn. 49), § 24.

（51） Feuerbach (Fn. 49), § 24.

（52） Feuerbach 以後、Spangenberg が、現在の緊密な生活共同体に相当する「特別な法関係」を（Spangenberg, *Neues Archiv des Criminalrechts*, Bd. 4, 535 ff. なお、名和鉄郎「ドイツ不作為犯論史(Ⅰ)」法経研究［静岡大学］二〇巻二号一二頁、および、Rudolphi, *Die Gleichstellungsproblematik der unechten Unterlassungsdelikte und der Gedanke der Ingerenz*, 1966, S. 6 も参照）、Stübel が先行行為を不作為処罰に必要な特別の法的根拠に含めた（Stübel, *Über die Teilnahme mehrerer Personen an einem Verbrechen*, S. 59 ff.; Vgl. Rudolphi, S. 7.）。

（53） Pawlik, *Das Unrecht des Bürgers*, 2012, S. 168 ff.（以下では、Pawlik［Fn. 53］と示す）

（54） Feuerbach (Fn. 49), § 21. Feuerbach も法を自由の保障に資するものであると捉えていることには注目される。

（55） Feuerbach (Fn. 49), § 21.

（56） Pawlik (Fn. 53), S. 168.

（57） Kant については後述の四（二）を参照のこと。

（58） Pawlik (Fn. 53), S. 168 f.

（59） Pawlik, „Das dunkelste Kapitel in der Dogmatik des Allgemeinen Teils: Bemerkungen zur Lehre von den Garantenpflichten", in: Manfred Heinrich u. a. (Hrsg.), Strafrecht als Scientia Universalis (Festschrift für Claus Roxin), Berlin/New York

2011, S. 935（以下では、Pawlik［Fn. 59］と示す。なお翻訳として、ミヒャエル・パブリック［川口浩一監訳、山下裕樹訳］「『総則の解釈論における最も暗黒の章』―保障人義務についての覚え書き」関西大学法学論集六三巻二号二九八頁以下。）. Hegel は消極的義務にも命令の形態が含まれると解している。これに関しては、後述の四（三）を見よ。

（60）Pawlik (Fn. 53), S. 169.

（61）Feuerbach (Fn. 49), § 24.

（62）Pawlik (Fn. 53), S. 169.

（63）Pawlik (Fn. 53), S. 169.

（64）Pawlik (Fn. 53), S. 169.（強調は原著による）

（65）本稿では、不作為の因果性と不作為の因果力を区別して論じ、不作為の因果性とは、もっぱら不作為の因果関係の問題であり、不作為の因果力とは、不作為それ自体が有する原因力や外界を変更する力であると認識する。というのも、期待説を提唱した Liszt 自身は「不作為の惹起的な意味」、つまり不作為の因果力を否定するからである（v. Liszt/Schmidt, *Lehrbuch des deutschen Strafrechts*, 24. Aufl., S. 171.）。

（66）一九世紀のドイツにおける不作為犯論の歴史的展開については、名和鉄郎（前掲注52）一頁以下を参照のこと。

（67）Vgl. v. Liszt, *Lehrbuch des deutschen Strafrechts*, 22. Aufl., S. 125 ff. ただし Liszt は不真正不作為犯は禁止規範に違反するものであると認識している。

（68）例えば、最判平元・一二・一五刑集四三巻一三号八七九頁は、「直ちに被告人が救急医療を要請していれば……十中八九同女の救命が可能であった」のであり「同女の救命は合理的な疑いを超える程度に確実であったと認められるから……刑法上の因果関係があると認めるのが相当である」と判示している。本判決に関しては、平山幹子「判批」『刑法判例百選Ⅰ』（第六版、有斐閣、二〇〇八）一〇頁以下、齋野彦弥「判批」『刑法判例百選Ⅰ』（第五版、有斐閣、二〇〇三）一〇頁以下、日高義博「判批」『刑法判例百選　総論』（第四版、有斐閣、一九九七）一二頁以下などを参照のこと。

（69）例えば、塩見淳「不作為犯論」西田典之・山口厚編『刑法の争点』（第三版、有斐閣、二〇〇〇）一八頁は、「因果的に見ていわば『無』である不作為それ自体は危険を創出したり増加させたりできない」と述べている。

（70）特にドイツでは、ドイツ刑法一三条二項が不作為犯の任意的減刑を規定しており、作為と不作為の区別の問題は重要な論点となっている。作為と不作為の区別に関する学説状況に関しては、さしあたり LK-Weigend, § 13 Rn. 5 ff.; NK-Wohlers/Gaede, § 13 Rn. 4 ff.; Matt/Renzikowski/Haas, *Strafgesetzbuch*, § 13 Rn. 7 ff.; Satzger/Schluckebier/Widmaier/Kudlich, *Strafgesetzbuch*, § 13 Rn. 4 ff.; Kühl (Fn. 7), 18/13 ff. を参照のこと。また、Puppe, *Nomos Kommentar StGB*, 4. Aufl., vor § 13 Rn. 51 ff.

（以下では，NK-Puppe と示す）も参照のこと。

(71) Nagler, „Die Problematik der Begehung durch Unterlassung“ GS 111 (1938), S. 61.（以下では，Nagler, GS 111［1938］と示す）

(72) Nagler, GS 111 (1938), S. 53.

(73) Nagler, GS 111 (1938), S. 59.

(74) 我が国において，不真正不作為犯の処罰に関して，刑法上の禁止規範には命令規範も含まれると解するものとして，例えば，西田（前掲注6）一一六頁，大塚（前掲注6）一五〇頁。これとは若干表現が異なり，刑法上，作為犯を規定する構成要件には不作為も含まれると解するものとしては，浅田（前掲注6）一五〇頁以下，山中（前掲注4）二一八頁など。これに対して，松宮（前掲注6）八八頁以下は，現行法上，作為と不作為の双方を規定する条文が存在することから（刑法一三〇条や刑法二一八条など），作為犯規定に不作為も含むとすることに疑問を呈する。

(75) Luden, *Abhandlungen aus dem gemeinen teutschen Strafrecht*, Bd. II, 1840, S. 220 f.

(76) Luden (Fn. 75), S. 220.

(77) Freund, *Münchener Kommentar StGB*, § 13 Rn. 1（以下では，MK-Freund と示す）. Vgl. NK-Puppe, vor § 13 Rn. 61.

(78) Armin Kaufmann (Fn. 46), S. 261, 272 ff., 315. 金澤文雄「不真正不作為犯の問題性についての再論」政経論叢（広島大学）二一巻五・六号二九六頁も，「作為犯の構成要件は不作為によっては実現されないことを原則とする」が，「例外として，作為義務違反に対する当罰性が強く，作為犯との同価値性が国民の意識において明白であり，かつ，これを適切に処罰する不作為犯の規定が存在しない場合にかぎり，拡張ないし類推解釈として不真正不作為犯を認めることが許される」とする。

(79) Armin Kaufmann (Fn. 46), S. 274.

(80) Freund の他に，作為と不作為の区別に対して問題を提起するものとして，Pawlik (Fn. 53), S. 170 ff.; ders. (Fn. 59), S. 931 ff.; Jakobs, *System der strafrechtlichen Zurechnung*, 2012, S. 35 Fn. 64（以下では，Jakobs［Fn. 80］と示す）も見よ。

(81) MK-Freund, § 13 Rn. 1.

(82) Pufendorf, *Über die Pflicht des Menschen und des Bürgers nach dem Gesetz der Natur*, Frankfurt a. M. 1994, S. 72 (Kap. 6, § 2).

(83) Kubiciel, *Die Wissenschaft vom Besonderen Teil des Strafrechts*, 2013, S. 175.

(84) Pufendorf (Fn. 82), S. 72 (Kap. 6, § 2).

(85) Pufendorf (Fn. 82), S. 73 (Kap. 6, § 5). Vgl. Kubiciel (Fn. 83), S. 175.

(86) Pufendorf (Fn. 82), S. 82 (Kap. 8, § 1).
(87) Kubiciel (Fn. 83), S. 176.
(88) Kant, *Die Metaphysik der Sitten*, in Werke in zehn Bänden, hrsg. von Weischedel, Willhelm, Bd. 7, Darmstadt 1983, S. 551（カントの訳語については、樽井正義／池尾恭一訳『カント全集11 人倫の形而上学』［岩波書店、二〇〇二］を参照した。ただし、必ずしも訳語に従っているわけではない。）. Pawlik (Fn. 53), S. 162 は、既に Achenwall がこのような対応関係を認め、Kant がそれを引き継いだと指摘している。Vgl. Achenwall/Pütter, *Anfangsgründe des Naturrechts*, hrsg. von Schröder Jan, 1995, § 261.
(89) Kant (Fn. 88), S. 551 f.
(90) Pawlik (Fn. 53), S. 163; Kubiciel (Fn. 83), S. 176; Vgl. Achenwall/Pütter (Fn. 88), § 229.
(91) Kant (Fn. 88), S. 337.
(92) Kant (Fn. 88), S. 338. なお、法理的立法による義務と倫理的立法による義務の違いに関しては、Kant (Fn. 88), S. 323 ff. 及び、中島義道『カントの法論』（筑摩書房、二〇〇六）一三九頁以下も参照のこと。
(93) この義務が法論上の義務であることについては、Kant (Fn. 88), S. 325 及び、中島（前掲注92）一五〇頁を参照のこと。
(94) Pawlik (Fn. 53), S. 164.
(95) Pawlik (Fn. 53), S. 164 f. は、Kant が両親の扶養義務を、生殖や出産といった先行行為を根拠に基礎づけようとすること（Kant [Fn. 88], S. 394）を批判する。
(96) Jakobs (Fn. 80), S. 83.（強調は原著による）
(97) Hegel, *Grundlinien der Philosophie des Rechts,* in Werke in zwanzig Bänden, hrsg. von Moldenhauer, Eva/Michel, Karl Markus, Bd. 7, Frankfurt a. M. 1986, § 4（以下では、Hegel [Fn. 97] と示す）. なお、Hegel の訳語に関しては、上妻精／佐藤康邦／山田忠彰訳『ヘーゲル全集9a 法の哲学 上巻』（岩波書店、二〇〇〇）、同『ヘーゲル全集9b 法の哲学 下巻』（岩波書店、二〇〇一）、藤野渉／赤沢正敏訳『法の哲学II』（中央公論新社、二〇〇一）を参照した（ただし必ずしも訳語に従っている訳ではない）。
(98) Hegel (Fn. 97), § 29.
(99) Rousseau, *Vom Gesellschaftsvertrag*, I, 8, 1977, S. 23.
(100) Pawlik, „Hegels Kritik an der politischen Philosophie Jean-Jacques Rousseaus", Der Staat 1999, S. 21（翻訳として、ミヒャエル・パブリック［川口浩一監訳、山下裕樹訳］「ジャン・ジャック・ルソーの政治哲学に対するヘーゲルの批判」関西大学

法学論集六三巻六号二六一頁以下）．また、Hegel (Fn. 97), § 258 A を見よ。なお、ここで Hegel は Rousseau が「意志をただ個別的意志という特定の形式において捉えただけ」であり「普遍的意志を、意志の即時的かつ対自的に理性的なものとしてではなく、この意識されたものとしての個別的意志から生まれる共通的なものとしてのみ把握」したと批判している。しかし、Pawlik も指摘するように（„Hegels Kritik an der politischen Philosophie Jean-Jacques Rousseaus", Der Staat, 1999, S. 27 ff.)、Rousseau の一般意志は、個別的意志たる特殊意志の集合体ではなく、普遍的意志にほかならないのであり、Hegel の批判は当てはまらないであろう。Rousseau の社会契約論に関しては、仲正昌樹『今こそルソーを読み直す』（日本放送協会出版、二〇一〇）、重田園江『社会契約論―ホッブズ、ヒューム、ルソー、ロールズ』（筑摩書房、二〇一三）も参照のこと。

(101) Pawlik (Fn. 53), S. 174 および ders. (Fn. 59), S. 938 は次のように述べる。「法、特に刑法の任務は、市民に自らの洞察に従って生活をおくることを可能にすることである。」

(102) Pawlik (Fn. 53), S. 167; ders. (Fn. 15), S. 130 ff.

(103) Hegel (Fn. 97), § 37 Z.

(104) Hegel (Fn. 97), § 36. ディーター・ヘンリッヒ編（中村浩爾／牧野広義／形野清貴／田中幸世訳）『ヘーゲル法哲学講義録 一八一九／二〇』（法律文化社、二〇〇二）二三頁以下も参照のこと。

(105) Pawlik (Fn. 59), S. 938; Vgl. Hegel, *Vorlesungen über Rechtsphilosophie* 1818-1831, Bd. 3 (Nachschrift Hotho), 1974, S. 194 f.

(106) Hegel (Fn. 97), § 38（強調は原著による）; Vgl. Hegel, *Vorlesungen über die Philosophie des Rechts* (Berlin, 1819/1820), Nachschriften von J. R. Ringier, hrsg. von Emil Angehrn/Martin Bondeli/Hoo Nam Seelmann, Felix Meiner Verlag Hamburg 2000, S. 16（以下では、Hegel [Fn. 106] と示す）．また、G・W・F・ヘーゲル（尼寺義弘訳）『ヘーゲル教授殿の講義による法の哲学Ⅰ』（晃洋書房、二〇〇五）八二頁以下も参照のこと。

(107) Hegel (Fn. 97), § 38.

(108) Hegel (Fn. 106), S, 16 f.

(109) Pawlik (Fn. 53), S. 166.

(110) Hegel (Fn. 97), § 162.

(111) Hegel (Fn. 97), § 158.

(112) Hegel (Fn. 97), § 175.

(113) Hegel (Fn. 97), § 174.

(114) Hegel (Fn. 97), § 175. 子どもの権利と両親の義務に関しては、G・W・F・ヘーゲル（尼寺義弘訳）『ヘーゲル教授殿の講義による法の哲学II』（晃洋書房、二〇〇八）三二八－三三二頁も参照のこと。

(115) Vgl. Pawlik (Fn. 53), S. 167 f. また、親権者の義務に関しては、拙稿（前掲注9）一八三頁以下も参照のこと。なお、Hegel の法哲学綱要を概観するものとして、権左武志『ヘーゲルとその時代』（岩波書店、二〇一三）九〇頁以下も参照のこと。

(116) Pawlik (Fn. 53), S. 178 ff.

(117) 組織化管轄に基づく義務については、Jakobs (Fn. 15), 29/29 ff.; ders. (Fn. 80), S. 35 f. を参照のこと。なお、Jakobs の不作為犯論を紹介する文献としては、平山幹子「不真正不作為犯について（三・完）」立命館法学二六五号一〇三頁以下、同『不作為犯と正犯原理』（成文堂、二〇〇五）一三三頁以下、同「不作為による詐欺罪について」神山敏雄先生古稀祝賀論文集第一巻（成文堂、二〇〇六）三四三頁以下。また、一九九二年に関西大学にて行なわれた Jakobs の講演原稿の翻訳ではあるが、ギュンター・ヤコブス（山中敬一訳）「不作為犯における組織による管轄－作為と不作為の区別の表見性について－」関西大学法学論集四三巻三号二七一頁以下も参照のこと。本翻訳では、不作為犯に関する Jakobs の見解を概観することができる。

(118) これに関して、Jakobs, *Theorie der Beteiligung*, 2014, S. 5（以下では、Jakobs［Fn. 118］と示す）も見よ。

(119) Jakobs (Fn. 15), 29/57 ff.; ders. (Fn. 80), S. 84; Pawlik (Fn. 53), S. 186 ff.; Kubiciel (Fn. 83), S. 176 ff. このような諸制度に基づく義務については、Pawlik, „Die Polizeibeamte als Garant zur Verhinderung von Straftaten“, ZStW 111 (1999), 335 ff. も見よ。ここでは、Hobbs の社会契約論にまで遡ることで、市民と国家との間の関係性を説明し、国家の任務を市民の自由を保障することと規定し、警察官による犯罪阻止義務は国家という制度に基づくものであると説明される。なお、Jakobs や Pawlik の自由概念においては、市民の自由を保障するために市民の自由が一定の範囲内で制限されるのであり、現在の法哲学的議論の中心である英米法的な自由概念とは一線を画する。これに対して、我が国の刑法学においてではあるが、「積極的に法益に危険を与える行為をしなければ処罰されることはない」というような英米法的な自由主義を主張するものとしては、佐伯（前掲注11）一一一頁、山口（前掲注6）八〇頁。

(120) これに関して、Jakobs (Fn, 118), S. 6 f. も見よ。また、この点について参照すべき文献として、Sánchez-Vera, *Pflichtdelikt und Beteiligung*, 1999, S. 98 は次のように述べる。すなわち、「共通の世界の構築について積極的に義務づけられており、消極的な制度を侵害した者は、それによって同時に積極的な制度にも違反している。」例えば、「母親の、その子どもと共通の世界を構築することについての義務は、当然に、同時に子どもを侵害しないという義務を含む。」

(121) もっとも、各則の条文解釈という観点から見れば、作為と不作為を区別する必要性が全くないわけではないようにも思われる。なぜならば、作為と不作為を区別しない場合、犯罪構成要件の区別が問題となるからである。例えば、刑法二一七条および二一八条に関して、作為と不作為を区別せず、二一七条の「遺棄」にも不作為形態が存在すると解釈するならば、単純遺棄罪と保護責任者遺棄罪の区別が問題となる。さらに、作為と不作為を区別しないならば、同一の構成要件的結果を規定する真正不作為犯と不真正不作為犯の区別も問題となる。具体的には、保護責任者不保護致死罪（二一八条、二一九条）と殺人罪（一九九条）の区別が問題となるであろう。この問題は、刑法解釈の問題であり、ここでは論じることはできず別稿に譲る。なお、保護責任者遺棄致死罪と不作為による殺人罪の問題に関して、両罪における作為義務の内容は同じであるとするものとしては、大谷（前掲注37）一四一頁以下。これに対して、平野龍一『刑法総論Ⅰ』（有斐閣　一九七二）一五八頁は、両罪を作為義務の程度によって区別することを試みる。これに関して、岩間康夫「わが国における構成要件的同価値性論－不真正不作為犯の補足的成立要件に関する一考察」愛媛法学一八巻三号一〇六頁は、遺棄罪について、通説と同様に生命・身体に対する危険犯であると捉えるならば、殺人罪における保障人的義務と保護責任者遺棄罪における保障人的義務は同じ内容になることを指摘している。

前巻特集へのコメントとリプライ

1 「ケア倫理」とリベラリズムのパラドックス
――よりよい正義の実現のために――

伊佐智子

一　はじめに

ケア倫理の現代的意義とは何だろうか。『法の倫理32』では、「ケアと法」という特集を組み、四本の示唆に富む論考が投稿された。ケア倫理が、「ケア者と被ケア者」との直接的な関係の位相にとどまらない、より包括的な行為基準を内包する、という意識の現れであろう。この度、門外漢ながらこれらの論考にコメントを執筆する機会を与えていただいたので、ケア論の法理論的意義を探ってみたい。

ケア倫理を論じる際に使用される語彙には、非常に多義的な、幅広い内容を含む諸概念（ケア、正義、リベラリズム）が多く含まれる。これらの多元的な諸概念を、厳密に整理した上で論じなくてはならない。

そこで、ここでは、リベラリズムを、一八世紀末から現在に至るまで有力な、経済的自由及び政治的自由を中心とする政治思想と措定する。そして、厳密には、伝統の否定、そしてそれからの脱却をもたらしてきた近代資本主義を指すこととなろう。

他方、ケアについては、狭義の、可視的な直接的ケア関係（物理的ケア関係）と広義の一般的ケア関係（一般的・抽象的ケア関係）とを区別する必要があろう。

最後に、正義についても、ケア論の批判が向けられている狭義の「リベラリズム的正義」と、より普遍的な、広義の正義概念が存在するのではないか、ということを付記しておく。

ケア論を扱う際に、もう一点、確認しなければならない。ケア論が個別具体的人間や社会に光を当てたこと、これは、法理学的にどのような意義を持つのか。リベラリズムは、現代社会の学問的態度に支配的な思想である。ならば、ケア論の批判は、現代的学問研究そのもののあり方への批判をも内包するものであるといえるだろう。そのためには、理論的研究も、より現実に即したものへ近接することを求められる。

これは、法理学が、自由、正義、道徳、権利、普遍化可能性など[1]、抽象的概念を扱うあまり、現実社会から乖離してしまっていないか反省を迫るものでもある。実定法が法解釈に専心するなら、法哲学や法理論の役割は、その立法や解釈的運用が、あるべき国家、あるべき法や正義のあり方に即しているか、を分析・考察する点にこそあるだろう。したがって、法理論を扱う者は、議論の抽象性にとどまらず、眼前の現実と理論とを反芻しながら、正義の実現へと社会を導くよう貢献する責務がある。

二　ケア倫理の登場――リベラリズムへの失望――

まず、ケア論が展開されてきた背景を分析したい。複雑化し物質的に満たされた現代社会においては、そこでは充足させられ得ない、精神的充足への渇望があり、一人一人が真の意味で「人として尊厳を認められ、配慮を受けたい」、という欲求があって、そのような配慮を表現した関係が「ケア」であるのではないか。道徳や倫理が問題となる社会関係は、基本的には、法律だけで存立しているわけではなく、むしろ、法的ルールに直接的にはよらない規範的、道徳的人間関係の方が非常に広範であり、実はより重要であるということ、ケア倫理の議論を通してこれがあらためて認識された。

1　リベラリズム勃興の政治経済的背景

リベラリズムは、時代的には、一八世紀末から一九世紀に優勢となった理論であり、そこでは、政治や経済領域の主たる構成員は、個人の具体的生活、つまり社会の基本である「ひとりの人間としての生活」を度外視した、「理性的自律的人間（男性）」が念頭に置かれた。そこには無機質、無秩序に居並ぶ、まるで原子のような、無関係的個人の集まりが前提とされ、それが市民社会であった。このようなリベラリズム的人間像は、政治的にも経済的にも、当時の時代状況に特有の社会や国家の考え方にとって、都合の良いものだったのではないか。確かに、古来からの伝統・慣習に「縛られて」いた時代には、個人の自由な判断にもとづく自由な活動に対する「桎梏」からの解放、という積極的意味があった。これは、政治的には帝国主義的国家拡大、植民地主義のため、人種や文化的そして地域的背景の相違を超え、大多数人口を中央集権によって効率的に支配するためには好都合だ。

他方、経済が進化すると、リベラリズムは政治から切り離された。自由な経済活動を営む企業は資本増強と利潤追求がその最大目的であり、苛烈な生存競争に勝ち抜く上では、個人生活の考慮は、コスト増大を招く足枷となる。抽象的個人は、このような実社会的要素をいとも簡単に捨象した。労働者は生活から切り離され、事実上は、組織（企業や機関）を構成する原子となる。国家は、組織と労働者の仲裁機能を持ちながら、国内の経済政策を主に担当する。

基本的人権思想の普及により、法思想上は、政治的自由が、経済的自由より優先するとされたものの、現実には、大企業化が進み、国際社会の経済動向で国家政策が動かされる。国家は経済の後を追い、実質的には、経済的自由が優先されてきた格好だ。政治的自由権は、経済状況に大きく左右されている。(2) 日本に限らず、リベラリズムを信奉する社会でも、依然、封建制は色濃く残り、その権力関係が公然隠然に影響を及ぼすことには疑いがない。(3)

2　リベラリズムの矛盾

個人レベルでのリベラリズムの帰結はどうか。「契約」「権利」「自己決定」が典型的だが、それは、本源的には、社会の見えないレール上を歩かされており、実は、選択余地なき決定を自発的に選択していると錯覚させられているのではないか。(4)

リベラリズムは、まさにある判断や行為が「自由に選択可能だ」、という点に重きを置き、その結果には関心がない。その結果は、自由を享受した帰結として、個人の責任に帰されてしまう。その「自由な判断や行為」が、いかに実質的な不自由さに基づいていても、そうなのだ。人間社会には、選択の自由もさることながら、より重要なのは結果の方ではないだろうか。(5) 社会生活では、刹那的な「行動や決定」の自由以上に、継続的なものがより大きな意味を持つ。リベラリズムが自由を唱えながら、多くの不自由を招来していること、このパラドックスを反省し、冷静に分析・考察する時期にきている。

三　各論考へのコメント

寄稿された四つの秀逸な論考には、ケア倫理が提示してきた重要なリベラリズム批判の論点が抉出されている。いずれの論考も、ケア倫理は、支配的な近代市民主義やリベラリズムの措定する「自由で自律的な個人」という抽象的人間のイメージが、社会を構成する現実の人間関係を十分に反映しておらず、そのために、社会の様々な倫理問題を解決する上で、有効な解決策を提示し得ていない、と断罪する点において一致している。

1　品川論文「ノモスとピュシスの再考」では、リベラリズムとケア倫理との関係を、「ノモスとピュシス」という相関関係で考える。社会契約論では「ピュシスに属することが克服されるべきこと」と位置づけられてきたが、ケア論では、社会はピュシスに関係しつつ、ノモスの保護に置かれるべきだとする。人間社会を、無機質な原子のつながりではなく、それぞれ様々な社会的事情や人間関係を持つ、文脈的存在の集合とみるのだ。

リベラリズムは、経済的自由につきるのではないか、という品川論文の示唆は、先述のように、とりわけ重要である。本来、社会契約論や近代リベラリズムは、特に、社会を構成する人間自身の「身体、生命、財産」を守ることに最大の関心があったはずだ。守るべき財産がほとんどない労働者の、身体や生命、財産への権利が、果たしてリベラリズムによって十分に保障されているか。不景気や景気停滞が持続化すると、「自由」は明確に資本家の味方につく。富裕な資本家や大企業の財産を守るために、疲弊した中小企業や労働者の所有は、容赦なくはぎ取られ、生活を不安定にさせる。国民の大多数が労働者であり、企業の九九%以上が中小企業である日本社会の現状では、経済動向を理由にした弱者切り捨ては、もはや正義とは相容れまい。[(6)] 経済をも、実質的な正義という視点から考察する必要があるのではないだろうか。

さらに、ギリガンの批判は、「リベラリズム的正義論」という限定された「正義」に向けられたが、それとは異なる、より普遍的な意味での正義の可能性についてはどのように考えられるだろうか。ケアは、何か中立な関係というより、「か弱い存在を保護する」という使命が含まれるように感じるが、そこには、あるか弱き存在に、「してはならない行為」が内包されることが推察される。[(7)] こうして、ケアに一定の普遍化可能な規範的意味が備わる可能性がないか。それは、後の、高橋論文や葛生論文の議論にも通じる視点だ。

2　高橋論文「ケアの意味の核にあるもの―アリストテレス、メイヤロフ、ギリガン」は、ケアの核心部分を、ケア論の創始者であるメイヤロフの議論を検証することにより明確にしようとする。メイヤロフは、人だけでなく、芸術や哲学的対象にもケアはなされるものとした。こうして、ケアとは、アリストテレスの「友愛」（フィリア）に通じるものであり、ケア論は単なる存在的な次元を超えて、ハイデガーの存在論的次元を有する、普遍化可能性を持つ、とされる。

高橋論文によれば、「リベラリズム的正義」と対称的な「もう一つの声」は、女性だけに限定されず、義理・人情の文化、「世間の目を気にする恥の文化」を共有する東洋では、男性も同様にケア倫理的な判断を日常的に行っていることに着目する。リベラリズムは、抽象的個人を前提とするために、意図してか知らずか、伝統の捨象を要求する。伝統は、自由を阻む鎖のように、否定的な意味がリベラリズムでは付与される。さらに、日本の特殊的歴史状況は、第二次世界大戦後、伝統を根本的に否定させることとなった。とはいえ、伝統には、保持するべきものと、廃するべきものとの、取捨選択は可能であり、必要であったはずだ。ケア論は、このような個人生活、社会生活における伝統の意義を再確認させるものであった。何を保持し、何を捨象するかの判断基準に、普遍化可能な規範をあぶりだすプロセスが含まれるのではないだろうか。

また、「義理、人情」については、これが、「自己を含め、社会にとって正当であることを考慮した上で、そのように配慮する」という意味であればよい。他者に配慮しつつ行動する、これは、ケアの要素として重要である。しかし、しばしば、これは自分の意思を封印し、滅私的に、「不当に我慢させる」ものとして使われる場合がないか。配慮のみが無条件に優先し、結果的に、不当な結果を招くのでは、望ましい配慮ではない。また、日本では、この圧力を廃するためにこそ、リベラリズムが求められてきた経緯もある。その視点を明確にしておくことが重要だ。

ところで高橋論文では、ケア論がアリストテレスの友愛（フィリア）になぞらえられるなら、教育や看護の文脈でケア論を語るべきではないのではないか、と示唆する。管見では、教育も、看護も、直接的関係にとどまらず、相互作用である。さらに看護は、患者教育の側面も大きく、教育は、知識の伝達だけではない。その意味で徳の教育にも関わりうる。社会正義を実現するために、徳が必要であり、教育が徳の習得を助けるとすれば、ケアは、教育と密接に関わるものといえるのではないか。(8)

アリストテレスのエピエイケイア、メイヤロフ、ギリガンのケア論の共通性は、法の杓子定規を補い、現実的な正義を実現するうえで必要なものとされる点であり、これは、次の葛生論文にも引き継がれる論点だ。

3　葛生論文「ケア倫理と自然法」では、ケアという行為に人間の本源的・自然的傾向を見い出し、ケア倫理を自然法論として理解する。「情緒や愛着を付加された生身の人間」がケアしケアされる相互関係のネットワークを前提とする生活世界の論理がケア論であり、硬直した言辞を使用し、生き生きとした現実を捨象する法的枠組みを補完しながら正義を実現するという重要な役割を負うものとされる。こうして、自然法的ケア倫理の理解が、アリストテレスの「衡平」と結びつけられる。

アリストテレスは、衡平を通じて、生活世界の実践知を法に反映させ、実定法の画一性を補正することで、実体的秩序と生活世界との融合を図った。これは、法的正義をより普遍的な正義へと高めることとなる。しかしながら、実践知は、生活世界の経験を通して習得されるために、共同体の伝統に対しては無批判である点で十分なものではない。つまり、その「自然」が、社会的経験によって規定され、アリストテレスでは互酬的関係における正義というパロキアリズムに陥る。ケア倫理においても、同様の限界可能性が想定されるとする。

これに対し、葛生論文では、批判的ケア倫理の観点から、ケア論は、生身の人間に心を配るという、具体的、関係的概念により「善概念」を構築させ、これにより社会の互酬性の枠を超え出て、普遍化可能性を獲得しうると論ずる。

ケアは、「助けを求めるか弱き相手を思い、守ろうとする」価値を含み、それは同じ人間存在として、身近にはない対象にも、配慮をすることが可能だ。ただ、ケア論は個別性へ関心を注ぐあまり、そのケア対象のはめ込まれた構造的問題を看過しやすいというパラドックスに注意を要すると。確かに、ケア論だけによって、完全な正義のための処方箋を導出することは困難であるだろう。しかしながら、いなかる倫理的判断も、現実に想定可能なもの（この場合、飢餓に苦しむ子どもという対象）を通さなければ、そもそも、イメージすることは不可能だ。個別具体的な類似事例をもとに類推することは可能ではないか。

ある正義の問題を解決する上で、一理論だけで足りるほど、現実社会は単純ではないと思われる。ケア理論もそのような限界から無縁ではないだろう。それを解決する鍵は、「何をすべきか」、ではなく、「何をすべきではないか」、という視点が重要な鍵を握っているように思う。

4

最後の野崎論文「ケアの倫理と関係性――ケア関係を構築するもの」は、ケア倫理のリベラリズム批判を受け入れながらも、ケア論の鍵概念である「関係性」の規範的意味を検討する必要性を説く。野崎論文によれば、ケア関係は、当事者相互の自由意思に基づかず、普遍化要求に応じない。そのため、個別具体的ケア関係に個人を埋没させず、いかに規範的に規定するかが重要であり、そこから価値を置くべきケア関係と、そうでないものとの差別化の基準を引き出そうとする。

確かに、ケア倫理では、ケア関係は維持することが暗黙の前提であり、維持するべきではない関係を継続するというのは、矛盾でしかないように思われる。筆者の知見の狭さに由来する誤解かもしれないが、その際、ケア関係が周囲から隔絶され、閉じられた「依存」関係という、非常に限定された形で、しかも、依存する側の視点のみから想定されていないだろうか。その場合、依存関係には選択の余地が無く、また、そこから、当該関係を規範的に導く何らかの基準を引き出すことは困難であるという野崎論文の主張は妥当するように思われる。ただし、ケア関係は、実は、純粋な依存関係に限定されない場合もある。ケア関係の方向性は、「親」が「ケアする側」で「子ども」が「ケアされる側」だ、というように、必ずしも一方向のベクトルで固定されているわけではない。

子どももまた、親が親であることを子ども目線のケアにより支えており、この双方向的関係も度外視できない。ケアは、「世話をする」というより、「配慮する」という抽象的な関係と理解されうるからである。

ケア関係を広く把捉すると、虐待事例であっても、その親子だけがケア関係の主体ではない可能性が見えてくる。その親子の周りには様々なネットワークが存在し、その人間らがやはりケア（配慮）する者として関わるからだ。ケアが直接的関係だけでなく、間接的関係も含むというのは、そのような意味だ。ケアする他の主体が、当該ケア関係を（一時的にであれ）「維持するべきでない」と判断する。それは、ケア関係内在的な判断ではないだろうか。

また、野﨑論文は、「個人が他でもない個人として尊重され」、地の事実から規範的事実へと変換されることが必要だと主張している。その際、個人にとって、個人を取り巻く社会関係を、「不当に拘束するもの」と限定して見ている側面がないだろうか。個人を取り巻く関係には、そのようなネガティブな拘束だけではなく、むしろ、個人の可能性を積極的に拡張・延長させるようなものもあるだろう。端的には、教育や看護という関係はそういうものであるように思われる。

確信は未だないが、「関係が当事者に閉じられていないこと」、そして、「か弱き者を守らなければならないこと」、これが関係性から規範や普遍化可能な基準を導く際に重要な鍵ではないだろうか。ただ、これは非常に抽象度が高い議論のようなので、より具体的な事例を考えながら検討してみたい課題である。とはいえ、既述の通り、品川論文では、ケア関係の普遍化可能性が示唆され、高橋・葛生論文では、「ケア関係」は直接的関係を超え、普遍的意味を付与されうることが論証されて、普遍化可能な規範性が導出されていると見て良いだろう。

さらに、ケア関係の考え方についても一言述べたい。例えば、児童虐待がなされる親子関係で、親から子どもを隔離し保護する場合、物理的関係が分断されても、依然として、ケア関係は継続していると考えうる。つまり、「距離を置く」という形で継続していると想定されるのである。関係とは、直接的で積極的な関係でも、間接的で消極的な関係でも存在しうる。虐待する親が、一時的に、子どもから引き離されても、そのケア関係は、依然として続いていると見なしうる。このように、広がりを持ったケア関係から、野﨑論文の想定する規範化可能性が導出されうるかどうかについて、改めてご高察いただき、ご意見を拝聴できれば幸いである。以上、遅筆かつ稚拙ではあるが、特集論文へのコメントとさせていただきたい。

四　結びにかえて

最後に、ケア倫理が指摘する、リベラリズムと正義との深刻な乖離問題をわが国の状況に照らして具体的に既述し、付言する。

リベラリズムが何をもたらすものかは、むしろパラドックスによって理解する方がわかりやすいようだ。自由は、結果的には、不自由、強制、負担をもたらしてきた側面もあるのではないだろうか。リベラリズムは、個人の選択肢を広げたが(9)、思想・反省するための時間を奪ってしまった。自由な判断・行為の結果だが、その結果に忙殺され、時間的には奴隷状態と変わりないというパラドックスがないだろうか。労働は、個人の家族も、趣味も、余暇も、そして、政治性をもはぎ取っていく。大家族から核家族、そして独居者が増加し、人間の実生活そのものが、煩わしい具体的関係として捨象され、残るは、せわしい労働の繰り返す日常だけになってはいないだろうか。自由はむしろ、悪しき伝統に取って代わる、透明な、可視化されない足枷となり、組織に盲従する自発的奴隷をつくり出してはいないか。自己がいかなる状態にあるのかを冷静に客観的に反省する時間は奪われてはならない。

このような時間的収奪は、社会生活の様々な意味さえ十分に検討できない状態をつくり出す。人間の原子化と組織の巨大化とが協調し、個人は一つの「機能」となる。各個人は、善意から勤労に励むが、巨大化した組織の最上位の活動目的を知り得ず、一機能になった個人は、自己の貢献が、大局的に見ていかなる意味を持つかさえもはや把捉不可能である。原爆製造に関わった労働者は、その目的を知らされず、自己の労働が、あのような惨事を生み出す原爆製造であるとは知らなかった。もし一人一人の労働者がそれを認知していたら、原爆は製造されず、そのような残酷な計画さえ、実現の日を見なかったかも知れない。組織を構成する一人一人が、何が悪で、何が善であるかを考えずして、社会正義は実現されえないのではなかろうか。われわれは、自己の行為の一つ一つが他人に甚大な危害を及ぼさないかどうか、を考えながら行動しなければならないのではないか。分からなかったから仕方がない、では済まされないことがあるはずだと推測する。[10]

さまざまな巨大組織の活動にチェック機能が求められるのは、少なくともわが国の「専門家」に対する信頼関係が失墜しているからである。二〇一一年三月の福島原発事故以来、諸学会の著名な「専門家」が、無責任な発言を繰り返した。被曝の脅威を回避するために、幼い子どもを抱える母親や家族が西日本へ次々と避難している。[11]「大丈夫」を決め込むメディア報道に不信を抱いた一部の国民が、インターネットを通じて、実証的情報を入手し、信憑性の高い公益情報を拡散したが、それに対して、一部の悪意ある者や「有識者」達から、「心理学的悪影響」を加味した上で、組織的な個人攻撃やバッシングが今も展開されている。

二〇一四年二月までに、福島で七五人の子ども達が甲状腺がん（疑いも含める）と診断されている。[12] 同八月の発表では一〇四人となっている。国側は、被曝影響を認めないが、避難住民の帰還の目安となる年間二〇ミリシーベルトは、ドイツの原発作業員の年間被曝限度量と同等であり、放射能影響にきわめて脆弱な年少者がそこで生活をしても安全だとすることに説得力はない。[13] これは明らかに公害問題であり、子どもの身体や健康への侵害、つまり、日本国憲法第一三条の幸福追求権そして、健康で文化的な最低限度の生活を保障した第二五条の生存権への侵害である。国の原子力推進政策と、国民の生命や健康の保全とのいずれが、正義原則に合致するか、考えなければならない。そして、専門領域をその「専門家」の判断に一任することは回避しなければならない。本来、様々な公共的メディアがその検証役割を果たすべきだが、権力に阿り、実質にチェック機能をはたしていない。いかなる独断も、不正から自由ではない。それは、法理論では、十分に議論され尽くしてきたことである。科学の専門家として、例外ではない。学術的専門家さえ、学問に対する真摯な態度から背理し、地位と金欲、強欲のために、国民に真実を伝えないことが起こっている。つまり、専門家の見識も、公平に、そして、自己自身の問題を真剣に考える国民の審判を仰がなければ、その正当性さえ担保されないということだ。「科学の科学的信憑性」に対する不信をどのように払拭するか、深刻な課題だ。被爆の恐怖を語らせない、これこそ全体主義の圧力である。

現実に進む国民の不当な生命・健康の危殆化を回避するために、われわれは、今こそ、ケア倫理の教訓に従い、一人一人の人間や社会の文脈を考慮しつつ、何があるべき正義かを考えなければならない。

最後に、立憲主義とは何か、今、まさに、日本の国家とは、法とは何なのか、を真の意味で具体的に考察することが肝要であり、そこに法哲学、法理学の重要な使命があるのではないだろうか。[14]これまでの正義をめぐる議論は「議論のための議論」にされるべきではない。学問は生命、健康を保持するという人間の幸福に資するものでなければならないと信ずるものである。

（1）　普遍化可能性という視点は、「人間社会の正義」を扱う上で、確かに重要ではある。しかしながら、筆者は、リベラリズムが、表面的には自由を標榜しながら、現実には、それを果たしてきただろうか、と問うと、それは、別の形での、不自由を強いるものになってしまっていないだろうか、と疑念が湧いてくる。

（2）　例えば日本国憲法上、政治的自由として、選挙の他、裁判の公開、議会参加、住民自治など、様々な権利が存在するが、長時間労働が常態化し、国民の権利を実現する時間がなく、メディアを通す情報に頼るばかりだ。政治は、専門家が議論すればよい、という問題ではない。自由時間の欠如は、余暇時間の減少、そして政治的無関心を助長し、「最低限」の政治的権利の選挙権さえ行使されない場合もある。極端な脱政治化の問題である。

（3）　国際的に、政党名に「自由」を冠する政党が、保守的役割を持つ場合が少なくない。例えば、日本の自由民主党、オーストラリア自由党（現政権与党）である。二〇一三年九月の総選挙で、オーストラリアでは労働党から自由党へと政権交代が行われ、現在、自動車産業など、大工場が閉鎖、五〇歳以上の労働力は大量解雇に見舞われている。皮肉にも、アメリカ二大政党は、「自由」を叫び、二〇〇〇年代でも様々な戦争を展開してきた。

（4）　例えば、日本男性の「転勤辞令」、女性では、結婚、出産、仕事の継続、中絶への自己決定などだ。先進国の多くでは、転勤は命じられるのではなく、希望するものだ。日本では、企業の一存に関わり、固辞すると昇格・昇進の道が閉ざされる。組織が個人生活に優越することは当然とされ、異論をはさめば、社会生活が危うくなる。これは日本、韓国には特有なもののようだ。台湾では、個人の意思で決定する。組織優先がアジアに固有なわけではない。
（5）すでに議論されてきた機会の平等と結果の平等の議論に関連する。
（6）九〇年代後半より年間約三万人の自殺者が続くが、効果的な対策も講じられない。餓死者は、人口動態統計、死因のなかの「栄養失調」と「栄養欠乏」と「食糧の不足」を合わせ、年間約二〇〇〇人ともいわれている。日本国憲法の生存権が保障されていない実態ではないだろうか。
（7）これは、自由論における他者危害原則と同様な意味を持つと考えられる。
（8）病気や怪我を患う者は、自ら、治癒するという意思なしに身体を癒やすことはできない。全人的医療が提唱されるのも、その故である。病む者も、自己自身の力で、自己の身体を律し、健康回復するのであり、看護者はそこに一時的にのみ関わるにすぎない。
（9）とりわけ、消費行動は、メディアから大量に流される広告に規定され、世界的に画一化されている。国際的な大都市では、ほぼ同じもの（マクドナルド、スターバックス、iPad、DS、ポップミュージック、ファッション）が溢れ、もはや異国情緒とは無縁の状況である。メディアが経済に支配されている典型例であろう。
（10）善悪両方の結果をもたらしうる、様々な道具の製造についてはどうだろう。例えば、ナイフ製造は、そのナイフが料理に利用されるか、あるいは、殺人に使用されるか、わかり得ない。とはいえ、その悪の甚大さについては、やはり、一つ一つの行為と目的の関係から判断するしかないのではないだろうか。
（11）長崎・広島の被曝影響の実態も隠蔽されてきたが、チェルノブイリで医療支援に関わった一部の心ある人々（長野・松本市長菅谷昭氏ら）が早期からネット上で声を上げた。潤沢な資金や名誉ある地位を与えられた「専門家」らが、確信犯的に公益に反する利益相反行為を行ってきている。

地球温暖化防止、環境にクリーンなエネルギーの大合唱で推進された原子力エネルギーだが、稼働停止した原発周辺の海洋温度が下がり、亜熱帯化していた生物の層が、原発設置以前の状態に回帰した。また、原発周辺の海では奇形魚が多数目撃されている。そして、放射能汚染により、半永久的に先祖代々住み慣れた土地を奪われた人がいる。プルトニウム239の半減期は二万四千年、また、フィンランドのオルキルオト島に存在する高レベル放射性廃棄物最終処分場「オンカロ」では生物にとって安全なレベルに放射能が下がるのに十万年かかるといわれる。これらの科学的正当性を誰が証明できるのかさえ保証されていない。ここから、原子力エネルギーこそは地球温暖化と環境汚染の一因であるといえないだろうか。これらを隠蔽してきた「御用学者」の責任は重い。福島県双葉町元町長、井戸川克隆氏は「避難を強要されるのはおかしい。後から来た原発を追い出すのが筋だ」と全国の原発の廃炉を求めている。朝日新聞Digital、二〇一四年三月二一日 http://www.asahi.com/articles/ASG3N4K38G3NPFIB00Q.html（最終閲覧日二〇一四年四月一八日）「文部科学省による東京都及び神奈川県の航空機モニタリングの測定結果」http://radioactivity.nsr.go.jp/ja/contents/5000/4897/24/1910_100601.pdf; 「福島第一原子力発電所事故に伴うCs137の大気降下状況の試算、世界版SPEEDI（WSPEEDI）を用いたシュミレーション」http://www.aec.go.jp/jicst/NC/iinkai/teirei/siryo2011/siryo34/siryo2.pdf（最終閲覧日二〇一四年四月一八日）。資源エネルギー庁は、「不確かな情報を正す」という口実で、ネット監視事業を委託展開している。

瓦礫拡散に反対し、大阪駅でアピールをしていた阪南大学経済学部下地真樹准教授は、その行為を理由にいわれもなき「不退去罪」と「威力業務妨害罪」で逮捕され、二〇日間拘束された。ネット署名が集められて、釈放されている。「学生の皆さんへ：阪南大学経済学部准教授　下地真樹　二〇一三年一月二六日」http://blog.livedoor.jp/woodgate1313-sakaiappeal/archives/22703232.html（最終閲覧日二〇一四年四月一八日）。

(12) 朝日新聞Digital、二〇一四年二月七日 http://digital.asahi.com/articles/ASG276D2FG27ULBJ00P.html?iref=comkiji_txt_end_s_kjid_ASG276D2FG27ULBJ00P（最終閲覧日二〇一四年四月一九日）。菅谷昭『原発事故と甲状腺がん』（幻冬舎、二〇一三年）参照。

(13) 一般に生活する国民の被曝限度量は、年間一ミリシーベルト以下である。広島・長崎の「原爆被爆者援護法」の被曝者健康手帳交付の認定基準は、「一ミリシーベルト」以上（被爆地点が爆心地より約三・五㎞以内）を考慮した上で規定されている。チェルノブイリ事故で強制避難や避難権利が保障された基準も、年間一ミリシーベルト以上である。ただし、ここでは食事や空気を取り込むことで起こる内部被曝は、全く度外視されている。日本の放射線業務従事者の年間被爆限度量は五〇ミリシーベルトで、ドイツの二・五倍も高く設定されている。さらに、まだ読んでいないが、以下を聞き知った。沢田昭二他著『福島への帰還を進める日本政府の4つの誤り（隠される放射線障害と健康に生きる権利）』旬報社（二〇一四年九月一七日出版）。

(14) 開かれた司法制度を目指すはずの裁判所が市民の司法参加を阻んだ出来事がある。警察のデモ妨害行為を提訴した裁判では、市民が法廷での準備書面の朗読を希望したが、裁判官が頑なに認めず、押し問答の末、裁判官は一方的に閉廷を宣言した。福岡サウンドデモ裁判 http://demosaiban.blog.fc2.com/blog-entry-6.html（最終閲覧日二〇一四年四月一八日）。さらに、これは一地方裁判所だけの問題ではない。瀬木比呂志『絶望の裁判所』（講談社、二〇一四年）参照。本著は、裁判官の独立が実質にはわが国の裁判制度に存在しないことに言及する。日本国憲法への重大な抵触である。

2

〝ケア〟は猫を殺せても、哲学者の息の根を止められはしない

――社会倫理学からのコメント――

川本隆史

一　はじめに――正義と法に対するチャレンジ？――

現代正義論の学びのレポートを雑誌『理想』に発表した〔川本一九八四〕のがきっかけとなって、井上達夫（以下、文中の敬称を略する）らとの交流が始まり、法哲学徒たちの熱い論議を刮目して見守るようになった。『法の理

論』の創刊（一九八一年）はその少し前にさかのぼるけれども、掲載論文に対する「反論」と「再説明」の応酬（最近は「コメントとリプライ」）を次号に載せて論争成果の蓄積・共有を図るという意欲的な編集方針にも感心させられ、毎号楽しみに読み続けたこと（コピーをファイリングした号もあれば、購入した号もある）を思い出す。その私に、本誌第32号の特集《ケアと法》に対してコメントせよとの依頼が舞い込んだ。永年の愛読者からの返礼のつもりで、有り難くお引き受けした次第である。

光栄にもコメンテータに指名されたのは、旧作『現代倫理学の冒険』（川本一九九五）の第一部第五章（「ケアと正義」）でフェミニズムの規範理論を概観し、第二部第六章に「介護・世話・配慮――《ケア》を問題化するために」を配していたことが、おそらく編者（たち）の記憶の片隅に残っていたからとも考えられる。それとも、もしかしたら日本法哲学会二〇〇三年度大会（統一テーマ「ジェンダー、セクシュアリティと法」）において「ケアの倫理と制度」と題して報告した、その後始末（アフター・ケア？）をせよとのお達しなのかもしれない。私の発題は翌年の『法哲学年報』に追記を付して掲載されたが（川本二〇〇四）、主流派の正義論・権利論の歪み・偏りに向けられた、フェミニズムの「挑発」を代行しようとした当初の意図ははかなくも潰え去った憾みが残っている。一〇年経って、その再挑戦のリング（？）が与えられたものと受けとめたい。

いずれにせよ、せっかく頂戴した機会なので、私の持ち場である社会倫理学の観点から、特集（およびそれを構成する四つの各論）について忌憚のない意見・感想を綴っていくこととする。儀礼的な賛辞は抜きにして、まずは全般的な不満の吐露から書き起こすとしよう――《ケアと法》という特集テーマのもとに集められた作品が「いずれもケアの倫理が正義の倫理と現代法に対して一つの大きなチャレンジとなる可能性を示唆する」（ii――以下32号からの引用はカッコ内に数字のみを記す）との編者の触れ込みにもかかわらず、医療や介護、教育や福祉といった《ケア》に関わる法制度の「改革」が断行されようとしている現状に対して、各論者がどのようなチャレンジ（異議申し立て）を企てているのか、一読した限りでは明確な像が結ばない。

それとは対照的に、折よく本特集に続けて繙読しえたフランスの哲学者の佳作では、「ケアの倫理」を「人間の絆は商品の交換には還元できないと主張する思想の流れ」〔Brugère 2011: 9（訳二一頁）〕の中へと鮮やかに位置づけていた。著者ファビエンヌ・ブルジェールによれば、「ケアの倫理」は「私たちの社会における商品化と官僚制化に対して警戒・用心を怠らない」姿勢を堅持しており、「具体的な他者に関わる必要を集団として承認し、社会的な正義を政治の回路を通じて実現せよと要求し、世界に拡散した均質的なネオリベラリズム――それはますます多くの人びとを路上に放置しようとしている――への対抗構想（alternative）となっている」〔Brugère 2011: 124（訳一二五頁）〕。私自身も、キャロル・ギリガンの『もうひとつの声』が公刊された一九八二年の社会的文脈（レーガノミクスの強行実施およびフェミニズムへの「バックラッシュ」策動の最中！）に注意を促してはいたのだが〔川本一九九五：二〇五〕、ブルジェールの明快な解説書を読み通すことにより、「ケアの倫理」がコールバーグ流の「正義の倫理」への理論的な対抗軸としてだけでなく、ネオリベラリズム（もしくは市場原理主義）に取って代わるべき社会構想を実践的に打ち出そうとするものでもあったことに改めて思い至ったのである。もしも時間と紙幅が許すのであれば、四人の寄稿者がブルジェールの『ケアの倫理』をどう読んだか、それによって32号の自説に付加・修正するところはないのかを教えてもらえると有り難い。

以下、掲載順にレヴューしていくとするが、ひとえに私の関心の偏りと知識の不足のせいで論評相手ごとに精粗の差と字数配分のアンバランスが目につくことを、前もってお断りしておかねばならない。

二　品川哲彦「ノモスとピュシスの再考――ケアの倫理による社会契約論批判」

品川は、私の編著『ケアの社会倫理学』〔川本二〇〇五〕への行き届いた書評をものしてくれたことがある（『週刊読書人』二〇〇五年一〇月二一日号、〔川本二〇〇六〕も参照のこと）。その二年後に彼が上梓した『正義と境を接するもの』は、「責任原理とケアの倫理のそれぞれについてその理論の核となる部分をとりだし、それぞれがどのような背景のもとで成立してきたかについてその経緯を説明し、そこから逆照射した場合に、正義――少なくともある種の正義――の観念に基礎づけられた倫理理論がどのような不足や欠陥をもつものとして映し出されてくるかを明らかにし、また逆に、正義の観念に基礎づけられた理論からすると責任原理とケアの倫理とにたいしてどのような批判が展開されうるかを明らかにすること」〔品川二〇〇七：五〕を意図した労作であり、この私も同書から多大な啓発を受けてきた。今回の論考に関しては、以下の三点に絞って疑問・注文をつけたい。

第一点目、「利己的な個人から出発する社会契約論」（一九）という品川の理解は、あまりにも教科書的で平板ではないか。「ケアの倫理は近代社会批判を含意している」（四）、「ケアの倫理の異議申し立ては、妥当領域の棲み分けや二種の規範の修得によって解消されうるものではなく、社会的結合の現実を、さらにはそのあるべき姿を近代に支配的だった見解とは別の仕方で描き出すことをめざした異議申し立てだ」（一二）と括るところまでは、私も間然することなく読み進めた。しかし「ケアの倫理」の異議申し立ての相手が「社会契約論」――「概括すれば、たがいに利己的なばらばらの個人が自分の生命、身の安全、財産の確保を確実にするために契約を交わして社会を構築するという」（一二）論法――へと絞られていき、「社会契約論における法と倫理の同根性は、その後の近代の倫理理論が法的思想に近づいていく道を拓くものだった」（一二）と評定するあたりから、疑念が湧き起こってくる。

「社会契約論」は、「利己的なばらばらの個人」から出発する原子論的な仮構に過ぎないものだったのだろうか。こう反問せざるを得ないのは、重田園江の快著『社会契約論』の強烈な磁場に私が引き寄せられているからなのだ。そのことを白状しておこう。重田によれば、「社会契約論は、人間が約束する力、一般性を志向する力への信頼の思想だ。それと同時に、約束によって作られる秩序がとても脆いかもしれないことも示唆している」（重田二〇一三：二三）。その重田もまたブルジェールと同様に、「市場秩序とはそんなにいいものなのだろうか」と問い質し、「市場には、誰であるかを問わないことで不平等や不正を覆い隠す機能もあるのだ」と断ずる。そして「市場の秩序」を「合意に基づく交換」によって正当化してきた思想（その代表格が「ネオリベラリズム」にほかならない）の対極に、「約束によって社会秩序をとらえる思考」（すなわち「社会契約論」）を置こうとするのである――「約束の思想は秩序の条件をことばにし、条項にすることで人々の目の前に提示する［……］。それによって、現にある不平等や不正を、等価交換や相互の満足といった「神話」で覆い隠すことを不可能にする。それは人間たちの果てしない違いと多様性、自分勝手な欲望やえこひいきなどの現実の上に、そこには決して回収されない別の次元を立てようとする。それこそが「一般性」の次元だ」（重田二〇一三：二一）と。

こうした重田の深読みを介するならば、「ケアの倫理」と「社会契約論」との対立は、品川が主張するほど際立ったものとは言えなくなるのではあるまいか。さらに「社会契約論」の「社会的」という形容詞が有する「二重の意味」――「それは平等へと向かう実践であると同時に、その出発点ともなる不平等、しかも自然がではなく、人間自身が生み出す不平等の確認を私たちに迫る」（市野川二〇〇六：一九八）――に留意するならば、《社会的な》契約論という「約束の思想」と「この世界に「実在しておりしかもそれと見て分かるような苦悩」を見つけてそれを緩和するという責任」〔Gilligan 1982: 100（訳一七六頁）〕を重んじる「ケアの倫理」との間に、一種の「家族的類似性」を見てとることすらも不可能ではないだろう。

　また品川が準拠しているような、「状況や文脈の個別性への注視が道徳的思考に重要であることが強調される」（六）〈ケアの倫理〉と「普遍妥当性が道徳的思考の本質である」（六）と観る〈正義の倫理〉の対比もほんとうに妥当といえるかどうか、疑問なしとしない（後述するように、葛生栄二郎も私の疑念に通じる見解を表明している）。たとえば「ケアの倫理」が希求する理想像を「すべての人が他人から応えられ仲間に入れてもらえ、一人ぼっちで置き去りにされ傷つけられるような人はいない」〔Gilligan 1982: 63（訳一〇九頁）〕と描いたギリガンと、社会契約論の「一般性」を以下のように定位する重田の卓説とを突き合わせると、〈「正義の倫理」の普遍主義〉と〈「ケアの倫理」の個別主義〉を二元対立させてきた常套論を見直す要を覚える。

> 「関わりたいのに関われない具体的かつ圧倒的な他者を前にして、その人も自分もそこに生きる社会の次元、一般性の場に立たざるをえなくなるのだ。ここで人は、個人として、具体的な他者の実在を前にして、その人と自分との距離の中で社会的で一般的な視点に立つ。そしてその視点に立つことではじめて、「この社会はどこかおかしい」という問いが発せられる。そこから出発して、何をどう変えなければならないのか、みなが納得できる社会的ルールとは何かが問われることになる。これがルソーにとっては「法」、ロールズにとっては「正義」だ。〔……〕社会契約論は前時代の遺物ではないし、リアリティもアクチュアリティもない仮想のお話ではない。人が他者との間の埋めようのない隔たりを前にして、それでも何かしたいと願うとき、つねにそこに立ち返る一般的な視点を示してくれる思想なのだ。」〔重田二〇一三：二七八～二七九〕

「一般的な視点」を提示しようとする社会契約論のモティヴェーションが、重田によって読み解かれた右のようなものであるならば、これはまさしく「ケアの倫理」に駆動されている。そのように解して、両者を結びつけたくなる私なのである。

　第二点目は、ロールズ解釈の微細な（だが少なくとも私にとっては大事な）ポイントに関わる。「ロールズは社会契約の当事者の要件、すなわち社会契約が締結されたあとに社会の構成員となる要件に「一生を通じて十分に社会的協働ができる」（Rawls 1980: 546. 同様の叙述は、Rawls 1999: xiii/xiv, 84/132 にもみられる）ことを数えている。これをキテイは厳しく批判する（Kittay: 88）。なぜなら、一生、他者に依存せざるをえない者はこの条件を満たせないからだ。」（一八一―一九）――こう品川は説明するのだが、そこには短絡がある。すなわち、キテイが『愛の骨折り仕事』〔Kittay 1999: 88（訳二〇四頁以下）〕で引き合いに出して「厳しく批判する」箇所は、ロールズのデューイ記念講演「道徳理論におけるカント的構成主義」の一節――"all are capable of honoring the principles of justice and of being full participants in social cooperation *throughout* their lives"（イタリックによる強調は引用者キテイによる。初出の書誌データは *The Journal of Philosophy*, vol. 77, 1980, p. 546）――にほぼ絞られている。[1] そこでキテイは、「平等な市民」であるためには「生涯を貫いて」（throughout their lives）十全な社会的協働が続けられるという条件が欠かせないとする理解の仕方を（批判的な意味をこめて）「強い解釈」と名づけたのである。

　ところが品川が「同様の叙述」だと見なして付記している「Rawls 1999: xiii/xiv, 84/132」（『正義論』改訂版への序文および第一六節）の当該箇所に対しては、「強い解釈」ではなく（「ケア」を受けたり「依存」を余儀なくされる時期が人生には付き物であることを見越した）「弱い解釈」が当てはまるとキテイ当人は判断している。なぜならそこでは、「生涯を貫いて」（throughout their lives）という強い規定は取り下げられ、「円満な生活を続ける上で」（over a complete life）〔Rawls 1999: xiii（訳 xiv）〕[2] や「生涯を通じて〔そのどこかの時点で〕」（over the whole span of their lives）〔Rawls 1999: 84（訳一三二頁）〕といった緩められたフレーズが用いられているからである。単なる前置詞とはいえ、throughout と over のどちらを冠するかでけっこう重大な相違が生じてくる。品川の指摘にあるとおり「私たちは一生通じて社会的協働のできない者も市民に数える」（二〇）のは、throughout ではなく over のほうに依拠しているからではないだろうか。

第三点目に移ろう。身も蓋もない問い方になるけれども、品川論文のタイトル「ノモスとピュシスの再考」が《ケアと法》という特集テーマのどこにどう収まるのか。これが分かりにくい。〈ノモスとしての法〉（それが目指す価値としての「正義」）は〈ピュシスとしてのケア〉に裏打ちされねばならず、逆に後者は前者を「後ろ盾となる制度（background institutions）」（ロールズ『正義論』第四三節）とせねばならないと仄めかしているのだろうか。「ケアの倫理は、従来、ピュシスに属するとされてきたことがらがピュシスに関連しつつも同時にまたノモスの保護のもとにおかれるべきことを主張している」（二一）という箇所などから、そう忖度したのだけれども、確証がない。

さらに「ケアの倫理にもとづく社会構想は［……］現今の社会制度や経済活動の形態の維持というそれ自体合理的な目的のためではなくて、人間の生活と人間を人間として成り立たしめている条件への洞察にもとづいて警告を発しているわけである」（二三）という本論末尾の一文を、私などはブルジェール流の「ネオリベラリズムへの対抗構想」に読みつなげたくなるのだが、それは無理筋だろうか。この疑問にも合わせて答えてもらえると嬉しい。

三　高橋隆雄「ケアの意味の核にあるもの ――メイヤロフ、ギリガン、アリストテレス」

ウィトゲンシュタインやデヴィドソンら、分析哲学系の言語論・行為論の研究に発した高橋だが、ある時期からケア（論）への関心を急速に深め拡げていった。関連する単著・編著は一〇冊を超えるだろう。その中でも『熊本大学生命倫理論集』第一巻所収の「日本の生命倫理におけるケア論」〔高橋二〇〇七〕は、目配りのきいたサーヴェイだった。今回の寄稿については、三点の短評を記すに留める。

「はじめに」において「ギリガンと比較すると、われわれはメイヤロフについて知らなすぎるようである」〔二八〕と見立てた高橋は、メイヤロフの個人史にまつわるエピソード(3)を索出・紹介した後、「メイヤロフのケアの理論が、哲学的観想を原型にしているという解釈が正しいとすれば、彼の主張にもとづいて看護や教育におけるケアを論じることの疑いが生じてくる」〔三七〕との消極的な結論に落ち着いている。「メイヤロフの小品は、あまりにも抽象度が高すぎて、さまざまなケアによって織り成される問題構成（problematics）が見えてこない」〔川本一九九五：一九八〜一九九〕とかつて歎じた私も、おおむね同意できる。

ところが「ギリガンとケアの倫理の射程」を吟味したところで、高橋は次のように言い放つ――「ケアにかかわる辛い選択という事実とそれを支える男性優位の社会の構造は、ケアについて語る際にけっして軽視すべきことではないが、そのことと「ケアの倫理」のもつ意義は、切り離してよいと考えられる。［……］ギリガンの提唱した「ケアの倫理」は、その登場の背景から離れて独自の考察対象となりうるといえる」〔四三〕と。だとすれば高橋当人は、「男性の論者によるギリガン評価は、ギリガンのうちにあったジェンダー性をみごとに脱色し、脱ジェンダー化の政治を遂行する結果になった」〔上野二〇一一：五〇〕とする上野千鶴子の論難に対して、どのように応答する用意があるのだろうか。上野の弾劾はほぼ私に向けられていたという事情があるがゆえに、「男性の論者」たる高橋になおさら訊いてみたくなる。[4]これが第一点。

二点目。「アリストテレスの友愛論とケアの意味の核」に論を進めた高橋は、「友愛論の中で、たとえばメイヤロフやギリガンの考えと共通する特徴を「ケア的」と規定してみよう。そして、そのようにして見出された特徴は、時代を超えた「ケア的なもの」の意味の核とみなすことができると思われる」（四九）と述べる。だがこれに続いて採用される、〈時代内在的な〉スタンス――すなわち、ギリガンやメイヤロフの所論における「現代という時代に特有の背景」（五一）や「時代に応じた主張」（五二）を強調する姿勢――は、「時代を超えた「ケア的なもの」」の意味を見極めようとする〈歴史貫通的な〉視座と（同じ著者のなかで）どのようにつながっているのか。説明してもらいたい。

三点目。「おわりに」で「修復的司法（修復的正義）Restorative Justice」を「ケア的なものが時代の要請に応じて出現した一つの姿」だと捉えた高橋は、次のような時代診断でもって本論を閉じようとする――「その時代とは、メイヤロフやギリガンの主張が脚光を浴びるような、総じてケア的なるものが注目を集める時代である。そしてそれは、近代的個人主義、自由主義、自律した強い人間観、理性的思考等への懐疑や、ケアを担ってきた女性の地位の再検討が促される時代であり、介護保険制度のようにケアが制度化される時代でもあり、いずれにせよケアが注目を浴び時代のキーワードとなる時代、すなわち「ケアの時代」といってもよいだろう」（五五）。

あえて突き放した、〝ケアのかけらもない〟（uncaring な！）評を付すならば、「時代」のなかにあまりに多くの要素を盛り込み過ぎていると判定せざるを得ない。「ケアの時代」の到来を高らかに謳歌して終わらせるのでなく、高橋が列挙した一連の思考法を懐疑する思潮と、女性の地位が再検討に付される局面と、ケアが制度化される動向……そうした個々の要素のつながり具合を丁寧に（carefully）腑分けしていく協働作業の積み上げが求められている、と私は信じる。牧野栄一や我妻栄の法理論に「ケア的なもの」を読み込もうとするのも、いささか牽強付会の観が否めない。(5)

四　葛生栄二郎「ケア倫理と自然法」

葛生栄二郎の前著『ケアと尊厳の倫理』は、「他者にケアを与えることの実践が尊厳という価値を生み出し、この価値を相互に確認し合うことが、また新たなケアの実践を引き出すという〔……〕〈ケアと尊厳のサイクル〉」を浮き彫りにし、〈ケアと尊厳の倫理〉こそが〈正義と自由の倫理〉よりもいっそう基層的なものだと力説していた〔葛生二〇一一：iv‐vi〕。そして同書のなかで私が特に共鳴できたのは、以下の箇所である――個別性・状況適合性を重視する〈ケア倫理〉と普遍性・規範適合性を重視する〈正義倫理〉といった「メタ倫理学的対立に拘泥することは、倫理的実践を正しく記述するものではないし、また実りのある議論でもない。むしろ、この両者は切れ目のない連続したフェイズにほかならないと見た方がよく、ケア関心の普遍化の地平にこそ正義の関心は開けてくるものなのである」〔葛生二〇一一：一六九〕。ところが今回の論文では、葛生が早くから探究してきた「自然法論」と〈ケア倫理〉との接合が図られてはいるものの、私の読みが浅いのか説得力のある論証になっているとは思えなかった。〈ケアと尊厳のサイクル〉を傷つけないよう用心しながら、質問と要望を三つ書き留めておく。

一つ目は、葛生の用語法についてである。「近代的人間像、あるいはその後裔としての現代リベラリズムは、身体性・情緒性を捨象された独立不羈の自律的主体を想定し、この想定のもとに、対等な主体相互間の互酬的権利義務関係やこれを規律・調整する、個別具体性・状況適合性を漂白された普遍的規範・原理を導き出そうとする」

〔六一〕――著者が言わんとすることは把握できているはずだが、この「漂白」という比喩表現が浮いている感じがする。それから、「古典的ケア倫理」と「批判的ケア倫理」との二分法――「これに対し、ケアの自然本性性に着目し、ケア倫理を、互酬性の壁を越え得る普遍性を持った倫理として捉え直そうとする立場がある。ノディングスらに代表される従来のケア倫理（「古典的ケア倫理」とも言う）に対して、トロント、ロビンソン、ファインらに代表される「批判的ケア倫理」の立場がこれである。」（七七）――についても、ひっかかりを覚えてならない。注記が無いため不明なのだが、ここでの「古典的／批判的」の区別は葛生の独創なのかそれとも先行研究に典拠があるのか、教えてもらいたい。

二つ目は、葛生のノディングズ解釈に対する質問[6]。葛生はこう書いている――「ノディングスは具体的な他者へのケアである caring for とは別に、事象それ自体を憂慮する caring about について言及するが、彼女にとって caring about はケアの本来的なあり方ではなかった。それはせいぜい「ケアの遠い親戚」でしかないと彼女は言うのである」（八〇）。確かにノディングズの『ケアリング』〔Noddings 1984〕だと、caring about（私たちから離れたところにいる人びとやものごとを、大切に思い気にかけること）ではなく caring for（直接的・対面的な世話やいたわり）がもっぱら主役を務めていた。しかし『ホームから始める』〔Noddings 2002〕では、caring about が正義を求める有力な動機を提供し、正義の中身の大半を産み出すと考えるようになる〔川本二〇〇四：二五〕。葛生も前著では、ノディングズのこうした軌道修正に着目していた〔葛生二〇一一：一六七〕のに、どうして本論文だとノディングズに対する低い評価で済ませてしまうのだろうか。「古典的ケア倫理」の限界を衝こうとするあまり、ノディングズの「ケアリング論」の深まりと拡がりを見過ごしたのではないかと勘繰ってしまう。

最後に、前著から一貫してみられる葛生のスタイルにあえて注文をつける。自分は原書で読んだのだからという理屈なのだろうけれど、引用文献の邦訳データが挙げられていないのはいかがなものか。たとえその翻訳からではなく自分で訳出した引用文であろうとも、訳書の書誌および該当ページを併記するのが原書にアクセスしがたい読者への配慮（ケア？）というものだろうに。

五　野崎亜紀子「ケアの倫理と関係性――ケア関係を構築するもの」

野崎論文に移る。この作品の姉妹編にあたる「法的主体と関係性――ケアの倫理とリベラリズムの論理」（野崎二〇一三）も合わせて二読三読したものの、私の率直な印象は「難解」の一語に尽きる。論旨の反復や不注意な誤記が散見されるし、著者独特の言い回しにも困惑させられた。(7) そんな読み手が書くのだから、著者に対して不親切かつ外在的な批評に終始することになるかも知れないが、できるだけのケアをもって（with best care possible）行論をたどる所存ではいる。

まずは野崎の問題設定を確認しておく――「本稿は、リベラリズムに対抗する議論としてのケア論に着目し、ケア論が価値を見出す〈特定の個人間にみられる個別のケアをする者とケアされる者との関係性〉を、近代法秩序を支える規範概念として位置づけることができるかについて、検討するものである。ケア論とは、端的に言えば〈ケア関係〉の維持に努めよ、という原理に基づく社会理論であろうとするものだが、ケア論においても、維持に努めるべきケア関係と、そうではない関係とは区別されているのではないか（DV、虐待関係を考えて見よ）。このとき、両者はどのようなものさしによって区別されるのか。ケア論の原理から、このものさしは導出され得るのか。さらに言えば、ケア関係でいうところの関係は、社会秩序を構成する制度を支える規範理論上の概念たり得るのだろうか。私の疑問はここにある。」（八八）

「自律した個人を前提とし、個々人間の関係の特定性・個別性にではなく、相互に対等・独立の個人間の関係の中で自律した個人を尊重することを、社会秩序の規律の基礎と考えるリベラリズム」（八八）に対抗する理論として「ケア論」を措定したうえで、維持すべき「ケア関係」とそうでない「ケア関係」を判別する「ものさし」が「ケア論」自体に内包されているのかどうかを追究する。そして「自己決定を主軸とする〈個人の尊重〉にとどまらない、ケア関係を構築する主体、としての個人を尊重するという視座」（九八）をそうした「ものさし」として要請するのだが、当の判断基準（ものさし）は「ケア論」の「内部からは導出できない」（一一〇）というのが野崎論文の大意だろう。だとすれば、左に引用する姉妹編の設問とどうつながってくるのか――これを一番目の質問としよう。

「近時のリベラリズムに対して展開される〈自由な主体〉批判は、近代以降の歴史的事実および現代社会における不当な現実、たとえば、ケア当事者を取り巻いている不自由な環境に対して、リベラリズムは有効な手だてを提示できないし、時にその状況に肩入れしさえする、という経験的事実を根拠として展開される。しかしこれらのことは、果たしてリベラリズムから必然的に導出される帰結なのだろうか。端的に言って私の疑問はここにある。」（野崎二〇一三：二五二）

「必然的に導出される帰結」ではないというのが（野崎二〇一三）の結論だと言ってよいだろう。では、この結論と「内部からは導出できない」という本論文の結論とが合わさることによって、「ケア論とリベラリズムとの距離と接続の可能性」（野崎二〇一三：二五二）に関して何がどう言えるのか――その見通しなりとも教示願いたい。

二番目に、「ケア論によるリベラリズム批判の主眼は、リベラリズムが、その基層である人間相互の依存・被依存の関係性を忘却・排除している、というところにある」（九九）、「ケア論は、社会的に貶められた存在――そしてそれは依存をその基底に据える――を、依存という概念によってその評価の転換を促す社会運動の側面をも有していると見ることもできる」（一〇一）、「ケア論におけるケア関係とは、正義の倫理を内包するリベラリズムに対する、依存の忘却と排除とそれに基づく自由意思基底的な理念的個人主義批判の上にたち、それら固定化した近代的視角からの解放による多様な関係性の獲得という要請とともにある」（一〇一－一〇二）と繰り返す野崎自身、いったいどのような「社会運動」の路線を支持しているのかを尋ねてみたい。もちろん『法の理論』は論者の実践的なコミットメントをぶつけ合う演説会場ではなく、あくまで学術上の質疑応答を繰り広げる討議の場（勝義の「フォーラム」）であることは重々弁えているつもりではある。したがって、可能な範囲で――たとえば小文の冒頭で引いたブルジェールの著作への評註といったかたちででも――かまわないので、端的に答えてもらえないだろうか。

三番目に、「我が意を得たり」と膝を打った論述を引いておく――「〈ケア関係の維持に努めよ〉という原理に基づく社会理論を構想するケア論は、自由意思に基づかず、且つ普遍化不可能な特定人の間の関係を焦点化し、これを制度的に保障することの必要性とともに、その正当化を試みるものである。このことはケア関係の当事者が、それ以外の人々と等しく、尊重・配慮されるべきことを意味する。換言すればケア論は、あらゆる個人に対する尊重と配慮を要請すべきであるという価値を基底としているのである」（一一〇）。

野崎自身は「しかし本論において論じた通り、ケア論は、その議論の枠組みを構成するケア関係を評価する指標を、その内部からは導出できないという難点を抱える」と慎重に留保するのを忘れていない。けれども、「ケアの倫理」を含む「ケア論」のいわば「深層理論」に〈あらゆる個人に対する尊重と配慮を要請すべきである〉とする普遍主義的な公準があるとの示唆を、前段の引用から私は読み取ったのである。

六　おわりに――“Care doesn’t kill the philosophers’ quest.”――

与えられた紙数をすでにかなり超過してしまっている。「では、コメンテータ自身はいったいどこに立っているのか」という尋問に対しては、①正義の視点からする「当事者性の〈脱中心化〉」（当事者や現場を尊重しつつも、それらを絶えず中心からずらし複数化していき、観察者の視点も取り込んだ公平さへと徐々に近づいていくこと）、②ケアの視点からする「集計量・集計概念の〈脱集計化〉」（一括りにされた数値や概念をほぐすことにより、それらが個々の人びとの暮らしにどう反映されているのかを突きとめる手法）、そして③「ケアなき正義は空虚であり、正義なきケアは盲目である」というスローガン（「内容のない思考は空虚であり、概念のない直観は盲目である」と断じた『純粋理性批判』のもじり）、以上の三つを掲げた講演記録（川本二〇一二）の参照を乞うことで、とりあえずの回答に代えるとしよう。

本特集および関連文献を精読した私は、“Care kills the cat.”がどれほど真であろうとも、《ケア》をめぐる議論そのものは哲学者たち（知を愛し求める者たち）の探究心を刺激こそはすれ、決してそれを終息させるものではない、との意を改めて強くした。「不作法者」の私だけれど、そうした〝果てしなき探求〟仲間の末席に連なりたいと切望して止まない。[8]

【文献表】

池田弘乃二〇一一「ケア（資源）の分配――ケアを「はかる」ということ」、齋藤純一編『支える――連帯と再分配の政治学』、風行社、所収。
市野川容孝二〇〇六『社会』〈思考のフロンティア〉、岩波書店。

上野千鶴子二〇一一『ケアの社会学――当事者主権の福祉社会へ』、太田出版。

重田園江二〇一三『社会契約論――ホッブズ、ヒューム、ルソー、ロールズ』、ちくま新書、筑摩書房。

川本隆史一九八四「倫理学の現状と活路――「正義論」を手がかりに」、『理想』一月号（通巻六〇八号）、理想社。

――一九九五『現代倫理学の冒険――社会理論のネットワーキングへ』、創文社。

――二〇〇四「ケアの倫理と制度――三人のフェミニストを真剣に受けとめること」、日本法哲学会編『法哲学年報（二〇〇三）：ジェンダー、セクシュアリティと法』、有斐閣。

――（編）二〇〇五『ケアの社会倫理学――医療・看護・介護・教育をつなぐ』、有斐閣。

――二〇〇六「ケアへの規範的アプローチ――その隘路と突破口についての覚え書」、『研究室紀要』第三二号、東京大学大学院教育学研究科教育学研究室。

――二〇一二「正義とケアへの教育――たえずロールズとノディングズを顧みつつ」、法と教育学会編『法と教育』第二巻、商事法務。

葛生栄二郎二〇一一『ケアと尊厳の倫理』、法律文化社。

熊野純彦ほか二〇〇六『シンポジウム報告論集　ケアと自己決定』、東京大学大学院人文社会系研究科21世紀ＣＯＥプログラム「生命の文化・価値をめぐる〈死生学〉の構築」。

品川哲彦二〇〇七『正義と境を接するもの――責任という原理とケアの倫理』、ナカニシヤ出版。

高橋隆雄二〇〇七「日本の生命倫理におけるケア論」、高橋隆雄・浅井篤編『日本の生命倫理――回顧と展望』、九州大学出版会、所収。

野崎亜紀子二〇一三「法的主体と関係性――ケアの倫理とリベラリズムの論理」、仲正昌樹編『「法」における「主体」の問題』、御茶の水書房、所収。

Brugère, Fabienne, 2011. *L'éthique du «care»*, Collection QUE SAIS-JE?, Presses Universitaires de France.〔ファビエンヌ・ブルジェール『ケアの倫理――ネオリベラリズムへの反論』原山哲・山下りえ子訳、文庫クセジュ、白水社、二〇一四年。〕

Gilligan, Carol, 1982. *In a Different Voice: Psychological Theory and Women's Development*, Harvard University Press.〔キャロル・ギリガン『もうひとつの声――男女の道徳観のちがいと女性のアイデンティティ』岩男寿美子監訳、川島書店、一九八六年。〕

Kittay, Eva Feder, 1999. *Love's Labor: Essays on Women, Equality, and Dependency*, Routledge.〔エヴァ・フェダー・キテイ『愛

の労働あるいは依存とケアの正義論』岡野八代＋牟田和恵監訳、白澤社、二〇一〇年。〕
Noddings, Nel, 1984. *Caring: A Feminine Approach to Ethics and Moral Education*, University of California Press.〔ネル・ノディングズ『ケアリング：倫理と道徳の教育――女性の観点から』立山善康ほか訳、晃洋書房、一九九七年。〕
――― 2002. *Starting at Home: Caring and Social Policy*, University of California Press.
Rawls, John, 1999. *A Theory of Justice*, revised edition, Harvard University Press.〔ジョン・ロールズ『正義論〔改訂版〕』川本隆史・福間聡・神島裕子訳、紀伊國屋書店、二〇一〇年。〕

（1）品川は正確な引用箇所を注記しているが、キテイの原書 p. 88 では、『正義論』初版（一九七一年）p. 546 との間違った指示がなされている。翻訳書もそのミスを引き継いでいるので、気をつけられたい。

（2）『正義論』改訂版〔Rawls 1999〕の訳書でも“over a complete life”を「生涯を通じて」と翻訳したのだが、第七刷（二〇一二年五月）に際して「円満な生活を続ける上で」に修正した。なお同訳書の第八刷（二〇一三年九月）までの正誤表は、版元・紀伊國屋書店のホームページに公開してあるので、ぜひ活用願いたい（Google などで「『正義論〔改訂版〕』本文訂正一覧二〇一四年」を検索すれば最初にヒットするはず）。この場を借りて、改訂版の訳文に対するご批正を賜った児玉聡、亀本洋の両氏および訳書を読み合わせた大学院・学部ゼミの参加者に謝意を表しておくとしよう。

（3）上野千鶴子は「彼〔＝メイヤロフ〕が既婚者かどうか、子どもの父であるかどうかはこの本からは直接にわからない」と書き、さらに「文中の事例が主として父親と大学教師としての経験から語られていることから見れば、彼自身が父親であることは容易に推測できる。自ら以外に「フィールド」を持たない哲学者の多くは、自分の経験から外に出ることができない、ということを、はしなくも彼自身が証明しているかのようである」と注記している〔上野二〇一一：四七〕。高橋がせっかく調べ上げたエピソードをもってしても、上野の推断を斥けることはできそうもない。

（4）編著〔川本二〇〇五〕の序論に上野が投げつけた最初の痛評（連載「ケアの社会学――序章ケアとは何か」、『クォータリー［あっと］』第一号、太田出版、二〇〇五年）に対する応答は、〔川本二〇〇六〕および〔熊野二〇〇六〕に書き加えておいた。

（5）些細な誤りだが、ハインツのディレンマで使われた数字は「作るためにかかった十倍の値段の二〇〇ドル」（五六）ではなくて、二〇〇〇ドルが正しい。

（6）必ずしも表記が統一されているわけではないけれども、翻訳や研究文献においては「ノディングス」ではなく「ノディングズ」が選ばれる傾向にある。なお〔Noddings 1984〕の新版（二〇一三年九月刊）では、副題だけが *A Relational Approach to Ethics and Moral Education* へと書き換えられている。同書初版の“A Feminine Approach”は「母性主義」や「本質主義」に偏向しているとの攻撃が、フェミニズム各派から加えられた。今回の微修正はこれに対する著者の間接的な返答なのだろう。

（7）「第一波フェミニズム」（一〇〇）は「第二波～」に直すべきだろう。また野崎のいう「近代法秩序」（八七、八八ほか）は「近代の法秩序」なのか「近代法の秩序」なのかが不分明だし、またこの「秩序」と「社会秩序」（八八）とはどう区別されるのかもそれほど明瞭とは言えない。

（8）脱稿後、「ケアの二重性」（労働および価値という二側面）を析出しつつ、「依存が人の生の必然的事象であることを基底に据えた社会制度（ケア基底的社会）を構想する必要がある」との提言にまで踏み込んだ法哲学者の好論〔池田二〇一一〕に出会っている。

① 〈ケアと正義の反転図形〉と〈ふくらみのある正義〉

——川本・伊佐のコメントへのリプライ

品川哲彦

本誌三二号に掲載した拙論「ノモスとピュシスの再考——ケアの倫理による社会契約論批判」に川本隆史・伊佐智子両氏（以下、敬称略）からコメントをいただいた。以下に応答を記すが、彼我の立場の違いを明らかにして新たな論点を提示した箇所もある。

一 ノモスとピュシスの再考

川本が三番目に挙げた「ノモスとピュシスの再考」という表題の意味への問いから始めよう。ケアの倫理はおそらく上記の再考を促し、ひいては近代以降における自然概念の再検討に通じていくと私は推測しているが、問題の大きさのために拙論では十分に展開できたとはいえない。「ノモスとしての法（中略）はピュシスとしてのケアに裏打ちされねばならず、逆に後者は前者を『後ろ盾となる制度』（中略）とせねばならないと仄めかしているのだろうか」という川本の理解、「社会契約論では『ピュシスに属することが克服されるべきこと』と位置づけられてきたが、ケア論では、社会はピュシスに関係しつつ、ノモスの保護に置かれるべきだとする」という伊佐の要約はおよそのところは私の意図を汲んでいただいている。ただし、川本がノモス＝正義、ピュシス＝ケアと等値している箇所には同意しない。これでは正義とケアを公私それぞれの領域に分掌させる立場と混同されうるからだ。そうではなくて、ケアの倫理が正義の倫理と呼び表わす近代の倫理理論の支配的な考え方（むろん、それは近代の倫理理論すべてを覆うものではない。たとえば、ヒュームはそこから外れる）にたいするケアの倫理の異議申し立てをとおして、ノモスとピュシス双方を再検討する必要を私は示唆している。人間は何よりまず、放置されれば生命を脅かされうる存在、生き物である。生はピュシスに属す所与とみなされ、ノモスの保護なしに確保できるかのように前提されてきた。だが、ノモスは人間の共同体の規則だから、共同体の維持と存続なしには、ノモスもまた無に帰する。その意味では、ノモスをピュシスの後ろ盾とするロールズおよび川本の見解は適切であれ、なお一面的で、ピュシスもまたノモスの存立条件としてノモスを支えているのである。共同体の維持と存続のために、病人や老人へのケア、社会的弱者を支えるセーフティ・ネット、なかんずく存続という点では子育て、さらにはまだ胎児ですらない未来世代への配慮が要請される。ケアの倫理はこれらの事項をノモスの優先課題とみなす。

だが、こう反論されるかもしれない。これらの事項は、生存権を初めとして実定法（という意味でのノモス）のなかに取り込まれてきたし、今後も取り入れられうるし、またそれでこそ実効性をもつ。ケアの倫理の論者もそうした政策に反対するまい。それなら、ピュシスとノモスは融合するのではないか、と。しかし、ケアの倫理はその基底的な部分でこの見解に満足しないと私は考える。というのも、実定法が適用される対象となる者は限定されるが、そのもとで権利や権原を認められない者たちの満たされないニーズにこそ、ケアの倫理はフェミニズムから生まれたその出自から注視してきたからだ。共同体にとっての他者への配慮を促すのは自分自身もまた共同体のなかの他者として遇されてきたという意識である。ギリガンの「もうひとつの声」という表現、近代の正義概念の系譜にたいするベイアーの疑念[1]、カント主義に反して経験界の存在である新生児を畏敬の対象とするというヘルドの宣言[2]、さらには、ケアの倫理には否定的だが頑強なフェミニストであるマッキノンの「女の生、男の法」[3]等々の表現にその意識は明らかだ。私がこれらの見解に関心を抱くのは、この他者性の意識ゆえである。男性である私はやすやすと既存の共同体の成員として自己理解してしまえるのかもしれない。ケアの倫理はその安住を揺さぶり、変容を促す。しかも、ケアの倫理は他者との関係のなかでの自己変容に生の意義を見出す思想なのでもある。

だが、実定法の適用が閉じた集団にとどまることが問題ならば、自然法（という意味でのノモス）ならケアの倫理の要求に親和的なのでないか。しかし、ケアの倫理は超越的な思考を嫌うゆえに、各種の存在者の自然本性によって組み立てられた古代中世の自然法の形而上学には与さない。それゆえ、人間の機能というアリストテレス的概念に依拠しつつ障碍者・外国人・動物を論じるヌスバウム[4]の視線の行き先や杓子定規な法の適用を超えて状況の個別性に対応するアリストテレスの衡平概念にケアの倫理の問題提起との親和性を感じつつも、私はこれらの議論とケアの倫理とのあいだに一線を引いている。近代の社会契約論が描き出す自然状態における自然法については、ピュシス（自然状態）が最終的には克服される状態だという（伊佐が引用した）点を繰り返すにとどめる。

付言しておきたいのは、社会契約によって成り立つ結合は、内戦（ホッブズ）や国家間の関係（ロック）が自然状態として想定されたことから示唆されるように、国家と呼ばれる閉じたまとまりを基本とする点である。ロールズの格差原理についても、実質的な適用範囲はそうであろう。これにたいして、実定法について記したように、ケアの倫理はむしろ人間関係の開けに目を向ける。

二　ネオリベラリズム批判

川本はブルジェールを引用しつつ、ケアの倫理がネオリベラリズムもしくは市場原理主義への代替案である可能性を指摘し、四名の執筆者の見解を問い、私宛には第四の問いにそれを記している。私は上記二つの概念を用いていないものの、その可能性はすでに考えており、前著のなかで市場原理の支配や経済のグローバリゼーションにたいする対抗軸としてヘルドの所説を紹介した[5]。ましてや、市場原理主義とそれによってもたらされる競争的な関係を癒す親密な関係を支える共同体意識とが合体してできている新保守主義については、ケアの倫理はその二つの構成要素のいずれについても批判するだろう。

川本の第一の問いに移ろう。社会契約論は利己的な個人から出発するとした拙論の前提は平板ではないかという問いである。これは問いというよりも、むしろ川本自身の立場からの批判である。すなわち、川本は、ギリガンのいう誰もが仲間に入れてもらう事態と他人の苦痛の緩和とを援用して、社会契約論とケアの倫理とのあいだに家族的類似性があると主張している。私はこれには同意しない。市場原理主義を共通の批判対象とする点でケアの倫理は、社会契約論と親和的なリベラリズムの理論のなかで、たしかにリバタリアニズムよりはリベラルな立場に近い。しかし、私は両者の差異を強調したい。他人の苦痛への配慮については、ケアの倫理は明示的な契約には盛り込まれぬような本人も意識していないニーズをケアする側が掘り起こす点を重視する。誰もが仲間に入れてもらえる事態は、社会契約論のいう「一般性[6]」とは異なる。ギリガンが描いているのは、ひとりひとりがケアできる他者には限りがあるゆえに、私が誰かをケアし、その誰かは私のケアの届かぬ誰かをケアするというしかたですべての人間を漏れなく包みこむケアのネットワークを編み上げるという事態である。これにたいして、概念の「一般性」

が提唱するのはまさに一般的な指令である。それだけでは、ケアを必要としている特定の他者を今この私がこの場でケアする気持ちを発動させる力に乏しい。そこをケアの倫理は批判するのだ。

三　〈ケアと正義の反転図形〉と〈ふくらみのある正義〉

川本と私の違いはおそらく、川本がケアを含んだ（私の表現では）「ふくらみのある正義[7]」をめざすのにたいして、私はケアと正義とが「反転図形[8]」を形作るという解釈に傾く点にある。私がそれに傾くのは、すでに述べた他者性を重視するからである。だからといって、違いを硬直させた不毛――川本のいう、ケアと正義を「二元対立させてきた常套論」――に留まるつもりはない。ケアと正義の異なる見方を代わる代わるとることでより適切な対応に近づくことはできる。[9]ただし、私はそれが可能な場はひとつの理論ではなく、ひとりの人間の生、ないしは、複数の人間の対話という生活実践ではないかと考えている。[10]後者であるのは、私や私たちの見方と異なる見方は他者や私たちには属さない者からこそ与えられるのかもしれないからであり、前者であるのは、他者との関係を通じて私自身が変容しうるかもしれないからである。[11]私のこの立場からすると、川本のいう家族的類似性（ならびに葛生のいう「切れ目のない連続性[12]」）について、「あなたの理論が二つの見方の統合を証明しているのか、それとも、あなたは人びとの現実の生活のなかにみられる事実を指摘しているのか」と問いたくなる。

四　その他の点と今後に向けて

キテイの主張の傍証として私がロールズから引いた箇所は不適切ではないかという川本の第二の問いについて

は、感謝しつつ私のその箇所の解釈が浅かったことを認める。

伊佐が「普遍化可能」という語をケアの倫理に付している点には違和感を覚えた。というのは、この語はヘアの功利主義やカントのような形式主義と結びつけられるが、本稿三節に記したように、ケアの倫理は「一般性」や普遍的な語りを避ける傾向にあるからだ。

最後に、今一度、市場経済の話に戻ろう。たしかに、川本が指摘したケアの倫理に含まれる市場原理主義にたいする批判や、正義という視点から経済を考察する必要があるという、伊佐が拙論へのコメントから敷衍して説いた指摘に私も同意する。しかし、市場原理主義を離れて市場そのものをとりあげれば、市場は人間にとって生きるためのニーズを満たす場でもある。生のニーズを満たす場は伝統的にはピュシスに属すものとみなされていた。だから、家庭はピュシスとされてきた。だが、他の生物と違って、人間にとってのピュシスはすでにノモスによって浸透されている。現在、古典的社会契約論が描き出した自然状態は、内戦状態や国際関係よりもグローバル化した市場経済を通じて連想しやすくさえあるかもしれない。しかし、そのことがピュシスに当然の事態として容認されるのではなくて批判されるのは、市場のノモス（所有の交換や雇用の契約）が本来そこに期待されていたはずの人間のピュシスの確保や繁栄とは逆の結果を生みだしているからではないか。もしも、ノモスがピュシスの保護を目的とし、ピュシスの保護なしにはノモスそのものが存続しえないと考えるならば、市場についても違った見方が成り立つはずだ。ケアの倫理が生きるためのニーズに立脚して構築されるべき理論である以上、ケアの倫理はその理論の内部に何らかの仕方で市場を位置づけなくてはなるまい。ケアの倫理はノモスとピュシスの再考や自然概念の再検討に通じるという、冒頭に述べた私の推測が正しければ、市場もまたその文脈で再考すべき主題のひとつである。

（1）Baier, Annette C., "The needs of more than justice", in her *Moral Prejudices*, Harvard University Press, 1993, pp. 18-32.
（2）Held, Virginia, *The Ethics of Care Personal, Political, and Global*, Oxford University Press, 2006, p. 92. 品川哲彦、『正義

と境を接するもの――責任という原理とケアの倫理』、ナカニシヤ出版、二〇〇七年、二二七頁。

（3）マッキノン、キャサリン、『女の生、男の法』、森田成也ほか訳、岩波書店、二〇一一年。

（4）ヌスバウム、マーサ、『正義のフロンティア――障碍者・外国人・動物という境界を越えて』、神島裕子訳、法政大学出版局、二〇一二年。

（5）品川哲彦、前掲、二二九―二三一頁。ちなみに、ブルジェールもヘルドがネオリベラリズムを問題にしていたと言及している（ブルジェール、ファビエンヌ、『ケアの倫理――ネオリベラリズムへの反論』、原山哲ほか訳、白水社、二〇一四年、一〇七頁）。

（6）川本はこの概念を重田園江（『社会契約論――ホッブズ、ヒューム、ルソー、ロールズ』、筑摩書房、二〇一三年、二一頁）から引いているが、同書の書評は本論の範囲ではない。

（7）品川、前掲、三〇一頁。

（8）Gilligan, Carol, "Moral orientation and moral development", in *Justice and Care*, ed. by Virginia Held, Westview Press, 1995, p. 31.（この論文の邦訳が今年公刊された。「道徳の方向性と道徳的な発達」、小西真理子訳、『生存学』七巻、立命館大学生存学研究センター編、生活書院、二〇一四年、二二九―二四九頁）

（9）品川、前掲、二一六―二一七頁。

（10）ケアと正義の統合がどこでなされるのかという論点は、前号掲載の拙論八―一〇頁にも指摘している。

（11）したがって、私は二つの見方の習得をひとりの人間の徳の涵養というふうには説明しない。

（12）葛生栄二郎、『ケアと尊厳の倫理』、法律文化社、二〇一一年、一六九頁。

② 川本・伊佐コメントへのリプライ

高橋隆雄

拙論「ケアの意味の核にあるもの―メイヤロフ、ギリガン、アリストテレス―」に対して、川本隆史、伊佐智子両氏から貴重なコメントをいただいた。それぞれのコメントへのリプライを述べてみたい。（なお、以下の文中では敬称を略している。）

一　川本コメントへのリプライ

（一）川本は、メイヤロフに対する私の見解には概ね賛同してくれているようであるが、ギリガンが提唱した「ケアの倫理」とジェンダーの問題を切り離す私の立場に対して、次のように問いかける。「だとすれば高橋当人は、「男性の論者によるギリガン評価は、ギリガンのうちにあったジェンダー性をみごとに脱色し、脱ジェンダー化の政治を遂行する結果になった」〔上野二〇一一：五〇〕とする上野千鶴子の論難に対して、どのように応答する用意があるのだろうか。上野の弾劾はほぼ私に向けられていたという事情があるがゆえに、「男性の論者」たる高橋になおさら訊いてみたくなる。」

　現実のケアがしばしばジェンダーの問題を孕む点については、拙論でも述べているように、異存はない。また、現代における「ケア」についての哲学や倫理が、過去から現在に至るまで女性が置かれてきた立場を主たる対象の一つとすることにも異存はない。しかし、ギリガンが提唱した「ケアの倫理」は道徳意識の問題であり、倫理的ディレンマに対してどう応答するかということを問題にしており、育児、介護といった実際の行為としてのケアについての倫理とは異なる。それがジェンダー問題とどれだけ強いつながりをもつかは、その道徳意識とジェンダーがどれほど関係するかにかかっている。

　ところが、「ケアの倫理」が指し示す道徳意識は、拙論で言及した山岸明子の調査研究が示すように、少なくとも日本では女性に特有のものとは言えない。（拙論ではさらに、「ケア的な思考枠組みは、古代から現代まで日本人の心の奥深く根づいている」と述べた。）ゆえに、少なくとも日本では、「ケアの倫理」とジェンダーの問題が分かちがたく結びついていると考える必要はない。このように、ギリガンの唱えた「ケアの倫理」からジェンダーの問題は脱色可能である、さらにいえば、脱色する方が理にかなっている。このことは、ギリガンが「ケアの倫理」を執筆した時代状況、そしてギリガン自身が「ケアの倫理」と女性の結びつきをいかに強く意識していたか、またギリガンの考えに対してフェミニストの側からいかなる反応が返ってきたかといったことと無関係である。

　私は「ギリガンのうちにあったジェンダー性」を「脱色」した一人かもしれないが、「脱ジェンダー化の政治を遂行する」つもりはない。「ケアの倫理」はギリガン自身やフェミニストたちの思惑を離れて、哲学・倫理学上の重要な論点に触れたのである。それは、川本の言葉を用いればケアに関する「歴史貫通的な」ものであり、私が「ケア的なもの」と呼んだところのものであり、それに照らせば、通常、ケア概念にとって不可欠とされる関係的人間観の提唱もジェンダーの問題提起（ジェンダーの不平等自体は歴史貫通的性格をもつと思われるが）も、現代という時代の産物なのである。

（二）二点目は、時代を超えた「ケア的なもの」を探究する〈歴史貫通的な〉視座と、ギリガンやメイヤロフについての所論における〈時代内在的な〉スタンスとの関係を問うものである。

言うは易く行うは難しいことであるが、私はしばしば哲学、特に倫理学の授業で、ある倫理的問題に対処するためには、それを時代の全体、そして歴史という二つの視点で捉えること、また、そのような視点で捉えて、制度、政策、原理、規範、行動様式等を評価する場合、評価している自らの立場への吟味も必要であるということを語ってきた。時代の全体、そして歴史という二つの視点による把握は、それぞれ独立に得られるものではなく、相互に連携しつつ次第に深められていく。現代における「ケア」に関わる議論を整理するために、現代という時代に特有の背景や時代に応じた主張を探るとともに、「歴史貫通的な」意味をもつ「ケア的なもの」を追求したのも、この二つの視点によっている。私は、現代における「ケア」をめぐる言説のいずれが歴史貫通的なケアの本質に触れており、いずれがケアの近縁や周縁にあたるのかという、いわば腑分け作業を試みたのである。

これまでメイヤロフについて論じたほとんどの議論は、彼の述べた説に関心を集中してきたが、それが哲学上のいかなる背景のもとに書かれたかに関しては、注目してこなかった。もし注目していれば、メイヤロフは概念へのケアを典型の一つと見なしていること、アリストテレスの友愛論と強い親和性をもつこと、本来、ケアするものとされるものには長期にわたる親密な関係が必要であること、それゆえその理論は通常の看護や教育の場面に適用しがたいことが理解できたはずである。これとは逆に、ギリガンの場合は、その背景にあるジェンダーの問題が、彼女の提唱する「ケアの倫理」の理解に不可欠とされてきた。ここでは、背景への関心が強すぎると思われる。メイヤロフの説とギリガンの説を、それらが主張された時代の全体の中に置くこと、そして、それらを歴史的にとらえ直すことを通じて、背景への無関心や背景への固執ということから自由になることができるだろう。拙論で行ったのは、そのようなことであり、その際に、時代の全体と歴史という二つの視点を必要としたのである。

フェミニズムは、家族や企業、法律にとどまらず、社会の隅々に男性による支配が、意識的にまた無意識的に、及んできたことを指摘する点で、事象を全体の中でそして歴史の中で捉えることをしてきた。その点では敬意に値するが、ときにはそれが行き過ぎて、自らの立場を見直す視点を忘れることがあるのではないか。たとえば、日本の研究者であれば、「ケアの倫理」が指し示す道徳意識のあり方が、日本ではとくに女性に多いというわけではないことに気づいてしかるべきではないだろうか。

（三）コメントの三点目は、私が「ケアの時代」の中に多くの事柄を雑然と納めているというものである。いつの時代も、歴史貫通的な、いわば通奏低音とともに、伝統や近い過去の影響や当代の状況への対応を含む複雑な様相を呈している。ケアという視点から見ても、ケアの核となるもの、その近縁、周縁と多様である。私は、ケア的なものの核にある要素とそれ以外の要素との腑分けを行ったが、これは、ケアをめぐる言説を核から近縁、周縁へと関係づけるものであり、それら「個々の要素のつながり具合を丁寧に（carefully）見分けていく協働作業」の基礎となる作業といえる。

それに関連して、「牧野栄一や我妻栄の法理論に「ケア的なもの」を読み込もうとするのも、いささか牽強付会の観が否めない」というコメントに応えてみたい。牧野栄一の主観主義刑法理論では、脈絡依存的思考と対象との対面的関係という「ケア的なもの」が強調されている。それは、我妻栄によれば「理屈」よりも「人情」を重んじる立場であり、ここに「ケア的なもの」を読み込むことは決して牽強付会とはいえないだろう。また、拙論でも述べたように、私は加藤一郎や星野英一によって提唱された利益衡量論にも「ケア的なもの」を読み取っている。ただし、我妻栄の立場はそれと違っている。拙論の注で挙げたように、我妻栄は、牧野の主観主義に共感を示しながらも、具体的妥当性を発揮させるために「まず法律をすみからすみまでわからして、そうしてそれを、杓子定規に動かす」と述べている。これは、法律の「枠を崩さないで、なんとかして人情にあわせる」立場である。

なお、ハインツのディレンマで使われた数字は、川本の指摘の通り「二〇〇〇ドル」が正しい。さらに一点だけ些細なことを付記する。私がメイヤロフの元同僚から受けたメールによれば、"his first child" という表現があり、メイヤロフには少なくとも一人子どもがいたことがわかる。その点で、川本がコメントへの注で挙げた上野の推断は正しいといえる。

二　伊佐コメントへのリプライ

（一）リベラリズムは、抽象的個人を前提として伝統の捨象を要求する。しかし、伝統には、保持するべきものと、廃するべきものがあり、ケア論は、このような個人生活、社会生活における伝統の意義を再確認させるものであるのではないか。「リベラリズム的正義」と対称的な「もう一つの声」は、義理・人情の文化、世間の目を気にする恥の文化をもつ東洋、なかんずく日本では、女性だけに限定されず、男性も同様にケア倫理的な判断を日常的に行っていることに拙論では着目した。義理・人情も「自己を含め、社会にとって正当であることを考慮した上で、そのように配慮する」という意味であれば、ケアの要素として重要であるが、しばしば、これは滅私的に、「不当に我慢させる」ものとして使われる場合がないだろうか。配慮のみが無条件に優先し、結果的に、不当な結果を招くのでは、望ましい配慮ではない。また、日本では、この圧力を廃するためにこそ、リベラリズムが求められてきた経緯もあるのではないだろうか。これがコメントの一番目の論点である。

これは、日本の伝統がケア的な要素と深く関わっているという私の主張を前提としつつも、日本の伝統にあるケア的なものが、ケアするものの滅私や忍従を強いる面をもつのではないかとの指摘である。たしかにその通りである。ただし、それは日本の伝統的ケアにかぎられない。ケアとはたんに美しくよきものではなく、ケアには、閉鎖性、強固な関係による束縛、自律の疎外、ケアするものによる支配、ケアする側とされる側の主導権争い、バーンアウトなどのネガティブな側面がつきまとう。コメントにもあるように、日本の伝統におけるケア的なものは、ケア的なものがしばしば含む欠陥を具えている。それはこれまで多くの日本人論においても主張されてきたことである。また、日本で戦後、リベラリズムが多くの人びとに支持されたのは、ケア的社会のもつネガティブな面からの解放をそこに見出したことが一因であるといえる。ケアの理論が構想する社会は、ともすれば理想的なものになりがちであるが、ケアのもつポジティブとネガティブの両面を見据える必要があるだろう。

（二）拙論では、メイヤロフのケアの理論はアリストテレスの友愛（フィリア）になぞらえられるものであり、一般に教育や看護の文脈で語るべきではないと述べた。第二の論点は、それに対するコメントであり、看護や教育はケアに関わるというものである。それはなぜかといえば、たとえば看護にとって患者教育の側面は重要であり、病む者が自己自身の力で自己の身体を律し、健康を回復できるように、看護者は患者に関与する。そのような意味で、看護者は患者の徳の涵養に関わる。またそれを通じて、看護者も自己実現する。こうした関係は一般に教育において見られるものであるが、それはメイヤロフの言うケア的な関係に他ならないゆえ、ケアは教育や看護と密接に関わる。

たしかに、日本看護科学学会の「看護行為用語の定義一覧」によれば、患者教育とは「自分で疾病管理や生活調整をするための知識・技術・態度の習得を助けること」とある。(http://jans.umin.ac.jp/naiyo/bunrui/defi_4.html) 患者が疾病の管理や生活調整できるよう支援するのは看護者の役割であり、そのような患者教育はケア的な行為であり、教育や看護を「ケア」と捉えることは可能である。しかし、一般にいう「ケア」ではなく、メイヤロフのケア論では、それ以上のことが求められている。というのは、メイヤロフの言うケアは、観念へのケアや我が子へのケアを典型としており、アリストテレスの友愛のように、本来、特定の相手との長期の関係を要求するからである。すなわち、私は、教育や看護をケアの文脈で語ることに賛同するが、メイヤロフのケア論をもって語ることには否定的なのである。彼のケア論にもとづいて教育や看護について語るとき、そこには理想と現実の大きなギャップが必然的に生じてくる。そして、それが実現すべき理想として課される時、ケアする者には解消しがたい負担が伴うことになるだろう。ちなみに、メイヤロフは『ケアの本質』において、ある箇所で看護のことを括弧内で語っているが、看護がケアであることは示唆されるのみである（二十六節）。それに対して、教育は頻繁にケアとして語られる。しかし、長期にわたり親密な関係をともなう自分の子どもの教育は別として、メイヤロフは教育一般について彼の提唱する意味でのケアを語るべきではなかったのである。

最後に、川本が求めている実践的な社会構想から逸れることを承知のうえで、ブルジェール『ケアの理論－ネオリベラリズムへの反論－』への感想めいたものを述べることで、先号の自説に少々考えを付加してみたい。ブルジェールは、「ケア」にもとづく哲学は「従来の哲学より、比較にならないくらい生き生きした、新しい哲学となる」として、この哲学を「ケア」の倫理の三つのレヴェルに従って明らかにする。それによれば、第一は、「ケア」の声、およびジェンダーの不平等、第二は、弱さと依存を「配慮する」こと、第三は、個々人の保護、および男女の実質的平等の促進のための新たな体制を実現する政策である（同書 p. 16）。

ここで私が読み取ったことはまず、ケアとジェンダーの結びつきがいかに強固であっても、第一のジェンダーの不平等の問題は、第二の弱さと依存の問題の中に含まれるということである。第一のレヴェルを論じる第一章の末尾においてブルジェールは次のように述べる。「フェミニストの倫理とは、弱い声としての女性たちの声を理解することであり、世界に異なる仕方でかかわることである。より一般的には、最も弱い人びと、聞かれることのない人びと、認められていない人びとの声をきくことだ。ギリガンの研究から引き出されるフェミニストの倫理とは、さまざまな搾取によって、自分の言葉を抹消されている、支配されている人びとを守ることなのだ。」（p. 53）。ここにあるように、ジェンダーの不平等は、より一般的には、弱い人びと、依存している人びとの搾取や犠牲という問題に包括される。すなわち、ブルジェールのいう「ケア」にもとづく哲学は、弱者、依存する人びとを一般に対象とするといえる。

ブルジェールを読みつつ思ったことの二番目は、「弱者」の二重性である。ケアするものとされる者の関係でいえば、ケアされる者は弱者・依存者である。しかし、社会全体を考えれば、ケアする者も伝統的に女性あるいは弱者であった。ここには二重の弱者が登場する。ケアという活動自体が、権力機構の中で日の目を見ない位置に追いやられてきたという認識がそこにはある。つまり、ケアを必要とするという意味での弱者（誰でもなる可能性があるし、赤子の時は誰でもそうだった）と、ケアという活動自体が置かれてきた位置、権力機構の下層という位置に伴う弱者という規定がそこにある。それゆえ、ケアするものは、ケアすることに伴う権力をもち支配をし（p. 75）、ある視点では弱者でないが、ケア自体が置かれてきた位置という別の視点では弱者とされる。その意味で両義性がつきまとう。これにしたがえば、ケアされるものは、ケアされるという意味での弱者と、ケア自体が埋め込まれている構造の中での弱者という、二重の弱者という特徴を背負うことになる。

しかし、事態はより錯綜している。それは、ケアするものに生じる脆弱化（p. 77）が示唆することでもある。ケアするものは、ケアにおいて権力をもつだけではなく、ケアすることで心身が疲労する。これはたんに、ケアの辛さ、弱者のニーズへの応答の困難さによるだけではない。多くのケアがケアの受け手の承認を必要とするかぎり、ケアする側とされる側の間にいわば権力闘争がしばしば生じるのである。たとえば、育児でも介護、看護でも、ケアされる幼児や老人、患者が主導権をもとうとする場合がある。モンスター・ペイシャントはそのよい例である。これらは特殊な状況で例外的に生じることではなく、ケアということに必然的に伴う、いわばケアの論理あるいは文法に関係している。この論理ないし文法は、本来のケアがケアされるものの承認を必要とする点に基盤をもっている。（ケアの論理については、拙著『「共災」の論理』九州大学出版会　二〇一三年　第三章で論じた。）

三番目は次の点である。ブルジェールは、「配慮の仕事は、経済活動にとって絶対不可欠の条件として承認されなければならない。リベラリズム、ましてネオリベラリズムは、配慮の仕事なしに存在可能ではない。配慮の仕事に従事する人びとのおかげで、他の人びとが市場支配の競争に専念できるのだ」（p. 15）と述べる。つまり、ケアに従事する人びとは、弱者として、一方的に自律的活動をする人びとに依存し支配されているわけではない。自律的に市場支配の競争に専念する人びともケアの仕事に依存している。いわゆる相互依存の関係である。そうであれば、たとえば、多少手荒であるが、ケアの活動をボイコットすることで、自律的活動に専念する人びとにケアへの依存を思い知らせることや、ケアの報酬の見直しに向かわせることが可能だろう。それが困難な理由はいくつか挙げられる。専門化されていないケアの領域では、交代要員が多く存在するため、ケアの仕事の放棄がただちに多大な支障をきたさないこと、また、伝統的に、特定の人びとにケアする義務や責任が担わされていて、それを放棄すると道徳的・法的に非難されることなどである。

以上のうち、二番目と三番目は、上野が挙げるケアに関する四つの権利（①ケアする権利、②ケアされる権利、③ケアすることを強制されない権利、④ケアされることを強制されない権利）の③と④に関わっている。（上野千鶴子『ケアの社会学』太田出版　二〇一一年　p. 60）三番目についていえば、「ケアすることを強制されない権利」は、育児一般の拒否の自由と捉えられると問題が生じるが、特定の人びとがもつとされるケアへの義務・責任が、ケアにともなう社会的不平等を固定させてきたこともまた事実である。

③ ケアは猫も旅人も殺さない

葛生栄二郎

福音書に語られる「善きサマリア人の譬」は、どれほど手垢にまみれようともケア倫理の原風景であることに変わりはなかろう。この譬話の中で、サマリア人は「腹の底から同情して」(*esplanghnisthe*)、一銭の得にもならない、見ず知らずの旅人を介抱する。それは、ケア行為であると同時に、尊厳の相互確認行為であって(サマリア人はケアを通じて、旅人は生きるに値する存在として扱われる経験を通じて)、尊厳の概念は人権保障の基底層として語られるにせよ、あるいは世界正義の最低限尊厳保全義務といった形で語られるにせよ、このようなケアの営みへの注視なしには語ることができない。人間の尊厳は互酬的関係性を超え出た時にこそ初めて見出される類いの価値だからである。

ところで、この譬話に登場する「律法の専門家」の原語は*nomikos*、つまりは「法学者」である。法学者は「隣人を愛せ」こそ律法中最も重要な掟であるという、期待通りの解答をキリストから導き出したうえで、さらに「では、隣人とは誰か」と問う。「われわれの隣人とはユダヤ人同胞のことである」という、彼らにとっての正答を期待したのである(「自分を正当化しようとして」)。ところが、これに対するキリストの応答は「善きサマリア人の譬」なのだった。この譬話には、互酬的関係性の枠組を堅持しようとする法学者の正義の倫理と、この枠組をしばしば容易に超え出てしまうケアの倫理との緊張を見ることができよう。互酬的関係性に固執する限り、正義の倫理はその「語り」の閾値下の（あるいは領域外の）関係性、生活世界での情緒や行為選択を無意味なものとして削ぎ落とさざるを得ないが、登場する法学者もまた、まさにこうして、正義が語られる文脈から異邦性（サマリア人）、状況依存的な感情（「腹の底から同情し」）、問題の個別具体性（傷付いた旅人）などを削ぎ落とし、法的言説を加工しようとした。しかし、ケア倫理は、正義の語られる文脈から夾雑物として捨象される、これらの関係性や状況性にこそ注目するのである。これこそがわれわれの規範意識の最基底層を形成するものだからだ。

閾値下の、あるいは領域外の関係性を言説から排除するという点では、無論、リベラルな正義論も同様である。マーサ・ヌスバウムはリベラルな正義論の言説から排除される、あるいは、せいぜい異国の言葉のようにカタコトとしか語ることのできない存在として、障碍者、外国人、他種動物を挙げているが[1]、ケア倫理の射程はさらに広いだろう。例えば、まだ見ぬ未来世代や胎児についても、われわれは彼らのためにケアし、ケアされる。すでに関係性の終了したはずの死者に対してさえ、われわれはケアし、ケアされる。死者はしばしば生者以上に最良のケアラーであるだろう。

このように、ケアは既存の互酬的関係性が築き上げる不可視の障壁を乗り越える可能性を持っているが、この清新さに着目するところにこそケア倫理の魅力があると言うべきだろう。ケア倫理の問題関心を家族や友人・同僚など、フェイス・トゥ・フェイスの範囲に限定しようとする傾向は、この清新さを奪うとともに、ケアの個別性（確かに、ケアは常に個別具体的なものだ）と私事性とを混同するという誤謬を犯しているものと考える。個別性と私事性は異なるのである。例えば、上掲のサマリア人は目前にいる傷付いた旅人に対して極めて個別的に衷心からのケアを与えたが、また他日、再び別の傷付いた旅人に遭遇したとしたらどうだろうか。彼は、その旅人に対してケアする（care for）と同時に、このような形で旅人が半殺しの目に遭わなければならない不正な状況そのものに対して憂慮する（care about）ようになるだろう。この時、サマリア人のケア観念は既に普遍化され、互酬的関係性に依拠した正義観念とは異なる、ケア欲求‐ケアリング欲求に依拠した正義観念を抱くに至っている。それは個別性の蓄積ではあっても、決して私事的な関心とは言い難く、この意味で、ケアと正義とは容易に往来可能な連続的関心事なのである。

　このことを最初に指摘したのはノディングスだったと思われる。彼女は *Caring*（1984）においては、この区別をまことに消極的にしか論じていなかったが[2]、*Starting at Home*（2002）では評価を変え、正義との結節点になり得るものとして積極的に評価するようになった。

「caring-for と caring-about との基本的区別は依然重要だが（個々の言葉遣いは関係ない）、今では、caring-about をもっと重視すべきだと思っている。確かに、caring-about はケアと正義との繋ぎになりそうだ[3]。」

とはいえ、やはりノディングスにとって、caring-about はあくまで個別の caring-for を実りあるものにするための道具的前提であって、個々具体的な孤児の世話をすることが抽象的な孤児問題全般にすり替わってしまったりするのは本末転倒だと考えている[4]。つまりは、フェイス・トゥ・フェイスで共感し合えるという私事性こそがケアの本質的要素だという主張は譲っていないように思われるのだ。さらに言うならば、ケア倫理の普遍化は、彼女のイメージするケアの原風景、母親的温情と無償の善行、無条件の包摂と許容などとはだいぶ異なる戦闘的なイメージをケアに齎すと理解したのではないだろうか。心優しいサマリア人は義憤に燃える正義の闘士へと変貌してしまう。それは彼女の求めるケアラーの姿ではなかったのではないかと考えられる。

　しかし、われわれが不可視の障壁を越えて温情的であること、あるいは人生という旅の道中で半殺しの目に遭った人々を無条件に包摂すること、これらのためには、そうすることを阻む、あらゆる不正を批判的に吟味することが求められよう。つまり、ケアが目前の他者に対して温情的であることと状況に対して批判的であることとは、これまた容易に往来可能な連続的関心であり得るし、またそうでなければならない。ここにあえてクサビを打ち込もうとすることは、ケア倫理が架橋しようとする公私二元論の陥穽にみすみす自ら嵌まり込むことを意味する。ケアと尊厳とのサイクル（があると本稿筆者は考えているのだが）を阻害する諸条件の批判的吟味は、ケア倫理の辿った当然の発展経過だったと私には思われる。これを「批判的ケア倫理」と呼ぶのである。

なお、この呼称は本稿筆者の造語ではなく、フィオナ・ロビンソン（Fiona Robinson）からの借用である。彼女は、地球規模でのケアの拡がりを検討した *Globalizing Care*（1999）の第六章を「グローバルな社会関係と排除：批判的ケア倫理に向けて」と題している。この章においてロビンソンは、「リベラルで普遍主義的な倫理も、ケア倫理の伝統的な類型（conventional versions of the ethics of care）も、グローバリゼーションの倫理問題には有効に応答できない」としたうえで、現代のグローバル化した世界の要請に応えるケア倫理を「批判的ケア倫理」（critical ethics of care）と呼んでいる(5)。彼女によれば、このケア倫理が「批判的」と呼ばれるのは、「従来のフェミニズム的ケア倫理（orthodox versions of feminist care ethics）は、個々具体的な人間相互間の愛着や絆から生じる持続的・集中的な道徳関心を特徴とする道徳観念を評価し、推進してきた」けれども、関係性は愛情だけではなく差別や暴力さえも暖かく育んでしまうのだという批判的吟味が必要であって、つまりは、関係性の存在論（relational ontology）を批判的に見直すべきだからだという(6)。

ケア倫理の普遍化を志向する立場をケア倫理の「第二世代」と称する場合もあるが、もちろん呼称が問題なのではない。本稿筆者が関心を抱くのは、こうしたケア倫理の普遍化が、袋小路に陥った観のある自然法論に新たな展開を齎す可能性があるのではないかということだ。両者の関係について、次のようなことが指摘できよう。

第一に、不可視の障壁を乗り越えるというケア倫理の清新さは、既存の法的言説を批判的に吟味し、法を絶えず永遠の相の下に引き戻そうとする自然法論の清新さとも通底すること。

第二に、自然法を基礎付ける自然的傾向性（naturalis inclinatio）は、ケア欲求（ケアされたい欲求）とケアリング欲求（ケアしたい欲求）という人間の自然的傾向性によって再解釈することができるだろうということ。最小限の尊厳保全という場合の「尊厳」も、要は、最低限のケア欲求-ケアリング欲求が充足されること以外の何物でもなかろう。

第三に、ケアはわれわれの生活世界に渺茫と拡がるネットワークとして存在するが、この有り様《よう》は自然法と同様であること。自然法もまた、加工された法的言説の中にのみ住まうものではなく、むしろ実定法では汲み尽くせない、生活世界に内在するフロネシスの反復的蓄積である。

第四に、いみじくもロールズが指摘したように、人間の成長過程においては、他者に対するケアの振舞いとフェアな振舞いとは相互不可分なものとして学習体得されていること。フェアネスを言語的明示化に馴染まない、正義に関するポランニー的内感（intimation）と理解するならば、「ケアとフェアの一体性」という語呂合わせ的共通性を指摘することができよう。

ケア倫理は互酬性の作り出す障壁を乗り越えた関係性に新たな倫理的説明を与え得るところにこそ魅力がある。この関係性には他種動物や異邦人も含まれる。つまり、ケアは猫も旅人も殺さないというわけである。

（1）　Martha C. Nussbaum, *Frontiers of Justice: Disability, Nationality, Species Membership*, President and Fellows of Harvard College, 2006. ヌスバウム、神島裕子訳『正義のフロンティア　障碍者・外国人・動物という境界を越えて』（法政大学出版局、二〇一二）

（2）　例えば、Nel Noddings, *Caring*, University California Press, 1984, p. 112. ネル・ノディングス、立川善康ほか訳『ケアリング』（晃洋書房、一九九七）、一七五頁。

（3）　Nel Noddings, *Starting at Home*, University California Press, 2002, p. 22.

（4） ibid., pp. 23〜24.
（5） Fiona Robinson, *Globalizing Care: Ethics, Feminist Theory, and International Relations*, Westview Press, 1999, pp. 109〜110.
（6） ibid., p. 110.

④ ケア論における〈個〉と〈繋がり〉の緊張関係の所在

野崎亜紀子

一　応答の視角

拙稿「ケアの倫理と関係性―ケア関係を構築するもの」（以下、本拙稿と記す。）に対し、伊佐智子氏、川本隆史氏よりコメントを頂戴した。御礼申し上げる。

筆者は、社会秩序における特定の人と人（親子、患者医療者等）との個別の繋がりを尊重すべきとする思想が、近代法とそれを支える思考の中に埋め込まれているところに着目し、この特定の個人と個人との繋がりを基点とした規範的関係論について検討を進めている。(1) 筆者はこの検討を進めるにあたり、二つのことを念頭においている。第一に、（いささか大風呂敷ながら）現代社会における法を支える思想としてのリベラリズム（法学）を捉え直す

（再定位する）契機とすることであり、第二に、医科学技術等の法的規律を支える規範的理由を検討しこれを提示することである。

川本氏の指摘通り、本拙稿は、これとほぼ時を同じくして公表された別稿「法的主体と関係性－ケアの倫理とリベラリズムの論理」(2)（以下、別稿と記す。）と一対を為している。

一方で本拙稿が取り組んだ課題は、特定の人と人との繋がりを規範理論がどのように受け止めるべきか、ということであった。そこでは同じく特定の人と人との繋がりを基底とする理論を展開しようとするケア論が、人同士の繋がりについて、ある視角からの経験的価値判断に依拠した－したがって尊重に値する良い繋がりと、尊重に値しない悪しき繋がりとを価値的に区別する規範的指標を持たない－考え方であり、規範理論としては不十分であることを示した。ただし、特定の人と人との繋がりに対する規範的評価の必要性を指摘する点で、個人の尊重を基調とするリベラリズムに対する批判（特に自己決定に対する過剰な評価に対する批判）として重要であるとした。しかしこの批判を受け止める素地は、リベラリズム内部にあり得ること（個人の尊重＝他者承認原理）を指摘して、リベラリズムおよびそれに基づく法理論（以下、併せてリベラリズムと称する。）の内部における理論的検討の必要性を提起した。

他方で別稿が取り組んだ課題は、特定の人と人との繋がりの中にある規範的主体をどのように捉えるべきか、ということであった。ケア論は、以下のようにリベラリズムを批判する。リベラリズムにおいて想定される、自らの意思に基づいて選択し、自己決定することのできる個人という主体の想定は、自律的主体以外の存在－他に依存する、脆弱な者たち－の排除の上に成り立つ思考であるとともに、現実にそれらの脆弱な者達が社会で活動し評価されることを阻んでいる、と。対して排除される脆弱な者こそが、規範理論上の核心に置かれるべき主体像なのだ、と。別稿においても、ケア論による繋がりを基底とする視角からのリベラリズムに対する批判の重要性を指摘した。しかしこの点についても、リベラリズムの主眼はあくまで、個人の尊重 respect of individuals にあるのであり、批判の対象とされる〈強い個人〉は、リベラリズムにおける主体像の核心とは言いがたいことを指摘した。さらに、個を人同士の繋がりの中に埋没させることなく尊重するためには、主体の性質の特定は重要ではなく、むしろ有害だと結論した。

ケアには「活動」としての側面と、「規範的、制度的、社会的枠組み」としての側面とがあり、両者は密接に結びついている。(3) したがって両氏のコメントに明示されるところからも、ケアについて論じる際、これを論じる者には、具体的な活動および具体的な制度に対する言及ないし態度表明が強く要請されるものと考えられる。筆者自身はケア論を規範理論として受容する立場にはないが、両氏から頂いたコメントによって改めて考える機会を得ることとなった以下の点について、本拙稿及び別稿を踏まえて少し敷衍する形で論じることで、応答に代えさせて頂きたい。

二　規範理論としての要請

（一）個と繋がり

筆者は、リベラリズムが基調とする個人の尊重のあり方を再考する上で、個人の自由意思の尊重をその核心に置くべきではないと考えている。重要なのは、個人の意思の尊重を理論的、制度的に保障することに執心するのではなく、あらゆる個人が、人同士の様々な繋がりの中で、なお個人として尊重されることを制度的に保障することによって、あらゆる他者を自らと等しく尊重されるべき他者として承認し、以て多様な個々人の存在、活動、思想等の流通を確保する社会（自由な社会）を構想することであると考えている。自由な社会とは、当該社会を構成する多様な個々人が、等しく個人として尊重されることを社会制度の条件として要請する。[4] 筆者は自由な社会を構想する規範理論に関心を抱き、この立場から自由な社会秩序構想における諸条件の検討を行っている。この立場は、本拙稿（七　おわりに）および別稿（五　主体と関係性）でも論じている通り、リベラリズム法学の再定位の一環であるという立場に立つ。

以上のような考え方に基づき、個々人が社会の中で取り結んでいる個別の繋がりと、個人の尊重との間の緊張関係をいかに規範理論上捉えることができるのか、が筆者の関心の中心にある。この観点から、このたびの特集《ケアと法》において本拙稿を執筆した。これに対してケア論は、〈ケア関係の維持に努めよ〉という原理に基づく社会理論、言い換えれば繋がりの尊重が確保された状態を目指す理論を構想する。本拙稿では、どのような繋がりが尊重に値する繋がりであるかについて、規範理論としてのケア論は、その指標を提示していないと論じた。人と人との繋がりの形成は一時に留まるものでなく、一定の過程を経て形成されるものであり、時や状況によってその意味付けもまた変化する。したがって一義的な指標を提示することは容易ではないであろう。しかし、指標について論じる契機なく、正義を希求する規範理論としてケア論を構想し、〈ケア関係の維持に努めよ〉と命じることは、ケア論が、何らかのあるべきケア関係をあらかじめ想定しているか、あるいは何か特定の原理ないし指標－例えばリベラリズムが基底とする個人の尊重の原理－をあらかじめ挿入し、暗黙のうちにケア論者が想定する良い繋がりと結びつけてしまっているのではないか。帰結の重要性を強調して配慮を論じるケア論（「人間社会には、選択の自由もさることながら、より重要なのは結果の方ではないだろうか」（伊佐コメント））に対しては、なおやはり、その帰結の〈良さ〉を問う規範理論上の視角が何であるのかを改めて伺いたい。筆者が問題にしているのはこの規範理論上の点であって、ケア論におけるケア関係として特に、「周囲から隔絶され、閉じられた「依存」関係」（伊佐コメント）を想定するものではない。ケア論が事実としてどのような関係を想定するにしても、それを規範的に評価する指標を問うているのである。

ケア論が、もし個人の尊重の原理を前提としないのであれば、規範理論上の指標が不明であるし、もし個人の尊重の原理を前提とすることを認めるのであれば、それにもかかわらず個と繋がりとの緊張関係を等閑視するところに難点があるように、筆者には思われる。

（二）親権停止制度

具体的に考えてみよう。

筆者は「重篤な疾患を持つ新生児の家族と医療スタッフの話し合いのガイドライン[5]」の作成に参与した後、このガイドラインの意義・機能とそこに含まれる問題点について、いくらか論じてきた。[6] 問題は多岐に渡るが、特に重篤な疾患を持った新生児の最善の利益を如何に尊重するかについて、既存の法的対応とその限界が議論の焦点となった。新生児の治療を様々な事情により拒否する親と、医学的知見から治療を行うべきと考える医療者、という構図は、この問題を考える上で実際に生じていたいくつかの類型の中の、ある一つの型とされた。その際、新生児本人が意思表示をすることが困難である以上、誰かが児の治療についての決定をしなければならない。誰がいつ何をどのように考え決定を下すべきかが問われ、その局面で機能する指針の作成がなかでも重大なミッションの一つであった。ひとつの対応のあり方として、医学的見地を優先し、児の治療について親がその治療に同意しない場合、これを虐待類似のケースと見なし、親権喪失の審判を申立てるという手だてがあり得た。[7] ただし、児の治療について親からの同意を得るという目的のために親権を親から奪うことは、目的に比してその効果が重大に過ぎること、また、いったん親権を喪失し治療が終了した後、これを回復することの手続き的、心理的難しさ、さらには親権喪失が親子関係の根本に関わる問題であるため、その宣告を行う家庭裁判所が慎重にならざるを得ず、緊急時の実効性がない等の問題点が指摘された。その後様々な経緯を経て二〇一三年四月より、最大二年の期限付き親権停止制度が導入された（民法八三四条ノ二）。従来、あらかじめ期限を定めて親権を停止する制度はなかったのに対し、新たな親権制限制度の下において、家庭裁判所は、「父又は母による親権の行使が困難又は不適当であることにより子の利益を害するとき」、二年以内の期間を定めて親権停止の審判をすることができることとされた。

親権停止制度の導入について、筆者は賛同の立場に立つ。そしてこのことはおそらく既存のリベラリズムにおいても、ケア論の立場においても一定の賛同が得られるものと思われる。しかし、その正当化理由は各々に異なるのではないか。

リベラリズム（そしてまた同様に筆者の検討する規範的関係論の立場）は、個人の尊重を基点とする。親の子に対する態度が、その子を我が子として承認し尊重する姿勢に著しく欠け、子を自由な個人として尊重・配慮することに悖る時、これを放置することは、個人の尊重という社会制度的要請に応答すべき法的義務に反することになるから、親権は停止される。停止された後も、状況改善のための働きかけが、子・親各々の尊重のために制度的に要請されねばならない。その働きかけが奏功し状況が改善されれば、親子関係を切断したままであることは、子・親各々の尊重に反することになるから、早急に停止を解除することが制度的に要請される。

対してケア論は、親子の良い繋がり（ケア関係）が基点とされる。親の子に対するネグレクトが生じている場合、当該親子関係がケア関係として認められないから、当該関係がケア関係となるまでの間、親権は停止されなければならない。停止された後も、状況改善のための働きかけが、良き繋がりのために制度的に要請されねばならない。その働きかけが奏功し状況が改善されれば、当該関係はケア関係と見なされるのであるから、早急に停止を解除することが要請される。

両者は結論として親権停止制度の導入に賛同するが、理由付けが異なる。筆者の疑問は、ケア論における良い繋がり（ケア関係）の指標は何か、それは個人の尊重の原理を前提にしているのではないかということである。ケア論が個人の尊重の原理を内包しているのであれば、筆者にとっても歓迎すべきものであるが、そうであるならば個と繋がりの緊張関係を認識する必要がある。

（三）子どもの最善の利益と信頼構築

もう一点、具体的に考えてみよう。本ガイドラインでは、治療の差控え・中止に際しては特に、両親および複数職種の医療者等により「子どもの最善の利益」を考えることが重要であるとされ、これが治療決定に際しての重要な要件であるとされた。また併せて、両親及び担当医師を中心とする複数職種の医療者との間の信頼関係の構築を如何に確保するか、というところも重要な論点であった。結果として出来上がった本ガイドラインを、いずれに基点を置いたものと理解するかについては、依然として意見の分かれるところである。ただし、「子どもの最善の利益」について、親、医療者等関係当事者が議論することのできる環境整備が必要であるということについては、検討ワーキンググループ内で意見の一致があった。本ガイドラインは、検討ワーキンググループによるガイドライン案作成の後、関連する三つの学会および公開シンポジウムを経て決定されたが、それら学会・シンポジウムでは、本ガイドラインで強調される「子どもの最善の利益」について、その内容の指標が示されていないことへの異論、不満も少なからず示された。しかしなおワーキンググループでは、「子どもの最善の利益」の内容を示す指標を明示するのではなく、当事者等が、それが何であるのかを考えるための環境整備に力点を置き、それが何であるのかについてどのように考え、結論に至ったのかを診療録に記録することとした。その上で最終的には、この様な検討に基づき当該決定を「子どもの最善の利益」に適うと判断する、と言うことによって決定するように要請した。

筆者は、「子どもの最善の利益」という概念は、それ自体として充填された内容を持たないが、「この子ども」の

「最善の利益」に適うことが、当該子どもに対する治療のあり方（差控え・中止を含む）の正当化理由として認められるべきと考えている。このことは「この子どもの最善の利益について、これこれのことをこのように検討した結果、この決定が、『この子ども』の『最善の利益』に適うと判断した」と明示することによって正当化される。そしてその過程は常に批判に開かれるべきと考える。

これに対してもうひとつ、ケア論的な応答があり得よう。すなわち、子どもを中心とする関係当事者の繋がりに基点を置く考え方である。この場合、関係当事者等の信頼関係を構築し、よりよい関係性を作りあげながら、話し合いという過程を踏み、その上で結論を出した、ということが正当化理由となる。

両者は結論の中身に大きな違いはないかもしれないが、理由付けが異なる。誤解を恐れずに言えば、話し合いという過程を踏まえてなお、個を基底とするのか、当事者等の話し合いという過程を経た関係を基底とするのか、である。リベラリズムは、最終的には規範的に両者を切り分け、個の尊重という概念を切り札として要請する。対してケア論は、両者を切り離すことのできない一体のものとして捉え、結果としてケア関係が維持された状態が目指されるべき目標であり、これが正しいとされる。

結論として、正当化の理由を除けば、先の例と同様、両議論の帰結に現実的な違いは少ないのかもしれない。しかし、両者の正当化理由の異なりは、両議論の規範及び規範理論の捉え方の違いと考えられる。生の両端領域に係る問題においては、当事者の死に繋がり得る決定が、良い繋がりの維持に資するということを以て規範的意味における正当化理由となることに、筆者は懸念を持たざるを得ない。関係当事者等、みんなで話し合いをしたのだから（それが如何に真摯な話し合いであろうとも）、みんなが良しとしたのだから（それが如何に苦渋の決断であろうとも）、そのことを正当化の理由とすることは、決定の中身を評価、検証する契機を失うことになりかねない。当該決定を評価・検証する際、それが正しいのか、間違っているのか、何処に問題があるのか、ということが検証可能であることは、規範理論上重要な装備であり、個の尊重に帰することは、その要請に応えることをも意味する、と筆者は考える。

リベラリズムは、個の生のありようと正義とを切り離す。これに対してケア論においては、具体的事実に対する一定の価値判断を媒介に、個々の人同士からなるケア関係の有り様と正義とを直結している（ように見える）。この点でケア論は、個と繋がりとの緊張関係を等閑視する特徴を有していると思われるのであり、この疑問は、両氏にも向けられる。このことは、ケア論のひとつの特徴と見受けられるが、これは筆者の理解が不十分な点かも知れない。規範理論を構想するに当たり、ケア論内在的に個と繋がりとの緊張関係について引き続いた対話を通じ、相互理解を深めたい。

三　ネオリベラリズムへの対抗として

（一）ネオリベラリズムへの反論としてのケア論

二〇一四年二月に翻訳が出版された『ケアの倫理―ネオリベラリズムへの反論』(8)（以下、本著書と記す。）の著者、ファビエンヌ・ブルジェール氏が来日され、国内数カ所で講演が行われた。筆者も複数回講演を拝聴し、少しばかり言葉を交わして頂く機会を得た。

ブルジェール氏の（少なくとも本著書における）議論は、米国フェミニズムにその起源を持つケア論を軸に論じられている。しかし、ケアが社会的実践と共に論じられることを踏まえるならば、その前提となる事実レベルにおける社会的な状況が、この理論の前提となるだろう。ブルジェール氏の議論についてはフランス政治社会の状況が大きな前提となる。このことは本著書第三章「感受性の民主主義」の中にも著されるところである。ものの決め方や議論の仕方、大きくは民主主義に対する構えが大きく異なる前提の下で、個別の具体的な文脈が持つ特性への理解を特徴とするケア論に対し、これを本拙稿及び別稿の観点から評することは、筆者にはあまりに難しい。川本氏にはこの点、お詫びする次第である。いささか大摑みとなることをお許し頂き、以下、筆者の理解を示しておきたい。

「政治社会の変化の構想をめざす…批判理論[9]」としてのケア論の立場から、ブルジェール氏は人間の存在論として脆弱モデルを採用する。人は皆、相互に依存するものであり、事実として配慮が必要とされるにもかかわらず、現実社会においては配慮の非対称性が生じている。これを解消するためには、平等という課題に取り組まねばならない。ブルジェール氏はこうした前提の下、「ケア」の倫理に基づく民主主義的な政治と平等な社会を構想する[10]。ブルジェール氏は、経済的合理性ではない新たな統治原理として、ケアの倫理を提唱しようとし、以下三つの柱を提示する。①ケア論の基礎にホモ・エコノミクスや企業家ではない人間存在を想定し、②ケア（配慮）に関わる労働（「市場社会にとって不可欠であるとしても、低い報酬の労働（支配される人々が支配する人々に奉仕する労働）[11]」）は「市場の条件、経済的収益性の条件[12]」への適合性から脱するべきとし、③新たな世代間の繫がりを可能にする原理としてケア論を構想しよう、というのである[13]。このことは副題「ネオリベラリズムへの反論」、あるいは日本講演のタイトル「ケアの社会は不可能ではない」にも表れている。

ブルジェール氏のネオリベラリズム批判は、ミシェル・フーコーによる新たなリベラリズムに対する認識、すなわち配慮の中で生きる脆弱な個人が政治経済の計算の世界の中に取り込まれんとする、という認識と結びつけて理解することができる[14]。それ故に配慮の中に生きる脆弱な人間は、ネオリベラリズムの跋扈する現代社会においては、排除されるないし周縁に置かれてしまう。だからケア論が必要なのだ、と。

（二）ネオリベラリズムと個人の尊重

ネオリベラリズムを実効的に機能させるための（前提）条件について、検討がなされ続けている。なかでもネオリベラリズムが前提する主体としての合理的経済人、企業家モデルには批判も多い。ネオリベラリズムとは、選択の自由の尊重を基盤とする市場原理主義の上に構築された政策体系を意味する、と私は理解している。繋がりを基調とするケア論は、ネオリベラリズムが想定するこの主体批判、すなわち自由意思・選択主体型個人モデルを批判する。しかしこの主張を、リベラリズム批判と重複して理解することは出来ない。主に別稿で論じたように、リベラリズムの主眼は、人々の人生を集団的に（端的には国家社会によって）決することへの批判として個人の尊重原理を打ち出すところにある。そしてその尊重手法として、個人の自己決定を採用した。リベラリズムの理論としての批判力は、この意味で個人の尊重原理を導入するところにあったのであり、これはひとつの社会（改革）運動であったと言うべきである。ロールズ『正義論』を端緒とする現代正義論は、この運動を理論的に牽引したのであり、さらに個人の尊重原理のあり方という観点から再考しようという現代におけるさらなる検討（改革運動）へと展開している。その一例として、リベラル・フェミニズム、リバタリアン・パターナリズム、また筆者等が検討を進める規範的関係論などがある。自由の捉え方を再考しようとする、これらの新たな理論活動もまた、近代法社会における個人の尊重原理のあり方を問う〈社会運動〉なのである。

ロールズ・リベラリズムに対する批判として展開される、米国の哲学者、エヴァ・フェダー・キテイ[15]、我が国では政治学者、岡野八代[16]等による規範的ケア論については、こんにちのリベラリズムの理論的動向を踏まえ、特に本リプライが課題とする〈個と繋がりとの緊張関係〉という観点から、丁寧な検討と分析が必要となろう。そしてこの点を、川本氏に伺いたい。

川本氏は、ケアの倫理と社会契約論との間に「一種の「家族的類似性」」を見て取ることも不可能ではないだろう。」と論じ（本号、品川論文へのコメント）、このことを政治学者、重田園江『社会契約論』の議論を参照して引き出している。社会契約論が持つ〈社会〉的側面に着眼するとしてなお、その内部にある〈個と繋がりとの緊張関係〉について、川本氏は、どのように捉えるのだろうか。川本氏の近時の講演記録を拝読してなお、この点を捉えることができなかったので、伺いたい(17)。

さてここで、ネオリベラリズムが内包する（前提）条件問題を批判的に検討するに際しては、筆者がどのような問題状況を念頭に置いているのかを明示することが必要であろう。現状の我が国における規範的規律の有り様を検討する際、どの局面に目を向けるかというのは、重大な選択問題であるように思われる。筆者は、親子関係の他、広く私法における「自己決定」の位置づけが議論の対象となるであろう消費者保護法制、及び医療現場における医師・患者関係の規律の局面を念頭に置いている。筆者の理解するところ、消費者保護法制や、医療現場における医師・患者関係の規律のあり方（特に生の両端領域の場における各種のガイドライン等）では、消費者や患者本人の意思に基づく決定を尊重するにあたり、その意思決定を支えようとするかなり手厚い仕組みが導入され且つされようとしている。特に私法の領域に見られるこれらの制度は、個人の尊重原理を遂行するべく構築されている。そしてそれは、自由を基調とする規範理論（リベラリズム及びその再考理論としてのリバタリアン・パターナリズムや、規範的関係論等）とともにあると捉えるべきである。この意味でこれらの規範理論は、市場原理を拒否するのではなく、その基盤としての個人の尊重原理を問い直そうという立場に立つ。

（三）個人に対する尊重と配慮の位置づけ

話を元に戻そう。具体的施策との関係で言えば、ブルジェール氏は、「配慮にかかわる制度や集合的責任」としてのケアの制度化の試みとして、生計の手段として職業化されたケア労働―「市場社会にとって不可欠であるとしても、低い報酬の労働（支配される人びとが支配する人びとに奉仕する労働）[18]」―に対する社会的援助制度や、政治的プログラムとしての家族手当等を挙げている。そしてこれら諸制度の基盤に、相互配慮の関係性と相互依存性を置き、この基盤と公共の力（国家の行動）とを、民主主義によって結びつけるべきとする。

これらの制度を、筆者―そして他のリベラリズム論者達も少なからず―は、受容することができるし、受容すべきだと考える。なぜなら、これらの制度は〈あらゆる個人に対する尊重と配慮を要請すべきである〉とする個人尊重の原理に適うと考えるからである。川本氏の指摘の通り、ケア論は〈あらゆる個人に対する尊重と配慮を要請すべきである〉という価値を内包していると思われる。しかしこのことと、繋がりの尊重とは、論理必然的に結びつくものではなく、時に対立関係にもなり得ることは言うまでもない。

ブルジェール氏は本著書の中で、ジュディス・バトラーの言葉を引いて次のように述べる。

「自我は、実体ではなく、関係と過程であり、配慮する人びとの世界で形成され、その配慮のしかたが自我をつくる。[19]」自我が依存していないというのは、まったくの幻想であり、互いに分離している個々人からなる社会で生き続けようとするのは虚構にすぎない。[20]」

人が繋がりの中で人格を形成し、社会の中で生きるという事実があるとして、しかし規範理論上の法的主体としての個と個別の人同士の繋がりとを、地の事実によって融和させることには、懸念がある。〈他者との繋がりへの尊重〉と〈個人に対する尊重と配慮〉とが対立する局面において、ケア論における個は、そして個別の人同士の繋がりは、なぜ、そしてどのように尊重の対象となり得るのだろうか。

四　おわりに

両氏によるコメントはいずれも、理論研究が果たすべき役割としての、現実問題への近接の必要性が述べられていた、と私は受け止めている。法の理論研究は、人間の生と社会秩序－そしてそれは、今この時代の人間と社会とに留まるものではない－とを取り結ぶ営みだというのが、私の基本的な理解である。ケア論によるリベラリズムに対する苛立ちは、規範理論が持つ、地の事実を擬制するその仕方に、どこか脆弱な者を排除する傾向が見て取られるところにあるようにも思われる。社会における特定の人同士の繋がりという重要な視座をもって規範理論を構築しようとするその試みは、個と人同士の繋がりとの緊張関係を注視し、その関係をいかに捉えるかという微細な問題に対峙しなければならない。その探求のためにも、ケア論と、個と自由とを尊重する規範理論との間で対話を続けていきたい。

【お詫び】本拙稿において、誤記が見られた点について、以下の通り訂正します。
　川本氏、伊佐氏初めお読みくださった方々には深くお詫びします。

九五頁最終行　誤）「の回避を指向する。」　→　正）「の回避によって指向する。」
一〇〇頁一七行　誤）「あるいは、第一波フェミニズムが」　→　正しい「あるいは、第二波フェミニズムが」

（1）　野崎亜紀子「規範的関係論・序説」『千葉大学法学論集　宮崎隆次先生・嶋津格先生　退職記念号』第29巻第1・2号（千葉大学法学会、二〇一四）一四九－一七四頁。
（2）　野崎亜紀子「法的主体と関係性――ケアの倫理とリベラリズムの論理――」仲正昌樹編『叢書アレテイア15「法」における「主体」の問題』（二〇一三年）二四九－二七四頁。

（3） Mary Daly and Jane Lewis, The concept of social care and the analysis of contemporary welfare states, *British Journal of Sociology* Vol. No. 51 Issue No. 2 (June 2000) 285.

（4） 前掲註1、一五二頁。

（5） 厚生労働省成育医療委託研究13公-4重症障害新生児医療のガイドライン及びハイリスク新生児の診断システムに関する総合的研究班（主任研究者田村正徳）内で作成された（二〇〇四年）。

（6） 野崎亜紀子・玉井真理子「プロセスとしての話し合い　この子の最善の利益のために」『助産雑誌』（医学書院、二〇〇四）五八巻、二四－二八頁。田村正徳・玉井真理子編『新生児医療現場の生命倫理　「話し合いのガイドライン」をめぐって』（メディカ出版、二〇〇五）第1章2「なぜ「話し合い」のガイドラインなのか？－プロセスとしての「話し合い」」（野崎亜紀子執筆）一八－二八頁。玉井真理子・永水裕子・横野恵編『第2版　子どもの医療と生命倫理　資料で読む』（法政大学出版局、二〇一二）第5章「新生児医療－ガイドライン作成の過程」（野崎亜紀子執筆）一二九－一六四頁。野崎亜紀子「新生児医療の生命倫理「話し合いのガイドライン」をめぐって」『小児科診療』（診断と治療社、二〇〇七）4月号、五六五－五六九頁。他。

（7） 親による子どもの治療への同意が得られない事例で、親権喪失の申し立てが為され、児の治療（手術）を行ったケースも、少ないながらあったことが確認されている。この事例は、児童相談所が児を一時保護した上で、児童相談所長が家庭裁判所に対して両親の親権喪失の宣告および職務代行者選任の保全処分を申し立て、暫定的に親権者の職務を停止が認められたことで対応した事例である（中日新聞二〇〇三年八月一〇日朝刊一面掲載）。他の法制度上の対応の可能性として、児童福祉法上の一時保護制度、措置承認審判制度等もあり得る。前掲書、註6、田村・玉井編『新生児医療現場の生命倫理　「話し合いのガイドライン」をめぐって』第4章2「子どもの医療に対する親の同意拒否－我が国の現行法制度による介入の可能性」（横野恵執筆）一五四－一六六頁。

（8） Fabienne Burgee, *L'éthique du «care»*, Presses Universitaires de France, 2011（ファビエンヌ・ブルジェール、原山哲・山下りえ子訳『ケアの倫理－ネオリベラリズムへの反論』（白水社、二〇一三））

（9） 前掲書、註8、邦訳、七九頁。

（10） 前掲書、註8、邦訳、八六頁。

（11） 前掲書、註8、邦訳、八一頁。

（12） 前掲書、註8、邦訳、八一頁。

（13） ブルジェール氏講演「ケアの社会は不可能ではない」（京都大学大学院文学研究科応用哲学倫理学教育研究センター（CAPE）ワークショップ「異議申し立ての諸形式についての倫理学的研究」第三回研究会（京都大学、二〇一四年七月二〇日））

（14）前掲書、註8、邦訳、五六頁。

（15）E. F. Kittay, *Love's Labor. Essays on Women, Equality, and Dependency*, Rutledge. 1999（岡野八代、牟田和恵監訳『愛の労働あるは依存とケアの正義論』（白澤社、二〇一〇））

（16）岡野八代『フェミニズムの政治学　ケアの理論をグローバル社会へ』（みすず書房、二〇一二）

（17）「正義とケアへの教育―たえずロールズとノディングズを顧みつつ」法と教育学会編『法と教育』（商事法務、二〇一二）第二巻、一〇三―一一二頁。

（18）前掲書、註8、邦訳、八一頁。

（19）ジュディス・バトラー『自分自身を説明すること』（月曜社、二〇〇八年）五九頁。

（20）前掲書、註8、邦訳、八七頁。

反論と意見

1　ホッブズとケルゼンの解釈をめぐって

――書評・長尾龍一『ケルゼン研究Ⅲ』（二〇一三年、慈学社）――

森村　進

一　編集方針の問題点

本書は著者が主として今世紀に発表した二十四編に及ぶ論文と随筆を収録した書物であり、「第一部　ケルゼン」（全十一編。これはさらに「ケルゼンと哲学」と「ケルゼンと法学」の二章に分かれる）、「第二部　シュミット、シュトラウス、ユダヤ人」（全八編。これはさらに「カール・シュミット」、「レオ・シュトラウス」、「独墺ユダヤ人問題、他」の三章に分かれる）、「第三部　トマス・ホッブズ」（全五編。章分けなし）に三分されている。だが第一部と第三部でもシュミットの思想がしばしば引き合いに出されていることからもわかるように、著者の問題意識や関心は全体を通じて緊密に結びついている。著者の特徴である達者な文体のおかげで、大部分の文章は読者に予備知識が乏しくても退屈せずに読めるだろう。しかし私の知識と関心の制約から、この書評では特に興味をひかれた文章だけを取り上げることにした。そのため第二部の文章には基本的に触れない。

ただし個々の文章の検討に入る前に、この節では全体の編集方針についていささか苦言を呈したい。本書を手にして最初に気付いたことだが、冒頭に置かれた二つの論文は、巻末の初出一覧には書かれていないが、著者の論文集にすでに収録されている。すなわち最初の「新カント主義と現代」は『ケルゼン研究Ⅰ』（信山社・一九九九年）に、次の「アリストテレスと現代」は『争う神々』（信山社・一九九八年）にそれぞれ収められていて、どちらの本も現在簡単に入手できる。私は最初に「著者が主として今世紀に発表した」と書いたが、この二編だけは二十世紀に雑誌発表されて論文集にも収録されたものである。今回の再録でも何ら内容の変更はない。著者がこの二編を再録した理由は不明だが、いずれにせよ『ケルゼン研究Ⅰ』と『ケルゼン研究Ⅲ』に同じ論文を重ねて収録するという編集方針は理解に苦しむ。

第二に、本書は『ケルゼン研究Ⅲ』と題されているが、その実質は「ケルゼンを中心とした西洋思想研究小品集」という帯の文句の方が正確に語っている。なぜなら第一部「ケルゼン」は全体の半分を占めるが、今紹介した再録論文二編と、どういうわけか第一部に入れられているがケルゼンに全然触れるところのない「人間原理と哲学史」という随筆を除くと、ケルゼンを主題とした部分は全体の約三分の一にすぎず、「あとがき」でもケルゼン以上にホッブズとシュミットの方が重視されているからである。この事態は、見方によって「羊頭狗肉」とも「狗頭羊肉」とも言える。本書の中に主としてケルゼン研究を求める専門的な法哲学者にとっては前者だろうが、その一方、ケルゼンよりもホッブズやシュミットに関心を持つ日本のもっと多くの読者にとっては後者だろう。ただし本書の第一部の後半「ケルゼンと法学」には優れた論文が集中している。前の『ケルゼン研究Ⅱ』が、ケルゼンの伝記の周辺的トピックばかり多くて理論的研究がほとんどなく、わざわざ読むべき部分が乏しくて「強弩の末」と感じさせたことを思うと、望外の出来ばえである。それだから私は本書の書評を書く欲求を感じたのである。

第三に、第一部の最後に置かれた「日本におけるケルゼン」は三十ページを超える論文だが、尻切れトンボで、執筆途中で投げ出されたかのような印象を与える。というのは、戦前の部分が二十ページかけて詳述される一方、一九八〇年代以降の動向についてはわずか一ページ余りで片付けられ、しかも最後は何の説明もなく、「7　翻訳（略）」という、題名だけの節で終わっているからである。末尾の極端な省筆は最近の日本（だけに限らないようだが）におけるケルゼン研究への著者の低評価あるいは無関心を反映しているのかもしれないが、それならそうとはっきり書くべきだ。

二　ケルゼンの法学

法哲学者として私は本書の中で第一部第二章「ケルゼンと法学」を一番興味深く読んだので、この節ではそこに収められた主要な論文に触れたい。中でも白眉は「ケルゼンにおける法と道徳――批判的考察」である。なぜ私がそれほど高く評価するかというと、論文の副題が示唆していることだが、著者は他の多くの論文でしているようにケルゼンの説を「通説的見解」の「誤解」に対して弁護するのではなく、正面から批判的に検討しているからである。

ケルゼンは〈法と道徳は全く異なった規範体系に属するから、片方の見地からすればもう一方は無関係だ〉と主張したが、この議論には「論理の飛躍」（二二四。以下カッコ内の数字は、特に断らない限り本書のページ数）がある。両者が別物だからといって、両者が無関係だということにはならない。たとえば道徳規範も相対的に独立した法規範の存在を前提している（一二五）。著者は両者の間に存在しうる関係についてほかにも色々述べていて、それをここで紹介する余地はないが、ともかくそれらの指摘はケルゼンのような法実証主義と道徳的相対主義の立場からも否定しがたいものである。むしろ著者の指摘するような両者間の関係を考慮に入れることによって、ケルゼンの法学は一層理論的に実り豊かなものになりうる――それはケルゼン自身の意図に沿わないかもしれないが。

ただし著者が法秩序だけでなく道徳規範についても「根本規範」の存在を当然のように想定していることは、著者がケルゼンの発想にどれほど深く囚われているかを示すものである。〈「根本規範」なるものを前提あるいは仮定しなくても実定法秩序を理解することはできる。むしろその想定は何の役にも立たない〉ということは、たとえば菅野喜八郎など、ケルゼンの法理論のそれ以外の部分の多くには賛同する法理論家たちも昔から指摘してきた。（しかし著者はそのような批判に言及しない。なお私は『一橋法学』一〇巻三号に発表した「根本規範という概念は有用か？」でこれらの批判を肯定的に紹介し、さらに私見を述べた。）

そして道徳規範において、「根本規範」の想定は一層説得力を失う。なぜなら道徳というものは一般に実定法ほど体系的でないし、統一的だとも限らないし、一般的原理からの演繹や上位規範からの授権だけでなく――というよりもしばしばそれら以上に――個別具体的な判断や直観や感情が重要な役割を果たしているからである。なお私は基本的な原理から導き出される道徳体系が存在しないと言っているのではない。古典的功利主義やカントの倫理学のように、そのような道徳体系も考えられるが、それはむしろ例外だと言いたいのである。

「様々な倫理的世界の構成の頂点に立つものが根本規範であり、個人道徳の体系においては、各人に各人の根本規範を選択する権利と責任がある」（一三二）という主張は、ケルゼンの根本規範論をあまりにも無批判に倫理学に適用するものである。

次に「ケルゼンの『実定法学』」も興味深い論文である。「科学」であることを誇り、実践的性質を意図的に避けようとするケルゼンの純粋法学は、一見すると法解釈学にあまり寄与する点がなさそうに思える。実際〈あらゆる法は政治的支配の形式だから公法と私法とを体系的に区別することはできない〉といった、公法／私法の区別の法学上の意義を無視したケルゼンの的外れな批判を思い出すと、純粋法学は法解釈学の敵のようにさえ見える。しかしそれは一面的な理解である。

著者によれば「初期ケルゼン」の法理論は純粋に形式的なもので法の内容についてほとんど何も述べないが、「後期ケルゼン」（その中には早くも一九三四年の『純粋法学』初版が含まれているが、そうすると初期と後期はどこで分けられるのだろうか？）はもう少し法解釈について積極的である。後期ケルゼンは著者（長尾）の表現を借りれば、「法規範は『枠』（Rahmen）であり、法学の役割は枠の認識と、その中の諸可能性の認識に留まるべきで、その中の何れを選ぶかは実務家の仕事だと主張した」（九二）。著者はさらに戦後のケルゼンが国連憲章注釈書の序文で敷衍した法解釈論を詳しく紹介する（九二―九六）。

そして著者はケルゼン理論内在的にも、「『枠』の内と外が区別され得るか」（九七）、そして「『枠』内の解釈は皆等価か、……実定法に即しても、自然な解釈と無理な解釈があり得るのではないか」（九八）という疑問を提起し、法解釈の実質的正当性は程度問題だという「富士山理論」を提起する。著者はまた、ケルゼンの立場からも可能な諸解釈の論理的および現実的帰結が何かを示すことや立法論的批判もできると主張して、ケルゼン（主義者）ならば複数の可能な解釈をあげるだけのところを、最近の法解釈学者は自分の選好をも示唆する程度だから、「両者の間隔は紙一重だともいえる」（九九）という観察に達している。ただしケルゼンや著者に言わせれば、法学者が「自らの主観的主張を客観的な学問であるかのように装うことは知的廉直に反する」（九九―一〇〇）から、法解釈については「学説」という表現をやめるべきである。私もこの提案には賛成だが、私の見るところ、もともと法解釈学は一種の高度に専門化した応用倫理学なのだから、科学（science）というよりも、評価的実践の要素を含む技術（art）とみなす方が適切である。

「『実定法学』」論文が純粋法学と実定法学の架橋の可能性を示しているのに対して、「ケルゼンのWillensdogma批判」論文は両者の根本的な問題関心の相違を例証しているように思われた。著者によると、ケルゼンは国家意思を想定する国法学における「意思ドグマ」を批判するだけでなく、民法と刑法における「意思ドグマ」も批判したとのことである。だがその批判の論拠を紹介した部分は、著者の論文としては珍しくわかりにくい個所が多い。その原因は、そこで紹介されているケルゼンの議論自体が混乱しているからではないかと疑われる。

著者によると、ケルゼンは意思ドグマの誤りを「意思概念における「過程」と「産物」を混同し、「産物」としての意思が「帰報」（Zurechnung）であるにも拘わらず、これを心理的意思と誤解したところに求め」（一〇五）たそうだが、著者は法学者が「帰報」の意味で意思概念を用いたという実例を「法は国家の意思である」というドイツ国法学のテーゼしかあげていない。民法や刑法におけるその実例をあげていないのである。著者が実際に指摘しているのは、〈民法や刑法でいう「意思」は積極的な意欲ではなく単なる認識や認容を意味している〉ということだけである。著者は言う。

「なぜ実定法学者は、心理的意思の存在しないところに意思まがいの者を擬制して、法律行為や刑事責任を意思と関連づけようとするのか。ケルゼンによれば、それは人格（Person）と人間（Mensch）を混同し、人格への帰報としての意思を心理的意思と混同するからである。」（二一六）

この文章は私には難解だが、理解したと思われる限りでは誤りである。なぜなら民法や刑法におけるそのような「意思」は、日常的用法における「意思」とは少々異なっているが——そして法学者は自分のいう「意思」が日常的な用語法よりは広い範囲をカバーすることを十分承知している——、両者は人間心理上の出来事あるいは状態だという点では同様で、刑法や民法における「意思」は「帰報」と混同されたりなどしていないからである。著者はケルゼンが法学者による両者の同一化を指摘したという具体的な例をあげていないが、それも当然だろう。法における「意思」は「帰報」を正当化する一要件であることが多いが、その場合も「意思」すなわち「帰報」なのではない。

著者のケルゼン解釈が正確だとすると、私の自由な推測によれば、ケルゼンは国法学における「国家意思」の擬制的性質を指摘するか、せいぜい法人の意思の擬制を指摘するだけにとどめておけばよかったのに、同様の誤りを刑法や民法の中にも見出そうとして無理な議論をしたのである。『一般国家学』第十三節末尾でケルゼン自身言っているように、当時（二十世紀初頭）のドイツ語圏の刑法学者や民法学者の多くは意思ドグマを批判していたが、ケルゼンが彼らの尻馬に乗って意思ドグマ批判をしようとしたとき、ケルゼンは彼ら法解釈学者のように〈心裡留保をした表意者を法的に保護する必要はない〉とか〈故意のなかった過失犯もやはり処罰すべき場合がある〉といった、説得力ある実質的な理由からそうしたのではなく、「「意思」概念の批判という理論法学的・一般法学的」（一一四）論拠を持ち出した。法学でいう「意思」は心理的事実ではないというのである。だがそのような誤謬はケルゼンが勝手に作り出した仮想敵にすぎなかった。法解釈学内部の価値的考慮に基づく議論をケルゼンの純粋法学の立場から批判することには限界がある。

「ケルゼンと憲法裁判所」はケルゼンが起草した一九二〇年オーストリア憲法の中の憲法裁判所に関する論文で、日本ではあまり知られていないテーマだけに資料的価値が高いが、私にはそれ以上に、論文後半の憲法保障制度に関する「ケルゼン＝シュミット論争」の紹介が印象に残った。この論争に関する著者の回顧的評価は、憲法裁判所制度を擁護したケルゼンと憲法の実効性を重視したシュミットのどちらにも一方的に肩入れしない公正なものと思われる。なおこの論文との関係で、第二部に収められた「カール・シュミットの非常事態論と主権論――ケルゼン風批判」も参照されるべきである。ここでのシュミットに対する「ケルゼン風批判」は肯綮に当たるところが多い。ただしその批判は、別にケルゼニアンでなくても、シュミットに対して冷静な観点を持っている読者ならば指摘できることだろう。

中断作品のようにも見える論文「日本におけるケルゼン」には最初で触れたが、著者はその中の「戦前期ケルゼン研究の総括」という節で以下のように述べている。

「後世から顧みると、戦前期日本のケルゼンは二三の重要な点で視野が限定されていた。それは当時その情報取得が困難だったからで、当時の研究者たちを責めることはできない。

第一に、ケルゼンの著書『応報律と因果律』が戦時中に発表され、日本で入手できなかったことである。同書は、彼の理論の哲学的前提（特にヒューム的側面）や人類精神史の全体像を明らかにしており、彼の規範理論が哲学的人類学や科学哲学に重要な問題を提起するものであることを示している。」（二〇七）

そして戦前のケルゼン研究者に知られていなかった点の第二はケルゼンの伝記的事実で、たとえばケルゼンが象牙の塔の学究ではなしに、第一次大戦末期の陸軍大臣顧問としての活動など、政治的現実に重要な役割を果たしていたといったことであり、そして第三は、ケルゼン思想におけるフロイトなどウィーン的な（ドイツ的でない）背景だとされる。

戦前のケルゼン研究者に対する著者のこのような恩着せがましい「総括」に私は賛成できない。第二点はある程度譲歩できるが、著者があげる三つの点を知らなかったからといって、ケルゼンの法理論の理解が「重要な点で」

妨げられたとは思えないからである。これらの点に関する戦前日本の研究者たちの無知のせいで彼らのケルゼン研究はどのようにして間違ったものになったというのか？　著者はそれを具体的に指摘していない。著者があげる三つのテーマは思想史家にとっては興味深いテーマかもしれないが、法哲学者や法学者にとってはどちらかといえば周辺的な問題にすぎない。これらの論点を知らなくても、ケルゼンの法理論を理解し、論ずることは十分に可能である。

たとえば第一点について言えば、現代のケルゼン研究者の大部分も、『応報律と因果律』あるいはその英語版である『社会と自然』に関心を持っていない。また「未開人は世界を因果律でなく応報律によって理解していた」というケルゼンの奇妙な歴史観や独特の因果律理解を考慮に入れなければ彼の法理論が理解できない、というわけではない。ケルゼンのフロイト心理学への傾倒や陸軍大臣顧問としての活動も同様である。もし戦前の日本の法学者がそれを知っていたとしても、彼らのケルゼン法学への理解が深まったとも評価が高まったとも思えない。むしろそれらの外在的な要素と切り離した方が、彼の法理論は普遍性を持つようになる。それはちょうど、アリストテレスの倫理学を彼の自然学と不即不離のものとして見る必要がないのと同様である。ケルゼンは法学者として、また程度は劣るが、政治思想家として評価されてきたのであって、認識論や科学哲学や人類学に対してケルゼンが重要な貢献をしたと考える人はほとんどいない。もし著者がそのような評価をするならば、その理由をもっと詳しく説明すべきである。

ここで私自身の経験を言えば、私は最初学生時代、横田喜三郎訳で『純粋法学』を読んで、法についてこんな純理論的な見方もあるのかと感じ入ったが、その後著者（長尾）による『応報律と因果律』の部分訳を読んだ時、それ自体としては興味深かったものの、その訳書によってケルゼンの純粋法学の理解が深まったとは全然思わなかった。純粋法学を理解するためには、それよりもたとえば菅野喜八郎やハートやラズによる分析的検討の方がはるかに有益である。ちなみに本書にこれらの純粋法学研究の成果は取り入れられていない。

三　ホッブズの自然状態論と社会契約論

本書に収録されたホッブズ関係の文章は、ほとんどが彼の自然状態論に対する著者の関心から来ている。著者の解釈は、

「通俗の思想史記述によれば、ホッブズの創始した社会契約説は、実力の支配する自然状態から、法の支配する国家状態への移行の理論である。しかし実際には、契約後も自然状態は残存している。契約に参加しなかった者、契約から脱退した者と国家との関係は自然状態である。自然状態は、更に個人の心の中の権力意志に、そして法秩序の正統性を否認する革命集団に、そして国際世界に残存している。」（四三六）

というもので、この主題が手を変え品を変えて繰り返し述べられる。実際最後の四編の文章はすべてこのテーマの変奏曲である。社会契約以後も残存する自然状態の例としては、国家と死刑囚の関係や、国際関係があげられることが多い。

私はこのホッブズ解釈に基本的に賛成するが、場合によっては著者のいう「自然状態」の範囲は広すぎるのではないかと感じざるをえない。なぜなら国家の領土の中でも長期的あるいは一時的に国家の実力が及んでいない場所はいくらでもある――しかしだからといって万人の万人に対する闘争が生ずるわけではなく、社会秩序が保たれている――からである。

このことはホッブズとロックの自然状態観の相違という、よく論じられるテーマと関係する。ホッブズはあたかも国家による強制がなければ人間間の協力も社会秩序もありえないかのように考えて集権的国家を擁護したが、ロックの自然状態では人々はかなりの程度自発的に自然法を守るから、そこにはすでに社会が存在すると考えられるのである。

著者自身も、国家が武装していても当面「戦闘のない状態」ならば「現実的平和」と呼んでいいだろうに、ホッブズはあくまでも当時の国家間の状態を戦争状態とみなそうとした、と書いている個所（四二四−四二八）では、ホッブズの自然状態観念の特異性に気づいているようである。諸国家が軍備を持っているという理由だけで、それは平和でない戦争状態だなどと言うのは、空想的平和主義者の独自の用語法にすぎない。また単に闘争の可能性が残っているというだけの状態までも「自然状態」と呼び、そこでは法規範が実効性を持たないかのように考えることは、人々が現実に持っている規範意識を過小評価している。

以下の部分では著者のホッブズ解釈を手掛かりにしながら、ホッブズの服従義務（政治的義務）論の中でいわゆる「社会契約」が果たす役割を考えてみよう。

ホッブズはロックとルソーとともに社会契約論の代表的理論家とみなされているが、管見の限り、ホッブズもロックも「社会契約」にぴったり対応する表現を用いていない。ホッブズはコモンウェルスを作り出す「信約 Covenant」について述べ（『リヴァイアサン』第十七章）、ロックは「一つの共同体にはいりボディ・ポリティックを作ることを一緒に相互に合意する」「契約 Compact」に言及しているが（『統治二論』第二編第四章第十四節）、二人とも「社会契約」という表現そのものは使っていない。その後十八世紀になって、ヒュームは〈政府への服従の義務の根拠は秩序維持のための必要性であって、契約の義務ではない〉としてロック流の服従義務論を批判したが、その際に国家を作り出す契約のことを「原始契約 original contract」と呼んでいる（『人間本性論』第三巻第二部第八章、及び「原始契約について」)。

「社会契約」という表現は、ルソーが『社会契約論 *Du Contrat Social*』（一七六二年）を刊行してから一般的になり、遡ってホッブズやロックにも適用されるようになったのではないだろうか。ただし私はそのような遡及的な用語法を時代錯誤として批判するつもりはない。「社会契約」という表現はなくても、〈政治社会は成員たちの合意によって成立した〉という発想はすでに古代ギリシアのソフィストたちの時代から存在した（W. K. C. Guthrie, *The Sophists*, 1971, ch. V）のだから、その思想を「社会契約論」と呼ぶことに不当な点はない。

もっともこの表現はロックの契約論には不適切である。ロックの自然状態にはすでに社会が存在し、財産権や貨幣まであるのだから、その契約はむしろ「政治社会契約」あるいは端的に「国家契約」と呼んだ方がふさわしい。だがホッブズは国家以前の自然状態は無秩序で悲惨なものだと想定していたし、国家と社会との区別も明確でないから、ホッブズの場合は「社会契約」と呼んで構わない。（なおホッブズは国家以前の人々の集団を『法の原理』では multitude と呼んだ。ホッブズ『哲学原論　自然法および国家法の原理』（伊藤宏之・渡部秀和訳・柏書房・二〇一二年）「訳者注解」一四八九―一四九三ページを見よ。しかしホッブズの考えではこの multitude の中には平穏な秩序は存在しないはずだから、それを「社会」と呼ぶのは難しい。）著者は本書の中で「社会契約」と「国家契約」の両方を使っているが、両者は特に意味があって使い分けているのではないようだから、どちらかに統一した方が誤解の余地がないだろう。

著者はホッブズが〈国家は契約によらなくても征服・獲得 acquisition によって成立する〉と言っている（『リヴァイアサン』第二十章。著者はあげていないが『市民論』第八章と『法の原理』第二十二章も）ことに着目している。これは重要な指摘である。著者の表現によると、「被征服者が恐怖によって服従を選べば、征服者との間に、いわば黙示の契約が成立し、その契約は有効である」（三七〇）。

普通ホッブズは国家契約の契約としての性質に服従義務の根拠を認めたかのように考えられがちである。しかし軽視されがちなことだが、今あげた個所で彼は征服という実力による統治も同様の正当性を持つと主張していた。ホッブズは書いている。

「この種の［征服・獲得による］支配は、設立Institution［＝社会契約］による支配権と次の点でしか違わない。その違いとは、自分たちの主権者を選ぶ人々は相互を恐れてそうするのであって、自分たちが設立するその人を恐れてそうするのではないが、この場合［獲得による支配］は自分たちが恐れる人に服従する、ということである。いずれの場合にも、人々は恐怖からそれを行う。このことは、死の恐怖や暴力から生ずる信約を無効とみなす人々によって注目されなければならない。もしその見解が正しいならば、いかなる種類のコモンウェルスにおいても、誰一人として服従を義務づけられなくなってしまうからである。」

（『リヴァイアサン』第二十章第二段落）

かくして征服による国家と契約によって設立された国家のいずれの場合でも、国民は服従を義務づけられるとされる。この点を考えると、ホッブズの服従義務（政治的義務）論においては、契約の随意性よりも死や暴力の恐怖の方が重要だったことがわかる。人は自分が国家契約を結んだから国家に服従する義務を負うのではなしに、自然状態よりも国家状態の方が自分の生命や身体を守ってくれるから服従すべきなのである。――もっとも、明示的に国家契約を結べば生命の安全が確実になるから、国家契約を締結することには合理性がある。この点においてホッブズ研究者の中には、〈国家契約の第一の履行者となって自然権を放棄し主権者に無条件に服従することは、自然状態の相互不信の中では不合理な愚行ではないか〉と疑問に思う人もいるが（オークショット『リヴァイアサン序説』（中金聡訳・法政大学出版会・二〇〇七年）訳者解説二二四－五ページ。そのためオークショットは、国家契約を最初に履行する人は「理性 reason」よりも「誇り pride」を持つ人でなければならないと考えた）、国家契約は他の人々の参加を条件にしているのだし（『リヴァイアサン』第十四章の「第二の自然法」を見よ）、国家契約にはいる人は自然状態にあった一般的自由を放棄するとはいえ最低限の自己保存権まで放棄すると考える必要はないから、ホッブズの議論の枠組みではその疑問は杞憂なのだろう。

私は以上の考慮から、〈ホッブズの政治理論において、社会契約による国家は『リヴァイアサン』の第十七章から第十九章にかけて詳述されているために一見すると大変重要なようだが、よく考えてみるとそれは征服による国家以上に正当なわけではない。国家の正当性はもっぱらそれが国民の生命を守るという点に求められている〉と解釈する。この解釈は、『リヴァイアサン』の議論の中で、社会契約よりもむしろ第十四―十五章で述べられている「自然法」の方を重視する方向に至る。そこにこそ国家への服従の義務の理由があるからである。

しかし国家状態以前の自然状態は無規範状態のはずではなかったか？　この問題について著者は興味深い主張をしている。著者は「「ある状態が規範的状態であるか、無規範状態であるか」と言う問題設定そのものが誤っている。ある状態を因果的カテゴリーによって捉えれば無規範状態になり、規範的カテゴリーによって捉えれば規範的状態になる。事実そのものはその何れともなるのである」（四一六）というケルゼン的発想によって、ホッブズの自然状態は無規範状態だという通念に反対する。著者は『リヴァイアサン』第三十章末尾の国際世界に関する文章を引用して、「自然状態には実定法は存在しないから、実定法的にはすべてが許容されているにせよ、自然法上はそうでないのである」（四一八）と主張する。おそらくホッブズは実定法について語るときに制定法だけを考えていて、「慣習法」というものを無視していたのだろう。

ではホッブズのいう「自然法」の性質は何か？　それは合理的自己利益の命令だ、というのがホッブズ研究者の間で有力な解釈で、著者もそう考えているようである。研究者の中には、この義務を単なる自己利益にとどまらない一層強い道徳（伝統的自然法）の命令だと解する人もいるが、ホッブズの理論の中に自己利益から離れた行為の理由を見出すのは難しいように思われる。そうすると自分の生命を犠牲にしても自己の信念を曲げない殉教者は（たとえ他の人々に深刻な害悪を与えないとしても）ホッブズの理論によれば不合理に行動して自然法に反していることになるが、おそらくこの理論的帰結は認めなければならないのだろう。

なお著者は「ホッブズは国家契約に参加しない者を国家の『敵』として、誰でもその人物を殺す権利を持つとするが、……『無害な「隠者」も敵なのか』という問題が念頭に浮かぶ」（四二二）が、そのような隠者も「生命が危うくなれば、先制攻撃をかけてくる危険がある」（四二三）からホッブズは許さないだろう、と推測する。しかし〈生命が危うくなれば先制攻撃をかけてくるかもしれない〉という事情は国家契約を結んだ国民についても全く同様に言えることなのだから、私はホッブズがそれほど「隠者」に対して不寛容でなければならなかったとは思わない。

最後になるが、私としては博学多才な著者がホッブズ哲学の他の面にも関心を示して、〈国家設立以後の自然状態の残存〉というテーマ以外でも論考を発表されることを期待する。

追　記（二〇一四年三月）

以上の書評は二〇一三年一一月に書いたものだが、その後著者（長尾）は二〇一四年三月にケルゼンの『純粋法学　第二版』（岩波書店）の翻訳を公刊した。その末尾の「訳者あとがき」はケルゼン法理論の簡にして要を得たすぐれた説明を含んでいる。しかしこの書評の第二節冒頭で触れた「根本規範」に関する記述の中には読者を誤らせる個所があるから、ここで指摘しておきたい。

著者は次のように言う。

この根本規範こそ、ケルゼン法理論の集約点として様々に論議されてきた。問題は実効性と仮説性にある。実効性のない法などというものを認めないのがケルゼンの法実証主義である。これは「悪法を法とする」ものであるとして道徳主義者たちの非難を浴びてきたが、実定法学が悪法を実定法として認識するのは、法史学がローマの奴隷制を古代の実定法として認識対象とするのと異ならない。（三四八）

この文章は二つの点でミスリーディングである。第一に、「実効性のない法などというものを認めない」のは法実証主義一般に言えることで、ケルゼン法理論の専売特許ではない。第二に、根本規範と法の実効性との間には理論的関係がない。法の実効性を説明するのは、人々が法を受け入れているとか従わせられているとかいった社会的事実であって、根本規範という仮説ではない。ケルゼン自身も「効力と実効性」という節で次のように言っている。

実定法秩序の諸規範は、その創造を規定する基本規則である根本規範が効力をもつと前提されているが**故に**効力をもつのであって、それが実効性をもつが故にではない。ただこの法秩序が実効性をもつ**時に**効力をもつに過ぎない。（二〇五）

さらに著者は右に引用した文章の直後で根本規範の「仮説性」を説明して、ケルゼンが人は根本規範を受け容れないで実定法に反する行動もできると書いたことを強調するが、〈ある法秩序を法として認識することと、それに道徳的に反対することは矛盾しない〉という命題も、やはり法実証主義者が一般に認めるものであり、ケルゼン独自の主張ではない。

要するに、右の個所で著者が根本規範という観念の手柄と考えているらしい論点は、どれも法実証主義一般と共通している。わざわざ根本規範という無用の概念を持ち出さずに説明できるのである。

2　根本規範その他

長尾龍一

書評の労をとられ、諸問題について再考の機会を与えられた評者（森村氏）に感謝したい。特に評者の提起された「道徳の根本規範」という問題は、ケルゼン問題の根本に関わる重要問題であるので、主としてこの点を考察したい。

一　「政治神学」と根本規範

プラトン『ノモイ』冒頭において、「法律の立法者は人間か神か」という問いが設定され、クレタ人クレイニアスは「神だ。我が国ではゼウス、スパルタではアポロン」と答える。思想史上規範体系の窮極的淵源としての根本規範問題は、ケルゼン的に言えば「神と国家」の問題、シュミット的に言えば「政治神学」の問題として論じられた（ケルゼン的には神への仮説的授権規範が根本規範であるが、以下の思想史的考察においては、その一段下の、始源権力への神の授権規範を根本規範と呼ぶ）。

王権の象徴であるアガメムノンの笏は、ヘファイストスが製作してゼウスに献上し、ゼウスからヘルメス、ヘルメスからペロプスへ、そしてペロプスからアトレウス、アトレウスからテュエステスへと承継され、テュエステスがアガメムノンに、「あまたの島々、またアルゴス全土に王たれ」として与えたものである（『イリアス』II. 101-18、ケルゼン「応報律と因果律」（一九四一）『著作集V』p. 13）。授権の体系は結局神々の王ゼウスに遡る。アテナイがアテナ女神の都市、エフェソスがアルテミス女神の都市であるように、ポリスそのものが神の町である。

ユダヤにおいては、神がモーセに律法を与えた。これがユダヤ法の根本規範である。やがて終末におけるメシア到来の信仰が広まり、そこへ「神の子」と自称するイエスが登場したが、ユダヤ教徒の主流は彼を偽メシアとして弾劾した。『民主主義の本質と価値』（一九二〇）最終章で論じたこの問題も、メシアないし偽メシアに対する神の授権という根本規範的主題である。

クリスト教の支配する中世においては、神（クリスト）－ペテロ－教会という授権関係を主張する教会と、もう一本の剣が神（クリスト）から皇帝に委ねられたとする皇帝とが闘争した。これは神の授権の根源に関する論争であり、ケルゼンの処女作『ダンテの国家論』（一九〇五）は、この主題を対象としている。やがてプロテスタントが、クリストのペテロに対する正統性の授権という聖書解釈に対し反対を唱え、カトリック教会の根拠をなす授権規範の無効を主張した。

このように窮極的授権規範という根本規範問題の主戦場は「政治神学」の領域にある。根本規範概念は「法学にとって」無用だという評者の批判は、「法学という小世界と普遍的な哲学体系の間の関連を見出し」、法学内の対立を世界観の一般的な対立に帰着させる（『国法学の主要問題』「初版序文」『著作集Ⅳ』p. 10）というケルゼンの学問的抱負との関係では周辺的な議論である。

もっともケルゼンがここでいう「世界観」とは、ドイツ観念論の臭気が濃厚な概念ではなく、啓蒙主義の世界観である。それは神や形而上学的実在によって、理念と現実が結合されるという一元論的世界観に対し、「私は一元論者でない」（Ich bin nicht Monist）と宣言する二元論的世界観である（『国法学の主要問題』「初版序文」『著作集Ⅳ』p. 4）。

二　実定道徳の根本規範

ケルゼンの道徳に関する議論は不完全だという印象が濃いが、諸著作において断片的に触れられている道徳への言及を綜合すると、概略下記のようなものになるであろう（主として『純粋法学Ⅱ』第二章）。

彼によれば、人間の頭脳には当為の範疇が埋め込まれており、規範はその当為を言語化したものである。規範には論理・文法・美的規範などの非社会的規範と、法・道徳という社会的規範とがある（文法を社会的規範と考える余地もあるだろう）。道徳はそれへの違反に強制を伴わない規範であり、習俗規範・宗教規範などを含んでいる。道徳にも実定道徳と非実定道徳とがあり、前者は法と同様、慣習ないし意識的制定によって創造される。ケルゼンにおいては、実定道徳のみが科学的倫理学の対象となる。実定道徳は、時代・民族によって異なり、一民族内でも身分・階級・職業によって異なる。ということは実定道徳の効力領域は通常属地的ではなく、属人的・属集団的だということであろう。

諸々の実定道徳を一つの規範体系と考えるならば、それらは各々根本規範をもっているとも考えられる。根本規範が教祖や聖典に授権する宗教集団の場合などでは、法規範体系との類比が比較的容易であろう。世界宗教の場合には、効力範囲は国境を超える。

他方習俗規範の場合には近代国内法との類比は困難に見えるが、ケルゼンによれば、それは極めて分権的な規範体系だからである。ということは、各部分集団の道徳が各々その窮極的根拠としての根本規範をもつのではなく、それらが全体として一つの規範体系をなしているということであろう。そこでの根本規範を敢えて定式化するとすれば、「各人は各々の『場』において支配的な習俗に従うべし」ということになろうか（これを以下「習俗根本規範」と呼ぶ）。「場」とは、家庭・近隣・村落・職場など、更に通勤電車もまたエチケットの「場」であり得る。宗教諸規範体系が相互に非両立的であるのに対し、習俗諸規範は分権的な内容の根本規範下にあって、共存している。

習俗的な道徳規範の場合、上位規範としての根拠は一つに集約せず、いわば「上方に拡散する」という観方がある。ケルゼン流に言えば、複数の conditio sine qua non（必要条件）が並立するのみで、conditio per quam（本質条件）を決定できないため、遡及するほど多岐に分岐する、というのである。例えば未開の集団において、ある戦闘の決定についての発言権者・決定権者として、酋長と祭司と部族集会がある場合、何れの意見も本質条件ではない、ということも考えられる。しかしケルゼンによれば、この場合規範体系はこれらの発言権者の「束」に決定を授権しており、その下での決定手続を慣習・先例が定めているということになるであろう。

三　信念・主義・イデオロギー

道徳には、実定道徳の他に、非実定的な、イデオロギーや信念としての規範体系があり、これは「○○主義」などと呼ばれ、これを信奉する者は「○○主義者」、その集団は「○○党」などと呼ばれる。国家が正統教義としてそれを採択することもある。ケルゼンにおいては、これに関連する議論は、主として正義論の領域に属する。

習俗的道徳規範の諸体系は、上記の「習俗根本規範」の下で共存するが、イデオロギー体系は、相互に不倶戴天の関係に立つ可能性があり、その点では、上述の宗教規範体系に似ている。しかし近代憲法の「思想の自由」という原則は、これらに共存的に授権しているとも考えられる。法的には共存しているが、道徳的には共存を拒否しているという場合もある。主体的個人はそれらの何れかを受容（accept）し、行動原理として採択（adopt）して「○○主義者」になる。

ケルゼンは、根本規範と個別規範の関係が普遍と個物の関係に立つ「静的」規範体系と、授権の体系としての「動的」体系とを区別する（晩年の彼は、特に動的体系における上位規範と下位規範の関係が論理的な三段論法の関係でないことを強調している（*Allgemeine Theorie der Normen*, 1979, pp. 150-154））。ただ彼は、「静的」体系の概念に自明性や内的必然性というような属性を持ち込み、論議を錯綜させている。しかしこれらは自然法論者の言う自然法の属性であって、静的体系そのものの属性ではなく、その下位分類の一つである自然法体系の属性とする方が、論議を明晰にするであろう。

道徳体系が当然に静的体系だという訳ではなく、彼も屢々「両親の命令に従うべし」というような授権規範に道徳規範の例として言及している。多くのイデオロギーや信念は、さしあたっては静的体系であるが、それを現実化しようとすれば、解釈権・適用権という形で、動的体系に転化する。教義や聖典を国是とするイデオロギー国家においては、静的体系は動的体系に転化し、末端の官僚の抑圧が○○主義の名において正当化される、というようなことになる（戦前日本の「國體」などもその一つかもしれない）。

なおケルゼンの仮説的根本規範の主張は、各宗教規範や自然法論の規範も、「○○神の命令に従うべし」「自然の命令に従うべし」という仮説的規範の想定の下にあるとして、あらゆる絶対主義的主張を仮説化・相対化するという、トリヴィアルでない世界観的主張と結びついている（「なぜ法に従うべきか」『著作集III』p. 227）。

四　法と道徳の統一性

なおこの論点について、ケルゼンは「法と道徳は別の根本規範下にあり、一方を前提すれば、他方は規範的無となる」と言うが、筆者（長尾）はこれに反対している。筆者の主張は、「一社会を構成する規範として、法と道徳は補完関係にある」というもので、伝統的中国社会における「礼」と「法」などを例示した。道徳は、強制なしには服従しない確信犯や破廉恥者に対し手の施しようがなく、法による補完を前提している。ケルゼンは法規範と道徳規範の内容の相違の故に、両者は一つの規範体系に属し得ないと言うが、彼の規範衝突論によれば、相互に内容の抵触する法規範も、国際私法のような抵触規範を想定することなどによって、一つの規範体系に属し得る。そもそも「法と道徳が矛盾し得るか」という問題もある。鼠小僧のように、犯罪者に世論が喝采を送ったとしても、矛盾ではない（「ケルゼンにおける法と道徳」『ケルゼン研究III』参照）。

五　法的根本規範

初期のケルゼンにおいては、慣習であれ立法であれ、法の生成・崩壊の問題は、社会と国家を結ぶ臍の緒であり、法的認識にとって秘蹟（Mysterium）であって、法学の対象外であるとされた（*Hauptprobleme*, pp. 334, 411）。一九一四年の「オーストリア憲法におけるライヒ法とラント法」（一九一四）においては、この問題は、前法が後法の効力根拠になる場合について、効力根拠を求めて過去に遡及する限界の問題として論じられている。第一次大戦前のオーストリア法においては、一八六〇年代における国内の混乱や普墺戦争敗戦のどさくさを背景に、皇帝が以前の法秩序の改正規定を無視して次々に勅書を発し、その相互関係が問題となったが、ケルゼンは「法的構成の出発点の選択」という仕方で問題を定式化し、その選択は「法外的・政治的」になし得るのみで、法学的には恣意的なものである、という（"Reichsgesetz und Landesgesetz nach der österreichischen Verfassung," *Archiv des öffentlichen Rechts*, 32. Bd., 1914; *Werke* 4, p. 371）。法的構成は最初の憲法から始めればいいという評者〔森村氏〕の指摘はここでは実践されている。

ケルゼンが「始源仮説」（Ursprungshypothese）という名のもとで根本規範という着想を導入したのは『主権の問題と国際法の理論』（一九二〇）においてであったが、そこで論じられたのは、革命の問題と、国際法・国内法の関係の問題で、これは当時最大の時事問題でもあった。当時の独墺の多くの人々にとって、前者は君主制的正統性の瓦解と、それに代わるべき正統性原理の模索を意味した。実際隣国ドイツにおいて、ワイマール体制の正統性を否定した人々が、十数年後にその体制を破壊したのである。これはある意味で、ケルゼン流法実証主義に対する実質的「正統性」論の勝利と言えるかも知れない（ケルゼンの「正統性（Legitimität）」概念は、形式的・実定法的なもので、ヴェーバーやシュミットと異なる（『純粋法学II』pp. 201-2)）。

後者は、ケルゼンによれば、地動説的・普遍主義的世界観と天動説的・主観主義的世界観の選択の問題で、それは、現実問題として、オーストリア・ハンガリー帝国解体による国家承継の問題と関わっていた。国際法の見地からすれば、旧帝国の地盤の上に成立した諸国は、旧帝国の権利義務を按分的に承継すべきものであるが、各国は各々旧帝国との断絶、新国家の設立を宣言した。ケルゼンによれば、これは国際法に対する自国法優位の構成を前提としている（*Österreichisches Staatsrecht*, 1923, p. 81）。

この時期のケルゼンにおいては、法的構成の前提選択の問題を支配する原則は、「認識経済の原則」である（*Das Problem der Souveränität*, p. 99, *Werke* 4, p. 364）。これは、物理現象について複数の説明が可能な場合には、最も単純な説明を選ぶべきであるとするエルンスト・マッハに由来する議論で、革命後の起っている事態をすべて旧法に従って、反逆罪とか公文書偽造罪とかと解釈するのは不経済だということであろう。これは体制変換を正統性という政治哲学の問題として深刻に論じていた人々に対する侮辱に見え、エリッヒ・カウフマンなどから激しく非難された。この原則を改訂して唱えられたのが「実効性の原則」で、法学は概して実効的な規範体系を有効と解釈できるような根本規範を選ぶべきだ、という。この実証主義も、正義の問題を棚上げして、事実に追随する無信念として攻撃された。

この時期にケルゼンは、『民主主義の本質と価値』と題する講演を行なったが、その最終章はイエスの裁判の場面の叙述で閉じられている。ユダヤ教徒にとってはイエスは偽メシアであり、キリスト教徒にとっては神の子である。これはいわばユダヤ教の根本規範とキリスト教の根本規範の対立である。それに対しローマの総督ピラトは、終末論などを信じない世俗的政治家で、まずイエスは愚者ではあるが、その行為は刑法の構成要件のどれにも当らないとして、釈放しようとした。しかし「ローマの執政官たる者は、ローマの利害に関しない限りは現地の有力勢力と協調すべきだ」と考え直したのかも知れない。こうしてイエスは十字架に架けられた。

「地上的真理のみに依拠する」者（「民主主義の本質と価値」（一九二〇）『著作集Ⅰ』p. 31）には、このピラトの態度以外とりようがない、というのがケルゼンの思想であった。「認識経済の原則」といい、「実効性の原則」といい、まさにこのピラトの態度の表明である。ピラトでなかった人々は、実効性を失った旧体制のために、あるいは未だ到達しない新体制のために、殺し合った。『ヴィットゲンシュタインのウィーン』の著者たちは、戦後のケルゼンの態度を、プラグマティストの態度だと批判している（Allan Janik& Stephen Toulmin, *Wittgenstein's Vienna,*

1973, p. 241 [邦訳 p. 292])。

この状況は、一九一七年にマックス・ヴェーバーが描いた「神々の争い」の状況でもある。「神々」とは、各勢力の奉ずるイデオロギーにおける根本規範の擬人化である。これは国内的には世界観政党の並立するドイツの状況であり、世界的には、先進国インターナショナリズム・先進国ナショナリズム・後進国ナショナリズム・マルクス主義その他が角逐する状況であった。彼は、我々はその一つを選ぶことを強要されており、その一つを選べば他は悪魔となる、と言っている。ヴェーバーは、中間政党ドイツ民主党の支持者ではあったが、ピラトではなかった。ケルゼンも、恐らくドイツにおいては民主党の支持者であったが（彼の小論「民主制の擁護」（一九三二）（『著作集I』）は、民主党の後身である政党の機関誌に寄稿されている）、しかし彼は敢えてピラトの道を選んだ。ただこれはケルゼンにとって苦渋の選択であったのであろう。彼はピラトに言及しつつ、十字架につけられたキリストの血潮から、「正義とは何か」という問いが起こる、「この問題ほど、多くの貴い血や、多くのにがい涙がそのために流された問いは決してほかになかった」と言っている（「正義とは何か」（宮崎繁樹訳、『著作集III』p. 178））。非宗教者である彼の中にも、ある種の宗教的情念が感じられると思うのだが。

ケルゼンにも非ピラト的側面がある。それは「自由主義者ケルゼン」である。『民主主義の本質と価値』の冒頭において、自由への衝動は人間の「原始衝動」（Urinstinkt）で、自由を制約しようとする社会に対する反抗心は「自然そのもの」（Natur selbst）だと言っている。彼の頭脳の別の部分が相対主義を奉じていなければ、彼は自由主義の自然権論者となったであろう。自由の防衛が絶望的となりかかっていたヴァイマール最末期、ケルゼンは「船が沈んでもなおその旗への忠実を守るべきである。自由の理念は破壊不可能なものであり、それは深く沈めば沈むほど、やがてそれは一層の情熱をもって再生するであろうという希望のみを胸に抱きつつ、海底に沈み行くのである」と述べた（「民主制の擁護」『著作集I』p. 113）。この言葉には「自然の復元力」という、自然法的思想を思わせるものがある。そして戦後には、私は「自由のために命を棄てることができる」と言った（「現代民主制論批判」同p. 157）。実定法の根本規範はプラグマティズム的選択の対象であったが、自由の倫理の根本規範は、信奉の対象だったのである。

六　公法と私法

公法・私法区別論に関しては、「公法行為論」（"Zur Lehre vom öffentlichen Rechtsgeschäft," 1913, *Werke* 3）の詳細な議論を参照すべきであるが、同論文の基本主張は、法治国の外から公法概念が持ち込まれ、実定法的根拠のない「公権力の優位」のドグマが立法・解釈・運用を嚮導する原理であるかのように扱われていることへの批判である。一八八〇年ラーバントの講演（*Rede über die Bedeutung der Rezeption des römischen Rechts für das deutsche Staatsrecht*）は、ローマ公法の継受は「君主は法より解放されている」とする君主絶対主義の継受であったと指摘したが、ケルゼンは、その「公法」観念が立憲君主制下でもなお超法的原則として支配し、オットー・マイヤーなどに連なっている、と指摘している。

現代日本行政法学においては、行政行為公定力論には批判的見解が有力であるが、権力が公共性をもち、その体現する公益が私益に優越する場合があり得ること、それを実定法が定め得ることまでも否定するものではあり得ない。彼が批判するのは、あくまで超法的な原理の持ち込みである。ケルゼンは（当時一七もあったという）公法・私法区別論のうちの主要なものが何れも破綻していることを指摘しているが、彼も『オーストリア公法雑誌』の編集者の一員で、学会や研究会の分類原理として公法概念が有用であることまで否定するものではない。

七　Willensdogma について

筆者の理解するところでは、Willensdogma についてのケルゼンの理論は次のようなものである。

①　意志（Wille）概念には（ポパーの「世界二」に属する）心理的意志と、（「世界三」に属する）その内容としての規範が区別される（もっともポパーにとっては、議会で否決された法律案も「意味」として存在するが、「法の存在とは効力のことだ」というケルゼンにとっては、単なる法律案は法的存在ではない）。

②　心理的意志は法的要件の一部となるが、法的要件に取り込まれると、意味は変質する。例えば刑法の故意は、積極的意欲のない容認を含むと解釈されるなど（しかしそれも「世界二」に属する心理の一形態であって、存在論的性質が変化する訳ではない）。

③　法的意志は個別法規範であって、心理的意志とは存在論的性格を異にしている（例えば契約申込という意志表示も、相手方が受諾すれば撤回不可能となるという法的拘束力をもった個別規範である）。

④　「世界三」の個別規範を「意志」と名付けたことから、それを「世界二」の意志と混同した人々は、それを何とか心理的意志を含んでいるものと解釈しようとした。これがケルゼンの言う「恥ずべき擬制」（「法学的方法と社会学的方法の差異について」（『著作集Ⅳ』p. 45）である。「黙示の意志表示」などと言って、意志のないところに意志を擬制しようとしたのである。

⑤　法学史においてこの擬制が排除されるに至ったのには、理論上の理由よりも、取引の安全という実際上の理由が貢献しているであろう。確かに『一般国家学』（一九二五）においては、そのような私法学の状況に言及しているが、『国法学の主要問題』（一九一一）においては、もっぱら理論的に論じており、「尻馬に乗る」などという

性格は見られない。

八　ホッブズ

ホッブズに関しては、評者の論評について、特に異論はないが、思想史一般に関して、筆者がしばしばゼミなどで述べてきた観察がある。

「人間の頭脳は議会のようなもので、A党・B党・C党等々が対立している。議決が必要になってくると、各党が妥協し、最後には強行採決となることもある。成立した法律には、充分には整合的でない各党の主張が取り込まれている。人間の思想にも、様々な機会に発想した多様な動機が併存しており、著作として発表する必要に迫られると、それらの幾つかを選び、何とか整合性を与えてまとめようとする。しかし発表された思想や理論には、依然色々な発想がギクシャクと詰め込まれている」。

プラトン、ルソー、シュミットというような思想家については、特にその感が強いが、ホッブズやケルゼンのような、体系的な思想家と思われている者にも、やはり同様の感がある。無理をして「統一的解釈」を作らず、「腑分け」をするだけで満足する、というのが私の思想史に対する通常の行き方である（五二歳以前の、著作のなかった時期に遡ってホッブズ思想発展の再構成を試みたレオ・シュトラウスは、私のホッブズ解釈の最大の典拠である。それによれば、『リヴァイアサン』前半の叙述は、概して彼の思考の発展過程を逆行している。一六三〇年代以降に抱懐した新たなアイディアが冒頭に付け加えられたということである）。

ホッブズの「脳内諸党派」の全貌を描き出すとなると、思想史家一生の仕事であるが、評者の言及した論点において、commonwealth by institution における契約的構成と commonwealth by acquisition における黙約的構成が別の発想圏に属するという洞察は、ホッブズ解釈上有益であろう。前者は「合意を与えなかった権力には服従義務がない」という社会契約説の革命性に連なり、後者は「既存の平和は服従者の暗黙の合意に支えられている」という保守主義に連なる。ホッブズの脳内に二つの党派が存在したのであろう。

＊　　＊　　＊　　＊

なお、重複掲載は、関連論文を収録することが、本書一冊のみの読者には便宜であろうという趣旨である。「日本におけるケルゼン」は、外国出版物に、日本の事情を知らせるために英語で執筆したものの邦訳で、そのことは四四〇頁で触れている。邦語の翻訳題名を列挙することは、日本の読者には煩雑であろう。

3　高橋文彦『法的思考と論理』（成文堂、二〇一三年）
――書評――

陶久利彦

一　はじめに

一時期、正義論の興隆と裏腹に、法律家の思考や議論のあり方を一定の距離を置いて検討する法律学方法論は、些か影を潜めた感があった。継続的研究の成果が散発的に公にされることはあったものの、[1]それほど大きな流れとは言い難かった。今日でも、その傾向が根本的に変わったとは言えない。確かに、法律学方法論は些か地味なのである。しかし、ここ数年来幾ばくか変化の兆しが現れている。[2]推察するに、一〇年前の法科大学院設立とそこでの教育が、法哲学者に対し我が国の裁判例と真剣に格闘するよう促したと同時に、実定法学者や実務家法曹との接触と協力を今まで以上に要請したのであろう。

本書もまた、そのような流れに棹差している。「はしがき」の冒頭で著者は、学部生のときから法学者の言う「論理」について素朴な「当惑と疑問」を抱いていた、と告白する。そのことが、著者をして法的三段論法と長年にわたり取り組ませる原動力だったようである。だが、その蓄積を本書所収の各論文へと結実させたのは、他ならぬ法科大学院という新たな環境があったためであろう。現に本書は、著者がここ六、七年の間に発表した論文の集積であり、時期的にもそのような推測を裏づける。

長良川水害訴訟について結論の異なる二つの裁判例を、まずはリアリスト法学の図式を用いて検討しようとする第一章「法の支配と法的思考」の冒頭には、そのことが明言されている。法科大学院設立と相前後して活発に論じられるようになった要件事実論を、現代の形式論理学の視点から意義づけようとする第五章「法的思考の対話性と非単調性」、第六章「要件事実論と〈法律要件⇒法律効果〉図式」、そして第七章「三段論法を越える法的推論モデル」も、同様である。第八章「法的思考の論理と〈スンマ／システム〉」、第九章「関数表現としての法的ルール『A⇒B』」も、同じ山脈を形成すると言ってよい。尤も、ADRや修復的司法を扱う第二章「法哲学から見た『法と対話』」や、修復的司法の特徴を特にアリストテレス正義論の視点から分析する第三章「匡正的正義と修復的司法」は、必ずしも法科大学院制度との関わりを持つとはいえないかもしれない。最終章ではそれまでとは若干趣を変え、正当化の問題とは別の「発生の問題」へと関心を広げつつ本書は閉じられる。ただ総体的に見て、法科大学院という新制度創設がもたらしたプラスの成果として本書を位置づけることも許されるだろう。

本書に収められた諸論考は、上記のような章立てを通じ、何が法的思考の論理を特徴づけるのかと問いかけ、その特徴を適切に表現する形式論理学を模索する。一貫して批判の対象とされるのは、従来の教科書的説明に頻出する法的三段論法理解である。論及は多岐にわたる。あたかも、地中に長年温められている間に根を張っていた植物が、地上の変化に促されてあちらこちらと一挙に芽吹き、全体として見事な花園を作り出している感がある。我が国では吉野一以外に殆ど見られなかった記号論理学についての深い造詣が、法的思考や法的議論の特徴を描き出す道具として活用されている点でも、本書は貴重な貢献をなしている。引用文献の丹念な読み、短絡的で性急な一般化を避け慎重に論を運ぶ公平な態度、いたずらに抽象的で難解な言辞を弄することなく平明に且つ明確に自説を展開する姿勢等、いかにも著者の人柄を偲ばせる。

そして本書を通読し、私は自身に論理学の知識が決定的に不足していることを痛感せざるを得なかった。[3] 若かりし頃、ドイツの法学者や哲学者の手になる類書をひもといたことはあるものの、[4] 最終的にはどこか違和感を覚えてそのまま放置したことを、苦い記憶と共に回想する。それと共に、自らの考える「法律学方法論」への真剣な反省を迫られた。頁を繰るにつけ、著者の問題関心と私のそれとが一部重なることを喜ぶ一方で、[5] 微妙に視点がずれていくという思いも否定しがたい。[6]

誤読に基づく箇所が多いことを恐れつつ、以下では細かな論点に立ち入るというよりはむしろ、著者の見解をその方向性という点から紹介し、あわせて若干の疑問を述べたい。残念ながら、疑問の殆どが外在的であることを、予めお断りしておく。

二　法的三段論法批判

そもそも、著者が批判の対象とする法的三段論法とはいかなるものか。確かに、この言葉は法学初学者に対して法的思考の特徴づけとして語られることが多い。法律家の仕事を説明する常套句でもある。だが、その意味するところには若干の幅があるようである。法的三段論法を著者は、注釈学派や概念法学の理念型的主張として紹介することもあれば（三―四頁）、我妻栄から引用することもある。我妻の権威に頼るならば、「法律学的判断が、現行法を基礎として法律的に構成せられるとは、畢竟、その判断が、現行法の抽象的一般的な法律規則を大前提とし、判断せらるべき具体的事件を小前提とし、論理的に帰結せられたものとしての構成を与へられることである。」（一二二頁）

このような法的三段論法の説明は何を目指しているのか。私なりに三つの答えを考えてみよう。

（1）法律家特に裁判官の実際の法獲得過程を記述した法的三段論法、という見方も可能かもしれない。注釈学派や概念法学の理念型的主張はこれに当たる。だが、自由法運動やリアリスト法学の主張に触れ、我が国での法解釈論争をほんの少しかいま見るだけで、そのような理解をもつ者はもはやどこにもいない。法的三段論法は、裁判官の実際の思考過程を記述したとは言い難い。（2）法律家特に裁判官が結論を最終的に正当化するために用いる論理の骨子が法的三段論法である、との主張もありうる。上に引用した我妻の見解は、法律学的判断の構成に焦点を当てているが、まさにこれに相当しよう。この主張は、実際の複雑な法獲得過程と正当化の論理は別物であるとの前提に立っている。おそらくこの前提は一定程度正しい。だが、仮にその主張を認めるならば、なぜ法的三段論法が依然として結論の正当化論理として維持しうるのか、という問いかけに答えなければならない。（3）法律学を学ぼうとする初学者に対する教育的配慮という点から見て、法的三段論法は有用である、との立場もありうる。勿論、この場合も、なぜ法的三段論法が初学者の教育にとって有益なのかを説明する必要がある。

このような答え方を念頭に置いてみると、著者は伝統的法的三段論法が（1）の意味ではありえないということを当然の前提にしながら、（3）の点には殆ど言及することなく、専ら（2）の次元で議論を展開しているように見える。すなわち著者は、初学者に向けて「法律学に論理的思考が必要である」と言われるときの三段論法の「論理」が、論理学で通常理解されている論理とは異なることを明確にし、法的思考や法的議論に特有の論理を形式論理学の次元で表現することを目指す。そのために、視線を裁判官中心にではなく、それ以外の訴訟当事者を含めた実際の裁判過程へと移動していく。その上で、訴訟当事者が展開する議論のありようを適切に再構成した論理学的道具立てを考案しようと試みる。しかも、それは同時に結論の正当化の論理でもある。なぜなら、訴訟当事者は自己に有利な結論を裁判官から獲得すべく論陣を張るし、裁判官もまた、とりわけ敗訴者や上級審の裁判官に対して結論を正当化する必要があるからである。

では、法的思考の特徴はどこにあるのか。本書全体を通して繰り返し指摘されるのは、(イ)対話性と(ロ)非単調性ないしは排除可能性、あるいはデフォルト性である(7)。

(イ)の特徴は、思考の主体を裁判官から訴訟当事者へと移していくならば、すぐに了解できる。法的思考を展開する人として伝統的に想定されてきたのは、裁判官だった。三段論法に依拠する論者は、裁判官の独白的正当化論理を主に念頭に置いてきたのである。これに対し、当事者が対論しあう訴訟の現場へと目を向けるならば、そこは―それが和解に向けた妥協を探る場面であってさえ―当事者双方の議論の応酬や駆け引きに満ちていることだろう。著者は、双方の当事者に漏れなく目配りをし、裁判という場で、一人の人間ではなく立場を異にする複数の当事者全員が展開する議論のありようを、論理学的に表現しようとする。そうすると、法的「思考」と法的「議論」との違いはあまり意味をなさなくなる。実際、「三段論法モデルに代わる法的推論モデル」として紹介されるトゥールミンの議論は、明確に「議論図式」とされている(一三〇頁)。これは、法的思考に対話性という特徴を見る立場から導かれる必然的帰結と言えるのだろう。

これに対して(ロ)の特徴を表現する用語は些か特殊である。例えば、次のように説明される。「一般に、文Sが文の集合Aからは論理的に導かれるが、Aを包含する上位集合A∪Bからは論理的に導かれないとき、かつそのときに限り、この論理的な関係は『非単調的(non-monotonic)』であると言われる。」(一八〇頁)説明は甚だ抽象的ではあるが、具体例を見るとこれまた理解は難しくない。要は、差し当たり適用されるルールから導かれる結論が、そのルールの適用を妨げる例外的事情や特別ルールが後に指摘されたときには遮断される、ということである。「原則／例外」図式や、事実認識の争いなどを考えると、この指摘も十分了解できる。著者はこのことを、三段論法に言う大前提が全称命題ではない、という点に見ている（例えば、二〇頁以下）。

著者は専ら民事裁判を念頭に置いて論を進めるが、刑法の殺人罪の例も考えてみよう。なるほど、「人を殺したものは（すべて）死刑または無期若しくは五年以上の懲役に処する」（刑法一九九条）のではあるが、正当防衛の場合には、一九九条の適用が差し止められる。そのような事後的制限がいつも潜在的に用意されているという限りで、（すべて）と補った文章は一種の暫定性を免れない。非単調性をこのように理解してもいいならば、私も全面的に同意する。だが、このことは、従来の法律学でも十分に認識されていたことだろう。右に例を取った殺人罪の場合、犯罪論体系が構成要件該当→違法性阻却事由の不存在→責任阻却事由の不存在－さらには、→人的阻却事由の不存在も－という大きな枠組みを採用しているとしよう。そのとき、具体的・個別的事実関係が条文に示された「殺人」に該当するという判断だけでは、まだ結論には至らない。加えて、それ以降に引き続く複数の阻却事由の不存在が確認されなければならない。その意味では、非単調性の指摘は対話性と実践的に連動するという側面もあるとはいえ、両者は一応独立した特徴づけと言うことができそうである。

その上で著者の三段論法批判は二点にわたる。一つは、伝統的形式論理学の視点から見て三段論法理解がどのように位置づけられるのか、という問いである。もう一つは、対話性と非単調性という法的思考の二大特徴を三段論法がどれだけうまく説明できるか、である。例えば第四章では、論理学の歴史を復習しながらこの二点が検討される。考察の結果は次のように総括できよう。(a)三段論法をアリストテレスの論理学に言う定言三段論法と理解することは、法的思考の実際と合致しない。それ故、例えばカウフマンが説明するのとは違って、三段論法をバルバラ式として捉えることも不正確である。(b)又、仮言三段論法として理解しても、包摂作用を的確に表現できない。(c)

比較的説明がしやすいかのように思われる刑法領域での三段論法は、「論理学的に見れば」ある種の「便法」によって維持されるに過ぎない。(d)かといって、述語論理学等の現代論理学の手法を用いて三段論法モデルを修正することもできない。

三段論法への著者の批判は容赦がない。かくして著者は、「対話的な非単調論理を形式的に扱いうるような新たな論理学が必要」（八一頁）である、と力説する。同じく対話性に着目する田中成明とも違い、著者は語用論へと視線を移すのではなく、構文論や意味論の次元でこれら二つの特徴を描き出すことが可能だと考える。著者も明言するように、まさにこのアプローチこそが本書の核心である。では、どのような論理学が法的三段論法に取って代わりうるのか（第五章以下）。ここで著者の果敢な挑戦は本格的に始動し、幾つかの代替案が検討される。

著者が目指す論理学モデルを獲得するための模索が、おそらく本書の白眉である。ただ、遺憾ながら記号論理学の素養に乏しい私には、提案されるモデルのどれが適切であるかの判定はできない。著者の議論を単に追うだけならば、次のようになる。まずは、トゥールミンの議論モデルを高く評価する一方で、それが量化と様相とを混同しているのではないか、との批判を展開する。その難点を克服する試みとして、レッシャー（Rescher）の先駆的業績に着目することから始め、プラッケン（Prakken）やライター（Reiter）そしてハーヘ（Hage）らの試行錯誤を丹念に追う論述が続く。その際、諸説を評価する基準は二つある。一つは実際の思考過程や法的議論との整合性、つまり対話性と非単調性を論理学的に適切に表現しているか否かということである。もう一つは、論理式が過度に複雑であってはならないという要請である。後者は理論に関する一種の美学の問題である。

これら諸説の紹介と検討を通じて著者は、法的思考がルール思考であること等、自然言語で表現される法的思考の特徴づけに、大きな異論を示しているわけではないようにみえる。法律家が日々の実践の中で磨き上げていく直観をも、否定はしない（例えば、八五頁）。問題は、それをどのように形式論理学的に表現するのか、つまり記号の用い方にある。

三　疑　問

著者の多岐にわたる論述を私の理解力に合わせて甚だ強引に単純化しているばかりか、所々私なりの別表現でまとめていることについては、ご寛恕を請う。私は著者の主張に大いに刺激を受ける一方で[8]、幾つかの疑問も抱く。それらを以下の四点にまとめる。

1　対話性と非単調性

第一に、著者が法的思考に付与する二大特徴は対話性と非単調性（ないし排除可能性）であるが、両者は必ずしも法的思考特有の性質ではないと思われる。およそ人間の行為を扱う経験科学にあっては、仮説を立てその検証や反証のために議論を重ねる場所が用意されている限り、この二つの特徴を持つ。例えば対話性を視野に入れたトゥールミンの議論図式も又、法的議論をモデルにしているとはいえ、それを超えて更なる一般化を目指している。その図式は、およそ対話が語られるところで確認できるような議論の展開を再構成したモデルであり、同時にそれが対話的であるが故にこそ正当化の論理となる。裁判所が学会その他の議論の場に変わるだけである。もしそう言えるならば、対話性と非単調性という特徴を持つ法的思考は、この二つを併せ持つ論理全般と共通の特徴を持っており、それに尽きるということになるのだろうか。それとも、一般的な論理の一特殊形態なのだろうか。後者だとすると、どういう意味で「特殊」なのだろうか。

確かに、対話性と非単調性の指摘は、従来の法的三段論法批判としては有効である。ただ、そのようにして最近類の特徴を説得的に明示したものの、一般的議論内部での種差を示すことにはまた手がついていないように思われる。話しをまずは対話性に限定するならば、一口に対話と呼ばれるものも多様である。一度壊れた関係を修復し和解を目指す対話もあれば、相手を容赦なく打ちのめすことを互いが目指す対話もあるだろう。その一方で、第三者たる聴衆を常に意識しながら展開される政治家同士の対話もある。治癒を目指しながら相談と応答をやり取りするカウンセリングを、対話の一タイプと呼んでも差し支えない。それらの多様性に応じた微妙な差異が対話「性」にも反映されるならば、著者の主張は更に説得力を増すことだろう。

あるいは、著者は、法的思考が正義の実現を目指すという点（一六頁）に法的対話性の特徴を見るのだろうか。しかし、正義の実現や正しい準則の適用は裁判官には求められるものの、訴訟当事者が追求するものは各当事者から見た主観的正義にとどまっている。そうだとすると、正義理念を持ち出すことは訴訟当事者へと視野を広げる著者のアプローチと整合的ではなさそうである。では何が、法的対話性の特徴なのだろうか。

2　旧来の法的三段論法の機能

第二に、従来の法学者や法哲学者は本当にこの二点に気づかないまま法的三段論法に言及してきたのだろうか、という疑問もわく。例えば、ドイツで法命題（Rechtssatz）の性質づけが論じられたとき、常に例外条項が背後に控えていることは、当然のように指摘されていたのではなかったか(9)。そして又、実務経験豊富な法学者は実際の法廷内で展開される法的議論を十分意識しているはずにも拘らず、なぜ「法的三段論法」という説明で満足していたのだろうか。彼らが専ら刑事裁判を考えており、必ずしも民事裁判を念頭に置いていなかったからだろうか。それとも、彼らの実務経験は専ら裁判官に限定されていたからだろうか。そうでないとすると、そこには単に旧式思考にとらわれていたとは言いがたい、何か別の理由があるのではないか、と勘ぐりたくなる。

私見によれば、著者も引用する伝統的法的三段論法の説明をする人の大半は、専ら初学者を対象にしている。つまり、彼らの説明には教育的配慮がかなり大きな比重を占めている。事情は特にわが国の法学者に顕著である。そのことは何を示唆しているのだろうか。一つは、勉学が進むにつれて初学者段階での知識に対し徐々に加除変更の迫られることが、当然予定されているということである。二つは、発展段階での法学にとって重要なのは、とりあえず法的三段論法で説明をしていた幾つかの事柄を別次元で新たに論じるべきだということにある。

では、どんな別次元で何が新たに論じられるのか。おそらく圧倒的多数の法学者は、形式論理を支える実質的な議論の次元に関心を寄せるのではないかと思う。例えば法解釈は、ある命題の成否を結論づける前段階として、命題を構成する個々の要素の意味解明を試みる。結果として出てくるのは、当該命題が成立するか否かだけである。民法七〇九条を考えてみよう。法学者の最終的な関心は、確かに当該事案―あるいは、類型的事案―について不法行為が成立するか否かにある。しかしその判断を下すために、例えば公害事件を念頭に置いて因果関係を疫学的それに改変したり、医療過誤訴訟での挙証責任を転換する等の工夫がなされる。当該法命題の成否を検討するこのような実質的理論構築こそが、法学者の主たる関心事であろう。法的三段論法は、これらの問題を検討する手前で言及される。ということは、三段論法によって法律構成の一種理念的形態を教えながら、その後の思考の歩みを形式論理学とは別の問題領域へと進めていくアプローチもありうるのでないか、と思う。[10] 命題論理学は、このような法解釈の次元をも表現することができるのだろうか。

3　三段論法の教育的機能

実は私も又、法的三段論法を用いて法的思考の説明を試みている。その背景には、[11] 私自身の受けた法学教育がある。法的推論が三段論法に基づくものであるなどという説明さえ与えられるでもなく、いきなり具体的問題の法的処理方法を学んだり、学説・判例の洪水の中に投げ込まれたかと思えば、抽象的な概念の森に放り込まれることもあった。行く先が皆目見えない森の中をさまよっているかのような感覚を味わうほかなかったのである。もがきながら何とかこれが法的な思考法ではないかとおぼろげながら摑み取ったのは－少なくとも当時、そのように思ったのは－、三段論法ではなく目的論的思考だった。

数年後、今後は逆に自らが教師として法学入門を担当するようになったとき、法的問題解決の手がかりを目的論的思考に見ることを学生に対して示唆するようにはなった。しかし、基本的には三段論法を出発点とするよう、求めている。その意図は、次のようなものである。すなわち、

(a)それが最終的結論に至るまでの実際の思考を記述したものではないということを自覚しながら、

(b)それでも、三段論法の形へと思考の揺らぎを整理していくことは、自らの思考を整序するのに有益である。と当時に、個別判断の普遍化可能性を意識させるという利点を持つ。

(c)三段論法の形式は演繹的・直線的でかなり単純であるだけに、将来の議論への手がかりを比較的明確にするという利点も持つ。つまり三段論法は、最終的結論に至るまでのどこで、どのように、議論当事者双方の見解が袂を分かつのかを明らかにすることを容易にする。この点では私もまた、三段論法に引き続き－あるいは、同時並行的に－「議論」が生じることを当然視している。その際、三段論法は議論の展開に応じて更に細かく枝葉を広げる思考や議論全体にとって、最も重要な幹となる。枝葉がいかに豊かに茂るかは、幹をどれほど頻繁に意識し、そこへと立ち帰る作業を積み重ねるかによる。この点、当初から議論を念頭に置いた立体的図式は初学者には些か複雑なのではないか、と思う。

(d)訴訟過程を念頭に置き法的議論を語るときには、確かに対話性や非単調性を考慮すべきである。だが、和解の試みが頓挫した裁判は、裁判官による権力的裁決によって終結する。それ故、その作用を理解し批判するためには

何よりも裁判官の論理構成を図式化し、事後の批判が容易になるような形を整えるのが望ましい。そのためには、裁判官の独白的正当化論は有益である。

(e)しかも大切なことは、大前提に必ずルールが据えられるということである。ルールの存在とルールへの文言の整序こそが、初学者にとって甚だ違和感を覚える作法なのである。というのも、独白的正当化の論理に自己の思考をあわせていくということは、いわば一般的・抽象的な静止画に個別具体的事実関係を事後的に無理やり押し込んでいくかのような印象を伴うからである。これに対して著者の提案する形式論理学は、訴訟の動態的過程を形式論理の次元で適切に表現する可能性を開く。これが大きな利点であることは、私も承認する。ただ私は、その前段階として、ルールの展開過程を修得する必要が初学者にはあるのではないか、と考える。その意味では、法的三段論法は教育的手法の一つであるという性質を色濃く持つ。

ただ、これらの意図はそれとして、記号的表現について私がそれほど配慮をしてこなかったことは認めなければならない。

上記の諸点は、最終的評価と記号的表現を別にすれば、著者の見解とそれほど矛盾するものでもないかもしれない。最も異なる点は、依然として裁判官の独白的正当化論を維持することのもたらす教育的効果をどう評価するかにある。すなわち、その形式の単純さ、議論の場所確定の容易さ、裁判官への批判の意義等である。

4　三段論法と制定法

最後に言及したいのは、法的ルールとして何を想定するかということである。私は法的ルールとしてまずは制定法の条文を想定するのが望ましい、と考えている。その理由は、立法府への敬意を表すと同時に、制定法との関連で法律家がどのような工夫をしているかを明るみに出すことにある。確かに、法律家の思考にあっては、結論を導くルールは必ずしも制定法上の条文ではない。制定法は法源の一つに過ぎず、実務を支配しているのはむしろ判例や慣習であるかもしれない。しかし、その事態をそのまま容認し、実際の法的議論の過程を法的思考の論理モデルへと再構成しようとするならば、制定法をどう位置づけるかという問題に直面する。それが法定立機関を定めた民主主義的政治プロセスを軽視することにならないか、と懸念する。また、かえって、法解釈や法律構成の妙に対する関心を薄めないだろうか。大前提にまずは制定法上の条文を持ってくるように意識することが、例えば欠缺問題処理のように、法適用に携わる人々の創意工夫を明らかにするのではないだろうか。

あれほど法と道徳との接合を強調するアレクシーが、それでも尚三段論法の大前提に制定法上の条文を持ってくる（二〇三頁）のも、そのような理由によるのではないか、と私は理解している。[12] 法解釈を経た上で獲得される新たな法的ルールを大前提にすえることは、かえって条文の文言との間に横たわる緊張関係を緩めてしまい、制定法による枠づけという制約があるが故の法解釈の創造性を見えなくしてしまわないのだろうか。

本書に示された著者の果敢な挑戦には、心から敬意を表する。私は、形式論理学の持つ(a)表現の簡便さ、(b)論理的矛盾の指摘の容易さ、(c)計算の明確さ、などは評価する。しかし、それが何か実質的な認識を新たにもたらすのかどうか、判断ができない。それ故、形式論理学の次元で論を推し進めようとする著者の試みを高く評価する一方で、三段論法を一種の擬制ないし便法として認め、その教育的効果に着目しながら、次なる段階で実質的議論を展開しようとするアプローチもまた可能ではないかと思う。そのように述べることは、労作に対し正面からではなく、視点をずらして外在的にコメントをすることに他ならない。加えて、三段論法擁護論としても些か弱い。何よりも、「法律学方法論」の全体を示さないままのコメントに終始している。本書を契機として、私自身の課題に取り組むよう背中を押されているように感じているところである。

（1）例えば、山下正男編著『法的思考の研究』（京都大学人文科学研究所、一九九四年）や青井秀夫『法思考とパタン』（創文社、二〇〇〇年）。

（2）笹倉秀夫『法解釈論講義』（東大出版会、二〇〇九年）や亀本洋『法的思考』（有斐閣、二〇〇六年）、同『法哲学』（成文堂、二〇一一年）の刊行は、その代表例である。

（3）ではなぜ本書の書評を引き受けたのか、という批判はさて置く。

（4）特に、Lorenzen, P./Kuno L., *Dialogische Logik*. 1978. 本書九二頁注22は懐かしい。

（5）例えば、修復的司法をアリストテレスの言う匡正的正義の視点から理解する見解（四六頁以下）や、原則に対する例外を重畳的に用意する法体系のモジュール性の指摘（一〇二頁）、更には最終章に示されている「仮説推論」への言及がそれである。

（6）私の考える「法律学方法論」の枠組みは、圧倒的にドイツの影響下にある。近時では、例えばRüthers/Fischer/Birk, *Rechtstheorie mit juristischer Methodenlehre*. 7. Aufl. 2013.

（7）厳密に言えば、これら三者の意味や射程は異なっているのだろうが、ほぼ同じ事を指していると理解したい。

（8）とりわけ、第九章で詳しく検討されている「法的ルール『A⇒B』」の論述には、法的ルールの規範性・当為性との関連で考えさせられることが多い。

（9）著者も、一八八頁で、Larenz, *Methodenlehre der Rechtswissenschaft*. を引用し、完全法命題と不完全法命題との区別に言及している。

（10）例えば、Rüthers. 前掲書（注5）S. 29は、若干のニュアンスの違いはあるものの、「厳密な形式論理学」の限界を指摘し、その領域外に広がる問題（の豊かさ）を指し示している。。尚、Rüthersは法律学方法論が歴史を重視すべきことを力説する。

（11）ひょっとして教えられたのかもしれないが、記憶にはない。

（12）初期からの思考が一貫していると仮定しての話ではあるが。

4　陶久利彦教授の書評への応答

高橋文彦

一　はじめに

まず最初に、拙著『法的思考と論理』（以下「本書」）について配慮の行き届いた書評をご執筆いただいた陶久利彦教授（以下「評者」）に対して、心よりお礼を申し上げたい。法律学方法論に造詣の深い評者による書評だけに、多くの鋭い問題提起を含んでおり、私にどれだけ的確な応答ができるか、はなはだ心許ないが、可能な範囲で順次お答えすることにしたい。

本書はいくつかの論文に加筆修正を施してまとめた論文集であり、お察しの通り、そのもととなった論文の多くには法科大学院における個人的な教育経験が反映している。残念ながら、ここ数年は予備試験の受験者が急増する一方、法科大学院への進学希望者は大幅に減少し、学生募集を停止する法科大学院も後を絶たない。制度全体の見直しが必要な時期に来たということであろう。しかし、それはともかくとして、「法科大学院設立とそこでの教育が、法哲学者に対し我が国の裁判例と真剣に格闘するよう促したと同時に、実定法学者や実務家法曹との接触と協力を今まで以上に要請した」という評者のご指摘は、まさにその通りだと思う。私自身、「他ならぬ法科大学院という新たな環境」がなかったならば、本書を刊行しなかったに違いない。それだけに、「総体的に見て、法科大学院という新制度創設がもたらしたプラスの成果として本書を位置づけることも許されるだろう」という評価を評者からいただいたことは、法科大学院教育で多少なりとも苦労した経験のある者として大変嬉しく思う。

評者は本論に入るに先立って、「疑問の殆どが外在的であることを、予めお断りしておく」と述べておられる。確かに、評者と私の間には法哲学という学問の性格や役割について見解の相違が見られる。しかし、この点についてはここでは深入りせずに、早速、個別的な論点について具体的にお答えすることにしたい。

二　法的三段論法批判

評者は、「法的三段論法の説明は何を目指しているのか」という問いを立てた上で、この問いに対して三つの答えを提示しておられる。すなわち、（1）「法律家特に裁判官の実際の法獲得過程を記述した法的三段論法、という見方」、（2）「法律家特に裁判官が結論を最終的に正当化するために用いる論理の骨子が法的三段論法である、との主張」、そして（3）「法律学を学ぼうとする初学者に対する教育的配慮という点から見て、法的三段論法は有用である、との立場」である。さらに、評者によれば、「このような答え方を念頭に置いてみると、著者［＝高橋］は伝統的法的三段論法が（1）の意味ではありえないということを当然の前提にしながら、（3）の点には殆ど言及することなく、専ら（2）の次元で議論を展開しているように見える」という。ご指摘の通り、私はもっぱら（2）について検討しており、（3）には全く言及していない。その理由は、法哲学においては（3）に言及する必要はないと考えるからである。この点をやや詳しく説明しよう。

私は本書においてあくまでも法哲学者の立場から「法的思考」の推論形式をできる限り正確に記述しようと試みた。ここでヘーゲルを引用すると、いかにも「虎の威を借る狐」のように思われようが、敢えて引用したい。本書においては、「現にあるところのものを概念によって把握する（begreifen）こと、これが哲学の課題である」（『法の哲学』序言）との考えに基づいて、現実の「法的思考」の構造を（ヘーゲルとは異なった意味においてではあるが）概念的に把握しようとしたのであり、本書の「はしがき」でも述べたように、「法哲学者の任務は、実定法学者や実務法曹の自己認識を超えた視点から法および法的現象に対する別の見方（見え方＝ゲシュタルト）を提示することに存する」という立場から、「いわゆる「法的三段論法」に代表される「法的思考」という知的営為に一層ふさわしい法哲学的な表現を与えよう」と試みたのである。したがって、法律家が「教育的配慮」によって不正確な表現（例えば「三段論法」）を用いていると考えた場合には、その点を指摘した上で、それに代わる説明方法を提示したつもりである。しかしながら、評者は「教育的配慮」に基づく現行の用語法が有益だと考えておられるようなので、法哲学が果たすべき学問的な役割について見解の相違があるように思われる。

ここで、法的思考の特徴に関する評者のコメントに目を転じよう。まず、（イ）対話性との関連で評者は次のように論じておられる。「著者は、双方の当事者に漏れなく目配りをし、裁判という場で、一人の人間ではなく立場を異にする複数の当事者全員が展開する議論のありようを、論理学的に表現しようとする。そうすると、法的「思考」と法的「議論」との違いはあまり意味をなさなくなる。」この点については、若干の補足説明を加え上で、応答させていただきたい。本書の叙述においては、「議論」の定義が曖昧であったため、このようなご指摘をいただいたのかと思う。この点についてはお詫びしたい。私が本書において「議論」という語を用いた時、まず念頭に置いていたのは、トゥールミンが用いる英語の“argument”であった[1]。しかしながら、『広辞苑』によれば、「議論」とは「互いに自分の説を述べあい、論じあうこと。意見を戦わせること。また、その内容」であるから、「議論」という語は複数の“argument”の集合体・結合体としての“argumentation”の訳語として用いるべきであった。トゥールミンが分析した“argument”は、個々の主張の理由づけ（reasoning）を意味しているので、今から考えると、例えば「立論」のような別の訳語の方がふさわしかったであろう。このような修正を加えた上で、概念間の相互関係を整理してみよう。まず、「思考（thinking）」とは考えることであり、独話的にも対話的にも行われるが、必ずしも現実に対話の相手が存在する必要はない。これに対して、「立論（argument）」も思考の一種ではあるが、少なくとも潜在的な相手を予想しつつなされる理由づけあるいは正当化を含意しており、さらに「議論（argumentation）」はそのような「立論」の集合体として捉えられる。このように理解するならば、法的「思考」と法的「議論」との違いは依然として存在することになろう。

（ロ）非単調性について、評者は「非単調性の指摘は対話性と実践的に連動するという側面もあるとはいえ、両者は一応独立した特徴づけと言うことができそうである」と述べておられる。この点については全く異論がないので、これ以上論じない。なお、対話性と非単調性が法的思考特有の性質ではないというご指摘については、節を改めて応答したい。

三　疑問への応答

1　対話性と非単調性

評者によれば、「著者が法的思考に付与する二大特徴は対話性と非単調性（ないし排除可能性）であるが、両者は必ずしも法的思考特有の性質ではないと思われる」という。この疑問に応答する前に、まず論点を整理しておこう。トゥールミンは法的思考形式を論理学のモデルにして、「立論のパターン（pattern of an argument）」を解明した。この「立論のパターン」は対話性と非単調性という特徴をもっている。しかし、当然のことながら、これは法的な領域以外にも当てはまる一般的な「立論のパターン」であるから、対話性と非単調性は法的思考特有の性質とは言えない。そこで、評者は次のような疑問を提起される。「対話性と非単調性という特徴を持つ法的思考は、この二つを併せ持つ論理全般と共通の特徴を持っており、それに尽きるということになるのだろうか。それとも、一般的な論理の一特殊形態なのだろうか。後者だとすると、どういう意味で「特殊」なのだろうか。／確かに、対話性と非単調性の指摘は、従来の法的三段論法批判としては有効である。ただ、そのようにして最近類の特徴を説得的に明示したものの、一般的議論内部での種差を示すことにはまた手がついていないように思われる。」

法的思考（特に法的な立論）の特質に関する私の説明が不十分・不正確だったため、このような疑問が生じたのであろう。この点についても評者にお詫びしなければならない。実は、この疑問に対する回答は簡単である。確かに、対話性と非単調性は法的な立論の重要な特徴である。しかし、これらの特徴は、法的な立論であるための必要条件ではあるが、十分条件ではない。法的な立論とは、単なる対話的な非単調推論ではなく、抗弁によって排除（阻却）可能な「法的根拠」に基づいて、抗弁によって論駁可能な主張（結論）を正当化しようとする立論にほかならない。この場合、「法的根拠」とは「法的裏付け」によって「権威（authority）」を与えられた根拠のことである。すなわち、法的な立論に特有の性質、すなわち「立論」という最近類内部の種差は、トゥールミン図式における「根拠（W）」および「裏付け（B）」が法的な性格をもっているという点に存するのである。ちなみに、私は「法的裏付け」とは「法源」のことであると理解している。

2　旧来の法的三段論法の機能

前述のように、評者は法的三段論法の機能を検討する際に、「初学者に対する教育的配慮」を非常に重視しておられる。評者によれば、「著者も引用する伝統的法的三段論法の説明をする人の大半は、専ら初学者を対象にしている。つまり、彼らの説明には教育的配慮がかなり大きな比重を占めている」という。すなわち、法学者は、初学者段階において「とりあえず法的三段論法で説明していた幾つかの事柄」を、発展段階においては「実質的な議論の次元」で新たに論じるのだという。「当該法命題の成否を検討するこのような実質的理論構築こそが、法学者の主たる関心事であろう。法的三段論法は、これらの問題を検討する手前で言及される。ということは、三段論法によって法律構成の一種理念的形態を教えながら、その後の思考の歩みを形式論理学とは別の問題領域へと進めていくアプローチもありうるのでないか、と思う。」このように評者は主張される。

なるほど、実定法の教育論としては、そのようなアプローチもありうるだろう。この点について異論はない。しかし、だからといって、法哲学者は実定法学者の自己認識・自己記述をそのまま追認してよいであろうか。長尾龍一氏は「法哲学の任務は、何よりも実定法学の批判であり、哲学と法学は「逆接」的関係に立たなければならない」（『法哲学入門』第一章）と喝破しておられる。私はこの見解に深く賛同する。

3　三段論法の教育的機能

前節の議論の続きであるが、評者は、法的三段論法を用いた法的思考の説明が「有益である」こと、「利点を持つ」ことを盛んに強調された後で、次のように述べておられる。「著者の提案する形式論理学は、訴訟の動態的過程を形式論理の次元で適切に表現する可能性を開く。これが大きな利点であることは、私も承認する。ただ私は、その前段階として、ルールの展開過程を修得する必要が初学者にはあるのではないか、と考える。その意味では、法的三段論法は教育的手法の一つであるという性質を色濃く持つ。」

ここで、評者と私の学問観の違いが一層明瞭になる。私も法的三段論法が教育的手法の一つとして有益であることは否定しない。初学者に対する教育的な配慮という観点から見れば、なるほど「嘘も方便」であろう。問題は、法哲学的な考察においてもこの「嘘」を黙認した方がよいか否かである。確かに、法律学は純粋な真理探究を目指す学問というよりも、紛争解決という目的のための実用的な技術（実践知）という性格が強い。このため、法律学も応用科学としての工学と同様に技術・方法としての実用性・有益性を問われる。しかし、工学者が数式や論理式を用いる場合、時として数学者から見ると違和感のある使い方をすることがあるのと同様に、法律家は時として法哲学者から見ると違和感のある理解に基づいて「論理」や「三段論法」といった概念を用いることがある。そのような場合、法哲学者はその「教育的効果」を重視して、これを黙認してよいのであろうか。むしろ、「論理」や「三段論法」という概念は括弧付きで使った方がよいと助言すべきではないだろうか。

4　三段論法と制定法

私は本書の第一〇章において、制定法の条文が法源の一つにすぎないこと、すなわちトゥールミンの図式で言えば「根拠（W）」ではなく「裏付け（B）」に相当することを強調した。この点について、評者は次のような異論を提起される。「私は法的ルールとしてまずは制定法の条文を想定するのが望ましい、と考えている。……制定法は法源の一つに過ぎず、実務を支配しているのはむしろ判例や慣習であるかもしれない。しかし、その事態をそのまま容認し、実際の法的議論の過程を法的思考の論理モデルへと再構成しようとするならば、制定法をどう位置づけるかという問題に直面する。それが法定立機関を定めた民主主義的政治プロセスを軽視することにならないか、と懸念する。」このご指摘は、立法と司法の役割分担あるいは民主主義と自由主義との関係をいかに捉えるかという大きな問題に連なっているように思われる。

紙幅の関係上、結論だけを簡単に述べるならば、私は「民主主義的政治プロセス」に絶対的な価値を認めていない。ドゥウォーキンの驥尾に付して言えば、むしろ多数派による政治的決定に対する切り札としての個人の権利を重視したいと思う。多数決原理に基づく民主主義は、少数派の権利を侵害する危険性を常にはらんでいるからである。したがって、私は「法的ルールとしてまずは制定法の条文を想定するのが望ましい」とは考えず、むしろ制定法の条文と法的ルールとは明確に区別されなければならないと考える。私見によれば、法的思考（法的な立論）とは、制定法を含む法源の中から裁判規範としての法的ルール（具体的な「法」）を発見し正当化するプロセスであると考えられる。

ところで、私は、アレクシーが法的三段論法の大前提として制定法の条文そのものを用いている点を批判した。この批判に対して、評者は「あれほど法と道徳との接合を強調するアレクシーが、それでも尚三段論法の大前提に制定法上の条文を持ってくる（二〇三頁）のも、そのような理由によるのではないか、と私は理解している」と述べて、アレクシーの立場を擁護しておられる。しかし、私見によれば、アレクシーの所説は論理的に混乱しており、旧来の法的三段論法とトゥールミンの図式との対応関係およびその異同を正確に理解していない。この点については、アレクシー自身にも理解できるように、ドイツ語で論文を書いたので、そちらを参照していただければ幸

いである。(2)

四　おわりに

評者は「形式論理学の次元で論を推し進めようとする著者の試みを高く評価する一方で、三段論法を一種の擬制ないし便法として認め、その教育的効果に着目しながら、次なる段階で実質的議論を展開しようとするアプローチもまた可能ではないかと思う」と結論づけた後で、「そのように述べることは、労作に対し正面からではなく、視点をずらして外在的にコメントをすることに他ならない」と付言しておられる。おそらく、この「外在的／内在的」という区分は、法哲学の役割は何かという学問観の違いと密接に関連していると思われる。

前述のように、もし「現にあるところのものを概念によって把握すること、これが哲学の課題である」と考えるならば、「教育的配慮」あるいは「教育的機能」に基づいて「法的三段論法」モデルを擁護する余地は、少なくとも法哲学の内部には存在しないように思われる。哲学における「概念による把握」は決して常識の追認ではない。哲学者の大森荘蔵氏は『言語・知覚・世界』の「序」において次のように言明しておられる。「……あからさまにそこに投げ出されてあるものをどう眺めるか、どうみてとるか、そしてそれをどう言葉に定着するか、それが哲学の作業である。……すでに見られていたものを「みてとる」こと、それが哲学なのである。科学がnewsに向かうとすれば、哲学はnew lookに向かうのである。」本書の「はしがき」において、私が「法哲学者の任務は、実定法学者や実務法曹の自己認識を超えた視点から法および法的現象に対する別の見方（見え方＝ゲシュタルト）を提示することに存する」と書いた時、実は大森荘蔵氏の言葉を思い浮かべていたことを告白しておこう。

最後に、貴重な時間を割いて、決して読みやすいとは言い難い本書について丁寧な書評を執筆して下さった評者に、もう一度心からお礼を申し上げるとともに、また別の機会に更なるご教示をいただけることを念願しつつ、擱筆することにしたい。

（1）英語の“argument”をどのように翻訳するかという問題については、高橋文彦「法律家の「論理」――法的な“argument”およびその“defeasibility”について――」亀本洋編『岩波講座　現代法の動態6　法と科学の交錯』（岩波書店、二〇一四年）一七六頁以下を参照されたい。

（2）*Cf*. Fumihiko Takahashi, “Recht, Gesetz und Logik in juristischer Argumentation: Bemerkungen zu den Theorien von Toulmin, Alexy und Neumann”, Erich Schweighofer/Meinrad Handstanger/Harald Hoffmann/Franz Kummer/Edmund Primosch/Günther Schefbeck/Gloria Withalm (Hrsg.), *Zeichen und Zauber des Rechts: Festschrift für Friedrich Lachmayer* (Editions Weblaw, 2014), pp. 89-105.

執筆者および編集者一覧

［執筆者］

井上　達夫（いのうえ　たつお）東京大学教授

大屋　雄裕（おおや　たけひろ）名古屋大学教授

鳥澤　　円（とりさわ　まどか）関東学院大学准教授

山下　裕樹（やました　ひろき）関西大学大学院法学研究科博士後期課程

伊佐　智子（いさ　ともこ）久留米大学教授

川本　隆史（かわもと　たかし）東京大学教授

品川　哲彦（しながわ　てつひこ）関西大学教授

高橋　隆雄（たかはし　たかお）熊本大学名誉教授・客員教授

葛生栄二郎（くずう　えいじろう）ノートルダム清心女子大学教授

野崎亜紀子（のざき　あきこ）京都薬科大学准教授

森村　　進（もりむら　すすむ）一橋大学教授

長尾　龍一（ながお　りゅういち）東京大学名誉教授

陶久　利彦（すえひさ　としひこ）東北学院大学教授

高橋　文彦（たかはし　ふみひこ）明治学院大学教授

［編　者］

竹下　　賢（たけした　けん）関西大学教授
〒617-0814　長岡京市今里細塚　4-22
E-mail: kentake@ipcku.kansai-u.ac.jp

長谷川　晃（はせがわ　こう）北海道大学教授
〒060-0809　札幌市北区北 9 条西 7 丁目　北海道大学法学研究科
E-mail: khase@ec.hokudai.ac.jp

酒匂　一郎（さこう　いちろう）九州大学教授
〒812-8581　福岡市東区箱崎6-19-1　九州大学法学研究院
E-mail: sako@law.kyushu-u.ac.jp

河見　　誠（かわみ　まこと）青山学院女子短期大学教授
〒150-8366　渋谷区渋谷4-4-25　青山学院女子短期大学
E-mail: mkawami@aol.com

法の理論 33
特集《日本国憲法のゆくえ》

2015 年 3 月 20 日　初版第 1 刷発行

編　集　竹　下　　　賢
　　　　長　谷　川　晃
　　　　酒　匂　一　郎
　　　　河　見　　　誠

発行者　阿　部　耕　一

〒162-0041　東京都新宿区早稲田鶴巻町514番地
発行所　株式会社　成　文　堂
電話03(3203)9201(代)　Fax03(3203)9206
http://www.seibundoh.co.jp

製版・印刷・製本　藤原印刷　　検印省略

ISBN 978－4－7923－0571－0　C 3032
定価(本体 3800 円＋税)